Europäische Grundpfandrechte in der nationalen und internationalen Insolvenz im Rechtsvergleich

Europäische Hochschulschriften
Publications Universitaires Européennes
European University Studies

Reihe II
Rechtswissenschaft

Série II Series II
Droit
Law

Bd./Vol. 3865

PETER LANG
Frankfurt am Main · Berlin · Bern · Bruxelles · New York · Oxford · Wien

Nina Scherber

Europäische Grundpfandrechte in der nationalen und internationalen Insolvenz im Rechtsvergleich

PETER LANG
Europäischer Verlag der Wissenschaften

Bibliografische Information Der Deutschen Bibliothek
Die Deutsche Bibliothek verzeichnet diese Publikation in der Deutschen Nationalbibliografie; detaillierte bibliografische Daten sind im Internet über <http://dnb.ddb.de> abrufbar.

Zugl.: Berlin, Humboldt-Univ., Diss., 2003

Gedruckt auf alterungsbeständigem,
säurefreiem Papier.

ISSN 0531-7312
ISBN 3-631-52077-8

Printed in Germany 1 2 3 4 5 6 7

www.peterlang.de

Meinen Eltern

Vorwort

Die vorliegende Arbeit wurde im Sommersemester 2003 zur Dissertation angenommen. Das Manuskript wurde bereits im Mai 2002 fertig gestellt. Vor Veröffentlichung der Arbeit wurde diese im Hinblick auf das zwischenzeitlich verabschiedete neue spanische Insolvenzgesetz bzw. das mittlerweile in Kraft getretene autonome deutsche Internationale Insolvenzrecht überarbeitet.

Herzlicher Dank gebührt an erster Stelle meinem Doktorvater, Herrn Prof. Dr. Axel Flessner, LL.M., der diese Promotion während der gesamten Zeit durch wertvollen Rat und hilfreiche Anregungen begleitet hat.

Ebenfalls danken möchte ich Herrn Prof. Dr. Christoph Paulus, LL.M., für die Erstellung des Zweitgutachtens.

Ein Teil der Arbeit entstand während eines Aufenthalts an der Universitat de Barcelona, am Lehrstuhl von Frau Prof. Dr. Alegría Borrás Rodriguéz, Barcelona, Spanien, im Rahmen eines Stipendiums des TMR Forschungsnetzwerkes *Gemeinsame Prinzipien des Europäischen Privatrechts*. Für die Gewährung dieses Stipendiums bedanke ich mich ganz herzlich. Besonders danken möchte in diesem Zusammenhang Herrn Prof. Dr. José Machado Plazas, für sein Interesse an dieser Arbeit sowie die interessanten Gespräche und Informationen zum spanischen Recht. Ebenfalls danken möchte ich Herrn Prof. Dr. Joaquín Forner Delaygua für die freundliche und engagierte Betreuung während des Aufenthaltes in Barcelona.

Herzlicher Dank gilt meinem Vater und meinem Bruder für die tatkräftige Unterstützung in der Endphase der Arbeit sowie für die orthographische Korrektur des Manuskripts. Ebenso danke ich Frau Dr. Andrea Sandrock für die wertvollen Anregungen nach kritischer Durchsicht des ersten Entwurfs.

Ohne den unermüdlichen und liebevollen Zuspruch meiner Eltern wäre diese Arbeit nicht zustande gekommen. Dafür danke ich Ihnen von ganzen Herzen.

Berlin, im Oktober 2003

Nina Scherber

Inhaltsverzeichnis

Abkürzungsverzeichnis

ABl.	Amtsblatt der Europäischen Gemeinschaften
a. F.	alte Fassung
a. M.	andere Meinung
ABGB	Allgemeines Bürgerliches Gesetzbuch
AC	Anteproycto de Ley Concursal
ACiv.	Actualidad Civil
AJA	Actualidad Juridica Aranzadi
ALC	Anteproyecto de Ley Concursal
All E.R.	All England Law Review
Anm.	Anmerkung
AO	Ausgleichsordnung
Art.	Artikel, Artículo, Article
BANQUE	Banque
BCC	British Company Law Cases
Bd.	Band
Begr.	Begründung
BGB	Bürgerliches Gesetzbuch
BGBl	Bundesgesetzblatt
BGE	Entscheidungen des Schweizerischen Bundesgerichts
BGHZ	Entscheidungen des Bundesgerichtshofs in Zivilsachen
BlSchK	Blätter für Schudbetreibung und Konkurs
BMJ	Bundesjustizministerium
BOE	Boletín Oficial del Estado
BT-Drs.	Bundestagsdrucksache
Bull. civ	Bulletin des arrêts des chambres civiles de la Cour de cassation
C. app.	Cour d'appel
CA	Companies Act
Cass. civ.	Cour de cassation, chambre civil
Cass. com	Cour de cassation, chambre commerciale
CC	Código Civil (Spanien)
Cciv.	Code Civil
Ccom.	Código de Comercio
Ch.	Chancery Division ab 1891
Ch. App.	Chancery Appeal Cases
Ch. D.	Chancery Division 1875-1890

Chron.	Chronique
CVA	Company voluntary arrangement
D.	Receuil Dalloz Sirey
DB	Der Betrieb
DdN	Derecho de los Negocios
dKO	Deutsche Konkursordnung
Doctr.	Doctrine
DPCI	Droit et pratique de commerce international
DZWir	Deutsche Zeitschrift für Wirtschaftsrecht
EBLR	European Business Law Review
Ecolex	Fachzeitschrift für Wirtschaftsrecht
EGInsO	Einführungsgesetz zur Insolvenzordnung
EGV	Vertrag zur Gründung der Europäischen Gemeinschaft
EO	Exekutionsordnung (Österreich)
EuGVÜ	Europäisches Überienkommen über die gerichtliche Zuständigkeit und die Vollstreckung gerichtlicher Entscheidungen in Zivil und Handelssachen
EUIÜ	Europäisches Insolvenzrechtübereinkommen
EuZW	Europäische Zeitschrift für Wirtschaftsrecht
EWS	Europäisches Wirtschafts-und Steuerrecht
FF	Französische Francs
FS	Festschrift
GBG	Grundbuchgesetz (Österreich)
GBO	Grundbuchordnung (Deutschland)
GBV	Grundbuchverordnung (Schweiz)
GesO	Gesamtvollstreckungsordnung
GP	Gazette du Palais
IA	Insolvency Act
IBL	International Business Lawyer
IIR	Internationales Insolvenzrecht
InIR	International Insolvency Review
InsO	Insolvenzordnung
Int. Insolv. Rev.	International Insolvency Review
IPRax	Praxis des Internationalen Privat-und Verfahrensrechts
IPRE	Österreichische Entscheidungen zum internationalen Privat- und Verfahrensrecht

IPRspr.	Die deutsche Rechtsprechung auf dem Gebiete des internationalen Privatrechts
IRÄG	Insolvenzrechtsänderungsgesetz
IVA	Individual voluntary arrangement
JBl	Juristische Blätter
JCL	Juris-Classeur
JDI	Journal de droit international (clunet)
JZ	Juristenzeitung
K.B.	King's Bench
Kap.	Kapitel
KO	Österreichische Konkursordnung
KTS	Zeitschrift für Insolvenzrecht Konkurs-Treuhand- und Schiedsgerichtswesen
L	Loi
L 85	Loi n°85-98 vom 25. Januar 1985
L.J.K.B.	Law Journal Reports King's Bench
L.R. Eq.	Equity Cases 1866-1875
LC 2003	Ley 22/2003 de 9 de julio, Concursal
LCA	Land Charge Act
LEC	Ley Enjuiciamiento Civil
LH	Ley Hipotecaria
LHM	Ley de Hipoteca Mobiliaria
LHN	Ley de Hipoteca Naval
LJZ	Liechtensteinische Juristen-Zeitung
LOPJ	Ley Orgánica del Poder Judicial
LPA	Law of Property Act
LRA	Land Registration Act
LSP	Ley de Suspensión de Pagos
n. F.	neue Fassung
NZ	Österreichische Notariatszeitung
öIPRG	Österreichisches IPRG
ÖJZ	Österreichische Juristenzeitschrift
OLG	Oberlandesgericht
OR	Obligationenrecht
PA	Petites affiches
PALC	Propuesta de Anteproyecto de Ley Concursal
Q.B.	Queen's Bench
r.	rule
RabelsZ	Rabels Zeitschrift für ausländisches und internationales Privatrecht

RDBB	Revista de Derecho Bancario y Bursatíl
RdP	Revista de Derecho Patrimonial
RdS	Revista de Sociedades
RdW	Österreichisches Recht der Wirtschaft
RegE	Regierungsentwurf
Rép. com. Dalloz	Répertoire Droit commercial Dalloz
Rép. Dr. Civ. Dalloz	Répertoire Droit Civil Dalloz
Rev crit. DIP	Revue critique de droit international privé
RGD	Revista General de Derecho
RH	Reglamiento Hipotecario
RIW	Recht der internationalen Wirtschaft
RJC	Revue de jurisprudence commerciale
RPC	Revue des procédures collectives
RRM	Reglamento de Registro Mercantil
rs.	rules
Rspr.	Rechtsprechung
RZ	Österreichische Richterzeitung
Rz.	Randziffer
S.C.	Session Cases
SchKG	Schuldbetreibungs- und Konkursgesetz
SchwIPRG	Schweizerisches Bundesgesetz über das internationale Privatrecht
sec.	section
Sem. Jud.	La Semaine Judiciaire
SIEZ	Schweizerische Zeitschrift für internationales und europäisches Recht
SJZ	Schweizerische Juristenzeitschrift
Slg.	Sammlung
Somm.	Sommaire
ss.	Sections
SSIR	Schweizer Studien zum Internationalen Recht
STS	Sentencia del Tribunal Supremo
T	Tome
TCFDIP	Trauvaux Du Comité Français De Droit Internacional Privé
v.	versus
WM	Zeitschrift für Wirtschafts- und Bankrecht
ZeuP	Zeitschrift für europäisches Privatrecht
ZGB	Zivilgesetzbuch der Schweiz
ZGR	Zeitschrift für Unternehmens- und Gesellschaftsrecht

ZinsO	Zeitschrift für das gesamte Insolvenzrecht
ZIP	Zeitschrift für Wirtschaftsrecht
ZPO	Zivilprozessordnung
ZSR	Zeitschrift für Schweizerisches Recht
ZVG	Gesetz über die Zwangsversteigerung und die Zwangsverwaltung
ZZP	Zeitschrift für Zivilprozess

Einleitung:

Mit dem Erlass der EG-Verordnung des Rates Nr. 1346/ 2000 über Insolvenzverfahren am 29. 5. 2000, der aufgrund des neugefassten Art. 65 EGV[1] ermöglicht wurde, sind die Vorschriften des nicht in Kraft getretenen europäischen Insolvenzrechtsübereinkommens (EUIÜ) für alle Mitgliedstaaten[2] zum 31. 5. 2002 als sekundäres Gemeinschaftsrecht in Kraft getreten.

Damit kommt auch Art. 5 EUIÜ/ EG-Verordnung[3] zur Anwendung, der die Behandlung dinglicher Rechte in einem grenzüberschreitenden Insolvenzverfahren regelt und den Ausgangspunkt für die vorliegende Arbeit bildet.

Mit seiner Regelungsaussage gibt Art. 5 aus mehreren Gründen Anlass, die autonomen Vorschriften zum internationalen Insolvenzrecht (IIR) einiger europäischer Staaten daraufhin zu untersuchen, wie in diesen Grundpfandrechte als Kreditsicherheiten in grenzüberschreitenden Insolvenzen behandelt werden. Die hierzu erfolgten Erörterungen stellen den Hauptteil dieser Arbeit (dritter Teil) dar.

Zunächst bietet sich der Untersuchungsgegenstand schon deshalb an, weil Art. 5 seinem Anwendungsbereich zufolge nur zwischen den eigentlichen Vertragsstaaten gelten soll. Auch wenn dieser durch die EG-Verordnung auf alle Mitgliedstaaten der EU erweitert wird, so macht diese Vorschrift die autonomen Regeln der einzelnen Mitgliedstaaten zum IIR dennoch nicht überflüssig. Vielmehr ist auf das autonome IIR immer dann zurückzugreifen, wenn sich das belastete Vermögen des Schuldners nicht nur in anderen Vertrags- bzw. Mitgliedstaaten befindet, sondern in sog. Drittstaaten. Das gleiche gilt, wenn sich der Mittelpunkt der hauptsächlichen Interessen des Schuldners in einem Nichtver-

---

[1] Die Neufassung erfolgte durch den Vertrag von Amsterdam vom 1. 5. 1999, durch den das Internationale Privat- und Verfahrensrecht als Teilbereich der justitiellen Zusammenarbeit in Zivilsachen von der dritten unter die erste Säule trat, vgl. hierzu: Jayme/Kohler, IPRax 1999, S. 401 ff.; dies.: IPRax 1997, S. 385 ff.

[2] Das EUIÜ war am 23. 11. 1995 von der Bundesrepublik Deutschland, Belgien, Dänemark, Finnland, Frankreich, Griechenland, Italien, Luxemburg, Österreich, Portugal, Schweden und Spanien, am 19. 3. 1996 von den Niederlanden und am 13. 5. 1996 durch Irland gezeichnet worden. Eine Zeichnung seitens des Vereinten Königreichs erfolgte bisher nicht. Die Verordnung findet keine Anwendung auf Dänemark, vgl. Erwägungsgrund 33 der EG-Verordnung über Insolvenzverfahren, Nr. 1346/2000 v. 29. 5. 2000 i. V. m. Art. 1, 2 des Protokolls über die Position Dänemarks.

[3] Nachfolgend zitiert als: Art. 5. Zu dessen Wortlaut siehe unten: 3. Teil, 4. 3. 1.

trags- bzw. Mitgliedstaat befindet[4]. Dann nämlich kommt Art. 5 nicht zur Anwendung, so dass subsidiär das allgemeine Kollisionsrecht berufen ist.

Ein weiteres Motiv für die Untersuchung ergibt sich, wenn man Art. 5 als eine Ausnahme von der allgemeinen Anerkennungspflicht der Art. 16 ff. EUIÜ betrachtet[5], wonach die Eröffnung des Verfahrens Sicherheiten in anderen Vertragsstaaten nicht erfasst, d. h. insolvenzspezifische Wirkungen auf die Sicherheiten am Belegenheitsort nicht anerkannt werden müssen. Da es sich bei Anerkennungsverträgen regelmäßig nur um ein Mindestmaß an Anerkennung handelt, dadurch aber eine in einzelnen Staaten bestehende großzügigere Anerkennungsbereitschaft nicht ausgeschlossen sein soll[6], geht die vorliegende Untersuchung der Frage nach, in welchem Ausmaß eine Anerkennung der insolvenzspezifischen Wirkungen auf Grundpfandrechte in den autonomen internationalen Insolvenzrechten zugelassen wird. Im Rahmen einer vergleichenden Betrachtung werden sodann die gemeinsamen Strukturen bzw. Ähnlichkeiten herausgearbeitet, welche sich im Hinblick auf dieses Problem im autonomen IIR der Rechtsordnungen finden.

Weisen auch im Allgemeinen die europäischen Kreditsicherheiten große Unterschiede auf und sind trotz der Diskussion um die sog. Eurohypothek[7] bis heute keine der Vereinheitlichungsbestrebungen auf europäischer Ebene verwirklicht worden, nimmt der erste Teil der Untersuchung als Einführung eine rechtsvergleichende Betrachtung der Grundsituation vor, auf die sich die vorliegende Arbeit gründet: Kreditsicherung durch Grundpfandrechte als Sicherheiten an unbeweglichem Vermögen des Schuldners. Dabei erfolgt eine Darstellung der Grundpfandrechte und ihrer wesentlichen Merkmale in den sechs Rechtsordnungen (Deutschland, England, Frankreich, Österreich, Schweiz, Spanien) aus einer länderübergreifenden Perspektive, wobei jene Eigenschaften hervorgehoben werden, die innerhalb der europäischen Grundpfandrechte in ähnlicher Weise auftreten und somit als Grundstrukturen der bestehenden europäischen Grundpfandrechte bezeichnet werden können.

---

[4] Vgl: Leible/Staudinger, KTS 2000, S. 533 (538 ff.)

[5] Vgl.: Erwägungsgrund 24 der EG-Verordnung (EG) Nr. 1346/2000 vom 29. 5. 2000; Flessner, in: FS Drobnig, S. 277 (282)

[6] Vgl.: BGH IPRax 1989, S. 104 (106) mit Anm. Siehr, IPRax 1989, S. 93 (96); Schack, Rz. 807; für die Anerkennung im Rahmen des EUGVÜ, vgl.: Kropholler, EZPR, Art. 25 Rz. 8; Thomas/Putzo-Hüßtege, EuGVÜ Vorbem. zu Art. 25-29 Rz. 5

[7] Siehe unten: Ausführungen im 4. Teil, 2.

Der zweite Teil der Arbeit beschäftigt sich mit den nationalen Insolvenzgesetzen der Rechtsordnungen und stellt deren Eingriffe und Wirkungen auf die Grundpfandrechte dar. Generell zeichnet sich das Insolvenzrecht innerhalb der europäischen Rechtsordnungen durch seine Verschiedenartigkeit[8] aus, so weist auch die Begründung zur EG-Verordnung auf die bestehenden großen Unterschiede im materiellen Insolvenzrecht der nationalen Rechtsordnungen ausdrücklich hin[9]. Daher liegt der Schwerpunkt des zweiten Teils darin, den erwähnten Unterschieden für den Bereich der Grundpfandrechte genauer nachzugehen, daneben aber auch die existierenden gemeinsamen Strukturen zwischen den einzelnen Rechtsordnungen aufzuzeigen. Dabei können im Rahmen dieser Arbeit nicht alle auftretenden Eingriffe abschließend aufgeführt werden. So sind beispielsweise insolvenzbedingte steuerliche Auswirkungen auf die Grundpfandrechte nicht in die Untersuchung aufgenommen worden. In erster Linie geht es um Eingriffe in die freie Verwertungsbefugnis, um Kostenbeiträge, um die Rangstelle in der Liquidation und um Einschränkungen durch Insolvenzpläne bzw. Vergleichsverträge.

In einer Schlussbetrachtung wird kursorisch auf die Frage eingegangen, inwiefern der divergierende Rechtszustand innerhalb der europäischen Grundpfandrechte eine Beeinträchtigung des im EGV verankerten Binnenmarktziels bzw. des freien Dienstleistungs- und Kapitalverkehrs darstellen kann.

Die Auswahl der untersuchten Rechtsordnungen erfolgte im Wesentlichen nach folgenden Kriterien: Zunächst sollte jeder der drei europäischen Rechtskreise vertreten sein. Mit Ausnahme der Schweiz sind alle Rechtsordnungen Mitgliedstaaten der EU und somit auch von der EG-Verordnung betroffen. Die Einbeziehung des schweizerischen Rechts in die Untersuchung erfolgte zum einen aufgrund der engen wirtschaftlichen und rechtlichen Verbindungen zwischen der Schweiz und der EU. Darüber hinaus hatte die Schweiz bis in die jüngste Zeit[10] als einzige der untersuchten Rechtsordnungen ein ausgefeiltes Regelungswerk zum IIR in ihr IPR-Gesetz (IPRG) integriert.

[8] Vgl.: Habscheid, KTS 1989, S. 253, der das Konkursrecht als „des Nationalstaats liebstes Kind“ bezeichnet.

[9] Vgl.: Erwägungsgrund 11 der EG-Verordnung Nr. 1346/2000 vom 29. 5. 2000

[10] Nach Einreichung der Arbeit sind für Deutschland am. 20.3.2003 die §§ 335-358 InsO in Kraft getreten, die ausführliche Vorschriften zum IIR enthalten, vgl. hierzu: Begründung zum autonomen deutschen Internationalen Insolvenzrecht BT- Drs. 15/16. Weiterhin hat auch Spanien in seinem neuen Insolvenzgesetz (siehe nachfolgende Fußnote) in den Art. 199-230 sein autonomes IIR detailliert geregelt. Vor der Veröffentlichung wurden die hierdurch eingetretenen Änderungen unter Beibehaltung der Ausführungen zur alten bzw. noch geltenden Rechtslage eingearbeitet.

Im Bezug auf die nationalen Insolvenzgesetze haben alle Rechtsordnungen einen oder mehrere Reformprozesse durchlaufen, die mit Ausnahme des spanischen Rechts[11] in den letzten Jahren durchgeführt und abgeschlossen wurden.

[11] Am 30. 3. 2000 hatte das spanische Justizministerium einen neuen Regierungsentwurf (AC 2000) über ein Insolvenzgesetz ausgearbeitet. Diesem folgte sodann nach weiterer Überarbeitung ein erneuter Regierungsentwurf, der sog. Anteproyecto de Ley Concursal vom 7. 9. 2001 (AC 2001). Dieser ist nunmehr mit einigen Modifikationen als Gesetz am 9. 7. 2003 (Ley 22/2003 de 9 de Julio Concursal (LC 2003)) verabschiedet worden und tritt am 1. 9. 2004 in Kraft.

1. Teil: Die verschiedenen Grundpfandrechte und ihre Charakteristika

1. Allgemeines

Ein Grundpfand kann man als besonderes Pfandrecht bezeichnen, da es an einem bestimmten Pfandgegenstand, einem Grundstück, bestellt wird und seinem Gläubiger unter bestimmten Voraussetzungen ein Verwertungsrecht an eben diesem Grundstück gewährt. Die untersuchten Rechtsordnungen kennen häufig eine Vielzahl verschiedener Grundpfandrechte.

Das deutsche bürgerliche Gesetzbuch (BGB) regelt in den §§ 1113 ff., 1191 ff. als Pfandrechte an unbeweglichem Vermögen die Hypothek und die Grundschuld[1], wobei letztere in ihrer Ausgestaltung als Sicherungsgrundschuld die Hypothek in ihrer Bedeutung verdrängt hat. Dies lässt sich im Wesentlichen auf ihre hohe Verkehrsfähigkeit und ihre Revalutierungsmöglichkeit zurückführen, die sich aus ihrer einfachen Ausgestaltung und der Forderungsunabhängigkeit ergibt[2].

Das englische Recht kennt als Grundpfandrecht die sog. *mortgage of land*[3]. Während ursprünglich die *mortgage* in der Weise konstruiert wurde, dass der Sicherungsgeber das Vollrecht am Grundstück auf den Sicherungsnehmer unter der Bedingung übertrug, dass dieser es bei Rückzahlung der Schuld auf den Sicherungsgeber zurück übertrage[4], so ist die *mortgage* heute als eine Grundstücksbelastung zu verstehen, die mit Rückzahlung der Schuld erlischt. Konkret bedeutet dies, dass dem Schuldner ein Einlösungsrecht bzw. Tilgungsrecht *(right to redeem)* zusteht, wonach er das Grundstück von der Belastung gegen Zahlung der gesicherten Forderung einschließlich bestehender Nebenforderungen befreien kann, gleichsam das Pfand einlösen kann[5].

---

[1] Daneben kennt das deutsche Recht als weiteres Grundpfandrecht die Rentenschuld, auf die im Rahmen dieser Abhandlung jedoch wegen ihrer geringen Bedeutung in der heutigen Kreditwirtschaft nicht eingegangen wird. Detaillierte Darstellungen zu den Grundpfandrechten, vgl.: Bülow, S. 26 ff. Rz. 65 ff.; Weber, S. 194 ff., jeweils mit ausführlichen Literaturhinweisen

[2] Vgl.: Rüchardt, Handbuch des Hypothekarkredits, S. 341; MünchKomm-Eickmann, § 1113 Rz. 6

[3] Ausführliche Abhandlungen zur *mortgage* im englischen Recht, vgl.: Brink/Habel, Rz. 268 ff.; Howarth, S. 76 ff.; Randell, S. 449 ff.; Perrins, Kap. 14, S.141 ff.; Cheshire/Burn, Kap. 21, S. 657 ff.

[4] Vgl.: Howarth, S. 76

[5] Durch den Law of Property Act von 1925 (LPA) wurde gesetzlich festgelegt, dass künftig das Vollrecht nicht mehr übertragen werden konnte, sondern beim Sicherungsgeber zu

Infolge der im englischen Recht bestehenden Einteilung des Grundeigentums[6] in verschiedene *legal* und *equitable estates in land*, wird auch als Grundpfandrecht die *legal mortgage* und die *equitable mortgage* unterschieden. Die Vorschriften über die *mortgage* befinden sich in ss. 85 ff. LPA 1925, daneben existieren auch Regelungen im Land Charge Act (LCA) und im Land Registration Act 1925.

Im französischen Code Civil (Cciv) finden sich als Grundpfandrechte[7] die *hypothèque* und die verschiedenen *privilèges speciaux/généraux immobiliers*, sog. Immobiliarprivilegien[8]. Die wichtigsten Vorschriften hierzu sind in den Art. 2092 ff. Cciv enthalten. Während ursprünglich dem Code Civil ein deutliches Übergewicht an gesetzlichen Sicherheiten zugrunde lag und den vertraglichen Hypotheken nur geringe Bedeutung zukam, so stehen diese nach der Reform von 1955 im Mittelpunkt der Immobiliarsicherheiten[9].

Das österreichische Zivilrecht kennt als Grundpfandrecht nur die Hypothek[10]. Anders als beispielsweise im deutschen oder französischen Recht finden sich deren Regelungen nicht selbständig aufgeführt, sondern in die allgemeinen Pfandrechtsvorschriften der §§ 447-470 des Allgemeinen bürgerlichen Gesetzbuches (ABGB) integriert. Der Pfandvertrag ist in den §§ 1368-1374 ABGB geregelt. Darüber hinaus sind weitere Vorschriften im Allgemeinen Grundbuchgesetz (GBG) von 1955 enthalten.

---

verbleiben habe. Der Sicherungsnehmer erhält somit nur noch eine langfristige Pacht (*lease*) bis zu 3000 Jahren, gleichsam ein zeitlich begrenztes Herrschaftsrecht, vgl.: Perrins, S. 143 f.

[6] Vgl.: kurze Zusammenfassung der unterschiedlichen Qualitäten des Rechtstitels bei: v. Bernstorff, S. 85 f.; zur *doctrine of estates*, vgl.: Cheshire/Burn, S. 25 ff.

[7] Ausführliche Darstellungen zu den Grundpfandrechten im französischen Recht, vgl.: Mazeaud/Chabas, III. I. Nr. 231 ff.; Marty/Raynaud, Nr. 143 ff.; Ferid/ Sonnenberger, II. 3 D 301 ff.

[8] Im Rahmen der Liegenschaftsreform von 1955 wurden viele Immobiliarprivilegien von Vorzugsrechten zu gesetzlichen Hypotheken umgewandelt, welche dann publiziert werden mussten. Auf diese Weise wurde das bis dahin geltende unübersichtliche System der Bodenbelastungen für den modernen Wirtschaftsverkehr attraktiver gemacht, vgl.: Mestre/Putman/Billian, Nr. 1325. Heute gibt es nur noch sieben Spezialprivilegien an Grundvermögen, die Art. 2103 CCiv. nennt, ausführlich hierzu vgl.: Simmler/Delebecque, Rz. 250 ff.

[9] Vgl.: Ferid/Sonnenberger, II. 3 D 304 f.

[10] Weitergehende Darstellungen zur österreichischen Hypothek, vgl.: Rummel, zu §§ 447 ff; Schwimann/Hinteregger, §§ 447 ff.; Gschnitzer, S. 185 ff.; Habel, Rz. 446 ff.

Drei verschiedene Grundpfandrechte gibt es im schweizerischen Zivilrecht, die Grundpfandverschreibung, den Schuldbrief und die Gült[11], deren Vorschriften sich in den Art. 793-883 des schweizerischen Zivilgesetzbuchs (ZGB) befinden. Zum Teil existieren darüber hinaus Vorbehalte im kantonalen Recht, die in den Einführungsgesetzen der Kantone zum ZGB enthalten sind[12]. Bei den drei Grundpfandrechten des ZGB handelt es sich um die Haupterscheinungsformen der kantonalen Rechte vor Inkrafttreten des einheitlichen Zivilgesetzbuches am 1. 1. 1912. Ihre Übernahme ins ZGB erfolgte sowohl zur Wahrung der kantonalen Traditionen, als auch zur Schaffung eines funktionsfähigen Regelwerkes für ein modernes Grundpfandrechtssystem[13]. Statt mit einem einheitlichen Grundpfand will das schweizerische Recht mit seinen drei Grundpfandrechten den Hauptaufgaben eines Grundpfandrechtes, d. h. der Sicherung von Forderungen und der Mobilisierung des Bodenwertes gerecht werden[14]. Während der Grundpfandverschreibung im Wesentlichen nur Sicherungsfunktion zukommt und sie neben der Haftung des Grundstücks auch eine persönliche Haftung des Schuldners begründet[15], entsteht bei der als Wertpapier ausgestalteten Gült gemäß Art. 847 ZGB nur eine reine Sachhaftung in Bezug auf das Grundstück[16]. Eine Zwischenstellung nimmt der Schuldbrief ein. Wie die Gült ist er als Wertpapier konstruiert und auf diese Weise sehr umlauffähig, auf der anderen Seite haftet der Schuldner jedoch ebenso wie bei der Grundpfandverschreibung gemäß Art. 842 ZGB mit dem gesamten Vermögen.

Im spanischen Recht existiert als einziges Grundpfandrecht die *hipoteca*[17]. Trotz der Rechtsspaltung[18] im spanischen Zivilrecht ist das Hypothekenrecht einheitlich für ganz Spanien geregelt und findet sich teilweise in den Art. 1874 ff. Código Civil (CC), wo überwiegend der Hypothekenvertrag geregelt ist. Das

---

[11] Ausführliche Darstellungen zu den Grundpfandrechten in der Schweiz, vgl.: ZGB/Trauffer, Kommentierung zu §§ 793 ff. , Tuor/Schnyder/Schmid, S. 808 ff.; Mühl/Petereit, Rz. 645 ff..; Riemer, II. S. 75 ff.; Simonius/Sutter, II. S. 153 ff.

[12] Sie betreffen die Zinsfußhöhe, die Kündigung beim Schuldbrief oder gesetzliche Grundpfandrechte für kantonale öffentlich-rechtliche Abgaben oder Steuern, vgl.: ZGB/Trauffer, Art. 759 Rz. 4; ZGB/Staehelin, Art. 844 Rz. 6; Tuor/Schnyder/ Schmid, S. 825 f.; zu den im kantonalen Recht vorgesehenen Ausnahmen vom Eintragungszwang.

[13] Vgl.: Tuor/Schnyder/Schmid, S. 810

[14] Vgl.: Simonius/Sutter, II. S. 156; Tuor/Schnyder/Schmid, S. 810

[15] Vgl.: Mühl/Petereit, Rz. 738

[16] Vgl.: Art. 847 Abs. 3 ZGB

[17] Ausführliche Darstellungen zum spanischen Hypothekenrecht bei: Diez-Picazo/Gullón, III. S. 510 ff.; Lasarte Alverez, V. S. 309 ff.; Reichmann, S. 112 ff.; Zusammenfassung bei Prinz v. Sachsen Gessaphe, RIW 1991, S. 474 ff.

[18] In einigen autonomen Gebietskörperschaften (*Comunidades Autónomas)* sind für manche Bereiche des Zivilrechts noch Regionalrechte, sog. Foralrechte (*derechos forales*) in Kraft, die den Código Civil verdrängen.

eigentliche materielle Hypothekenrecht ist in einem Sondergesetz, der Ley Hipotecaria (LH), geregelt. Weiteres formelles Hypothekenrecht findet sich in der Durchführungsverordnung zum Hypothekenrecht, dem reglamento hipotecario (RH).

2. Rechtsnatur

2. 1. Allgemeines

Die Rechtsnatur der Grundpfandrechte setzt sich aus unterschiedlichen Merkmalen zusammen. Einige von ihnen, wie die Dinglichkeit und Akzessorietät, finden sich in allen Rechtsordnungen wieder und stehen regelmäßig nicht zur Disposition der Parteien.

Daneben gibt es jedoch weitere Merkmale, die nur in einigen Rechtsordnungen vorgesehen, dort jedoch häufig nicht als zwingend angesehen werden und daher durch die Parteien abbedungen werden können. Dies gilt beispielsweise für die Unteilbarkeit der Hypothek im französischen und spanischen Recht, die grundsätzlich dazu führt, dass bei einer teilweisen Tilgung die Hypothek nicht in dieser Höhe erlischt, sondern bis zur vollständigen Tilgung unverändert bestehen bleibt[19], oder aber für das Prinzip der festen Pfandstellen[20] im schweizerischen Recht. Dieses besagt, dass jedes Pfandrecht mit seiner Errichtung eine ganz bestimmte Pfandstelle erhält, von welcher es grundsätzlich auch bei Wegfall eines vorangehenden Grundpfandes unverrückbar ist. In einem solchen Fall entsteht dann eine offene Pfandstelle, die erneut besetzt werden kann entweder in derselben Höhe oder auch nur über einen Teilbetrag, wobei in letzterem Fall die Stelle über den Restbetrag sodann offenbleibt. Ein Nachrücken kann jedoch vereinbart werden, daneben sieht auch Art. 815 ZGB eine gesetzliche Ausnahme im Fall der Pfandverwertung vor, wonach eine leere Stelle bei der Pfandverwertung außer Acht gelassen wird.

Auch das deutsche BGB hat im Grundsatz einen ähnlichen Ansatz gewählt, indem es statt des Erlöschens des Grundpfandes bei Untergang, bzw. Nichtbestehens der Forderung dessen Übergang auf den Eigentümer anordnet[21]. Zwischenzeitlich ist jedoch ein gesetzlicher Löschungsanspruch des Gläubigers für ihm gleich- bzw. vorrangige Eigentümergrundpfandrechte eingeführt worden[22]. Im

---

[19] Vgl.: Art. 2114 Abs. 2 Cciv.; Mazeaud/Chabas, III. I. Nr. 243; Art. 1860 Abs. 1 CC.; Código Civil/Guilarte Zapatero, Art. 1860 I

[20] Vgl.: ZGB/Trauffer, Vorbem. zu Art. 793-823 Rz. 15; Riemer, II. S. 106

[21] Vgl.: § 1163 BGB

[22] Vgl.: § 1179 a BGB

Folgenden soll nun etwas ausführlicher auf die Wesensmerkmale „Dinglichkeit“ und „Akzessorietät“ eingegangen werden.

2. 2. Dinglichkeit
Die Einordnung als dingliches Sicherungsrecht ist zwar teilweise in den Rechtsordnungen umstritten[23], was sich wohl auf die dem Grundpfandgläubiger fehlende unmittelbare Sachherrschaft zum Grundstück zurückführen lässt, überall werden jedoch die Grundpfandrechte wie dingliches Recht behandelt, d. h. man spricht ihnen absolute Wirkung gegenüber jedermann und ein Vorzugsrecht bei der Befriedigung aus dem Grundstück zu[24].

In der englische Literatur wird im Zusammenhang mit der Rechtsnatur der *mortgage* der Begriff Dinglichkeit nicht ausdrücklich erwähnt, allerdings behandelt man auch hier die *mortgage* im Hinblick auf ihre rechtliche Konstruktion und auf die Rechte des Gläubigers wie ein dingliches Recht, da seit der Modifizierung der *mortgage* durch den Law of Property Act 1925[25] der Sicherungsnehmer nur noch ein zeitlich begrenztes Herrschaftsrecht an dem Grundstück als Belastung erhält, mit der Aussicht das Grundstück zu verwerten, falls eine Zurückzahlung der Schuld nicht erfolgt.

2. 3. Akzessorietät
Ganz unterschiedlich gestaltet sich die Akzessorietät der einzelnen Grundpfandrechte, worunter man die Abhängigkeit des Grundpfandrechts in Entstehung, Bestand und Untergang von der zu sichernden Forderung versteht.

Hierbei fällt auf, dass nicht nur zwischen den einzelnen Rechtsordnungen unterschiedliche Akzessoritätsgrade auftreten, sondern sogar innerhalb einer Rechtsordnung. Je nachdem, ob einer Rechtsordnung mehrere Grundpfandrechte zur Verfügung stehen, findet sich die Akzessorietät entweder nur bei einem Grundpfandrechtstyp, wie etwa der Grundpfandverschreibung im schweizerischen Recht oder der Hypothek im deutschen Recht, während die anderen Grundpfandrechtstypen von der zu sichernden Forderung unabhängig sind.

---

[23] Im Grunde handelt es sich hierbei um einen Definitionsstreit ohne praktische Bedeutung. Die h. M. in der deutschen Literatur bejaht die Dinglichkeit, vgl. Baur/Stürner § 36 II 2 a; Weber, S. 199; ebenso: Petrasch, in: Rummel, § 447 Rz. 1; Simonius/Sutter, II. S. 155. Trotz des eindeutigen Wortlautes von Art. 2114 Cciv. wird die Hypothek in der französischen Literatur teilweise nur als *droit réel au second degré* bezeichnet, vgl.: Mestre/Putman/Billian, Nr. 1167; Nachweise zu den unterschiedlichen Definitionen in der französischen Literatur bei: Fournier in: Rep. Dr. Civ. Dalloz, 1995, VI. Kap. 1 Rz. 29; zum Streitstand im spanischen Recht, vgl.: Código Civil/García García, Art. 1876 II

[24] Vgl.: Marty/Raynaud, Nr. 155; Yáñez Velasco, RdP 2000, S. 93 (97)

[25] Siehe oben: Fn. 5

Teilweise wird eine unterschiedliche Intensität der Forderungsabhängigkeit auch durch Unterarten eines Grundpfandrechts, wie z. B. die in § 1184 BGB geregelte streng akzessorische Sicherungshypothek oder die Höchstbetragshypothek im österreichischen Recht[26] erreicht.

Die französischen Grundpfandrechte sind streng akzessorische Sicherheiten. Bei den Immobiliarspezialprivilegien ergibt sich die Forderungsabhängigkeit schon aus deren Sinn und Zweck, da sie nur bei Vorliegen einer speziellen schuldrechtlichen Forderung entstehen und ihren Rang aus dieser ihnen zugrunde liegenden Forderung ableiten[27]. Aber auch die *hypothèque* ist ein streng akzessorisches Grundpfandrecht, deren wirksame Entstehung eine Forderung voraussetzt, welche allerdings erst künftig entstehen oder bedingt sein kann. Eine Eigentümergrundschuld am Grundstück ist daher im französischen Recht ebensowenig möglich wie ein gutgläubiger Erwerb in Ansehung der Hypothek, sofern die zugrunde liegende Forderung an einem Wirksamkeitsmangel leidet[28].

Der spanische Código Civil ordnet in Art. 1857 Nr. 1 an, dass die Hypothek in ihrer Entstehung, Wirksamkeit und Untergang von der zu sichernden Forderung abhängig ist. Auch sie kann jedoch für künftige oder bedingte Forderungen bestellt werden und wird dann rückwirkend mit Entstehung der Forderung wirksam[29].

Wenngleich sich in der englischen Literatur die im kontinentalen Recht gängige Bezeichnung „akzessorisch" nicht ausdrücklich im Zusammenhang mit der *mortgage* findet, so setzt dennoch auch das englische Recht für eine wirksame *mortgage* notwendig das Bestehen einer schuldrechtlichen Forderung voraus und gibt dem Schuldner das Recht, durch die Tilgung der Forderung die *mortgage* als Belastung des Grundstücks abzulösen[30].

---

[26] Vgl.: Gschnitzer, S. 190

[27] Vgl.: Simler/Delebecque, Rz 249

[28] Vgl.: Ferid/Sonnenberger, II. 3 D 323; Marty/Raynaud, Nr. 157. Eine geringfügige Ausnahme vom Prinzip der strengen Akzessorietät lässt nur Art. 1279 Abs. 2 CCiv. für die Novation zu. In diesem Fall behalten sich die Vertragsparteien durch Vereinbarung vor, dass eine Hypothek, die für eine bestimmte Forderung bestellt wurde, für eine neue Forderung haften kann, ohne dass die Hypothek ihren ursprünglichen Rang verliert, vgl.: Marty/Raynaud, Nr. 159

[29] Vgl.: Art. 142 LH

[30] Vgl.: Halsbury's Laws of England, Vol. 32, para. 302; Sutton v. Sutton 22 Ch. D. 511 (516); zur Problematik des Rechtsbegriffs der „Akzessorietät" im Zusammenhang mit der *mortgage*, vgl.: Stöcker, Die Eurohypothek, S. 202 Fn. 8

Im österreichischen Zivilrecht ist die Hypothek als besonderes Pfandrecht ein akzessorisches Sicherungsrecht, was sich dem Wortlaut mehrerer Vorschriften des ABGB entnehmen lässt[31]. Der Grundsatz der strengen Akzessorietät wird jedoch teilweise aus Gründen des Verkehrsschutzes durchbrochen, so dass ein gutgläubiger Erwerb einer eingetragenen Hypothek möglich ist[32]. Andererseits ist die Höchstbetragshypothek streng akzessorisch und besteht jeweils nur in der Höhe der ihr zugrunde liegenden Forderung, so dass das Vertrauen eines Dritterwerbers darauf, dass Forderung und Hypothek im Höchstbetrag bestehen, bzw. überhaupt entstanden sind, nicht geschützt ist[33].

Im deutschen BGB ist nur die Hypothek als akzessorischen Grundpfandrecht ausgestaltet, während die Grundschuld unabhängig von der zu sichernden Forderung ist und lediglich durch eine schuldrechtliche Sicherungsabrede mit einer Forderung verknüpft werden kann. Auch die Verkehrshypothek enthält jedoch gewisse Einschränkungen in ihrer grundsätzlich akzessorischen Ausgestaltung, um dadurch ihre Umlauffähigkeit zu erhöhen[34].

Im schweizerischen Recht ist von den drei Grundpfandrechten allein die Grundpfandverschreibung akzessorisch im herkömmlichen Sinne, d. h. abhängig von der zu sichernden schuldrechtlichen Forderung[35]. Demgegenüber sind Schuldbrief und Gült zwar nicht von der ursprünglichen Forderung abhängig, die Anlass zur Bestellung des Grundpfandes war, wohl aber von der durch Novation entstandenen abstrakten Wertpapierschuld[36].

2. 4. Fazit

In allen Rechtsordnungen sind die Grundpfandrechte dingliche Rechte oder sie werden zumindest wie diese behandelt. Allen Rechtsordnungen ist gemeinsam, dass sie wenigstens eine akzessorische Grundpfandart besitzen, wobei aus Gründen des Verkehrsschutzes und der Umlauffähigkeit das Ausmaß der Akzessorietät variiert.

Man kann daher in den Rechtsordnungen drei verschiedene Strömungen erkennen: Die erste Gruppe bilden Frankreich, Spanien und England mit streng akzes-

---

[31] Vgl.: §§ 449 S. 1, 469 S. 1; Petrasch, in: Rummel, § 449 Rz. 1

[32] Vgl.: Petrasch, in: Rummel, § 447 Rz. 1. Ebenso kann der Eigentümer über eine frei gewordene Pfandstelle verfügen, sog. forderungsentkleidete Hypothek, vgl.: Schwimann/Hinteregger, § 469 Rz. 1

[33] Vgl.: Gschnitzer, S. 190

[34] Vgl.: §§ 1137, 1138, 1141 BGB; Baur/Stürner, § 36 III 3

[35] Vgl.: ZGB/Trauffer, Art. 793 Rz. 3; Mühl/Petereit, Rz. 730

[36] Vgl.: Simonius/Sutter, II. S. 161

sorischen Grundpfandrechten. Die zweite Gruppe bildet allein das österreichische Recht, welches mit der Hypothek grundsätzlich ein akzessorisches Grundpfandrecht besitzt, bei der jedoch zum einen durch einzelne Vorschriften eine Durchbrechung der Akzessorietät zulässig ist, zum anderen durch Unterformen eine strenge Akzessorietät konstruiert wird. Die dritte Gruppe bildet das schweizerische Recht, das mit Hilfe seiner drei Grundpfandrechte unterschiedliche Akzessorietätsstufen abdeckt. Das deutsche Recht kann sowohl in die zweite Gruppe als auch in die dritte Gruppe eingeordnet werden, da es gleichsam eine Kombination beider Gruppen darstellt. Grundschuld und Hypothek unterscheiden sich insbesondere in Hinblick auf die Forderungsabhängigkeit. Daneben gibt es auch innerhalb der Hypothek unterschiedliche Akzessorietätsgrade, die in deren Unterformen zum Ausdruck kommen.

3. Bestellung[37]

3. 1. Einigung

Innerhalb der Rechtsordnungen bestehen zwar teilweise mehrere Möglichkeiten, nach denen Grundpfandrechte bestellt werden können, überall wird jedoch zumindest bei einer Bestellungsform eine Einigung bzw. ein Vertrag über die Entstehung der Belastung vorausgesetzt.

Während in Deutschland und Österreich die materielle Einigung über die Grundpfandbestellung selbst formlos erfolgen kann[38], müssen in den anderen Rechtsordnungen teilweise besondere Formerfordernisse eingehalten werden. Allerdings wird diese Formfreiheit im deutschen Recht insoweit relativiert, als der Nachweis über die für die Eintragung des Grundpfandes in das Grundbuch notwendige Eintragungsbewilligung durch eine öffentliche oder öffentlich beglaubigte Urkunde zu erbringen ist[39]. Ähnliches findet sich im österreichischen Recht, welches bestimmt, dass die Pfandbestellungsurkunde für die Eintragung (*Einverleibung*) in das Grundbuch der gerichtlichen oder notariell beglaubigten Unterschrift von Pfandgläubiger und Pfandschuldner bedarf[40].

---

[37] Im Mittelpunkt dieser Betrachtung stehen die vertraglichen Grundpfandrechte, daher wird auf die in den meisten Rechtsordnungen existierenden gesetzlichen und gerichtlichen Grundpfandrechten nicht gesondert eingegangen.

[38] Vgl.: Bülow, Rz. 113, Habel, Rz. 483; Schwimann/Mader, § 1369 Rz. 4

[39] Vgl.: §§ 19, 29 GBO; Allerdings handelt es sich hierbei nur um eine reine Verfahrensvorschrift, welche die materielle Wirksamkeit der Grundpfandbestellung unberührt lässt, vgl.: Weirich, § 9 III Rz. 346

[40] Vgl.: §§ 451Abs. 1, 431 f. ABGB; Schwimann/Hinteregger, § 451 Rz. 12

Das englische Recht setzt für die Bestellung der *mortgage* eine Einigung zwischen Sicherungsnehmer und Sicherungsgeber voraus, bei der entweder eine 3000 Jahre dauernde *lease* als *legal interest* bestellt wird (*Demise for a term of years absolute*) oder aber eine *charge*, welche in der Form des *deed*, einer gesiegelten Urkunde, zu erfolgen hat (*charge by deed expressed to be by way of legal mortgage*)[41]. Seit dem Law of Property Act von 1989 kann auch die *equitable mortgage* nicht mehr allein durch mündliche Vereinbarung bestellt werden, sondern setzt die schriftliche Abfassung der Übereinkunft und die Unterschrift der Parteien voraus[42].

Auch im französischen Recht setzt Art. 2127 CCiv. für die Hypothekenbestellung einen notariell geschlossenen Vertrag zwischen den Parteien voraus. Wir die Form nicht eingehalten, so führt dies zur absoluten Nichtigkeit der Hypothek[43].

Das schweizerische Zivilrecht bestimmt in Art. 799 Abs. 2 ZGB, dass es zur Bestellung des Grundpfandes eines Pfanderrichtungsvertrages bedarf, der öffentlich beurkundet werden muss.

Schließlich muss auch im spanischen Recht der Vertrag zwischen den Parteien über die Errichtung einer Hypothek in einer notariellen Urkunde (*escritura publica*) erfolgen[44].

3. 2. Publizität durch Registrierung

Als weitere Bestellungsvoraussetzung setzen alle Rechtsordnungen einen bestimmten Publizitätsakt voraus. So wird im deutschen, österreichischen, schweizerischen und spanischen Recht die Eintragung des Grundpfandes in ein Register oder Grundbuch als konstitutives Element für die Entstehung benötigt[45].

Im spanischen Recht stellt die Hypothek mit ihrer notwendigen Eintragung in das *registro de la propriedad* somit eine Ausnahme im Grundstücksrecht dar, da

---

[41] Vgl.: Sec 85 LPA 1925; Randell, S. 450

[42] Vgl.: Sec. 2 LPA 1989

[43] Vgl.: Mestre/Putman/Billian, Nr. 1242

[44] Daneben gibt es gemäß Art. 141 LH auch die Möglichkeit die Hypothek durch nur einseitige Erklärung des Eigentümers vor dem Notar zu errichten (*hipoteca unilateral*); auch hier wird jedoch die Annahmeerklärung des Gläubigers notwendig.

[45] Vgl.: § 873 Abs. 1 BGB; Weber, S. 202; Staudinger-Gursky, § 873 Rz. 6 a; § 451 Abs. 1 ABGB; Geschnitzer, S. 199: „*Die Hypothek lebt nur im Buch*"; Koziol/Welser, S. 120; Art 799 Abs. 1 ZGB, der für alle drei Grundpfandrechte gilt.

grundsätzlich der Eintragung, wie im Falle des Eigentumserwerb an Grundstücken, nur deklaratorische Wirkung zukommt[46].

Für die *mortgage* kann sich eine Registrierungspflicht sowohl bei einer Bestellung an registriertem[47], als auch an nicht-registriertem Land ergeben. Bei einer erstrangigen mortgage an nicht-registriertem Land wird nunmehr eine zwingende Registrierung vorausgesetzt, wobei zum einen das jeweilige Eigentumsrecht (*title*) des *mortgagors* im HM Land Registry, zum anderen die *mortgage* im Charge Register des neu registrierten Grundstückseigentum einzutragen ist[48]. Eine fehlende Eintragung einer *mortgage* verhindert zwar nicht ihr wirksames Zustandekommen, sie entfaltet jedoch dann gemäß sec. 4 (5) LCA 1972 keine Wirksamkeit gegenüber Dritten. Wird die *mortgage* an registriertem Land bestellt, so erfolgt die Eintragung gewöhnlich beim jeweiligen *charge register*, wobei die Eigentumsurkunde beim Registeramt verbleibt und dem Grundpfandgläubiger eine Urkunde über die eingetragene *mortgage* (*charge certificate*) ausgehändigt wird[49].

Da nach französischem Recht eine Hypothek mit dem Bestellungsvertrag nur zwischen den Parteien wirkt, bedarf es ebenfalls der Eintragung in ein Inskriptionsregister (*registre des inscriptions*), um der Hypothek absolute Wirkung gegenüber jedermann zu verschaffen[50].

3. 3. Zusätzliche Voraussetzungen

Neben Einigung und Registrierung werden in manchen Rechtsordnungen zusätzliche Voraussetzungen für eine Bestellung als notwendig erachtet. So setzt das deutsche Recht grundsätzlich[51] die Erteilung eines Hypotheken- bzw. Grundschuldbriefs voraus, so dass nach § 1117 BGB ein Erwerb erst mit Übergabe des Briefes erfolgt.

Im österreichischen Recht wird als sog. Titel ein Pfandbestellungsvertrag benötigt, welcher eine besondere Verpflichtung zur Begründung einer hypothekarischen Haftung zum Inhalt hat[52].

---

[46] Vgl.: Art. 145 LH; Diez-Picazo/Gullón, III. S. 76, S. 518

[47] Bis heute existiert in England kein einheitliches Grundbuchwesen, es gibt keine allgemeine Registrierungspflicht, so dass viele Grundstücke in keinem Register verzeichnet sind. Kurze Zusammenfassung zum englischen Registerwesen, bei: v. Bernstorff, S. 83 f.

[48] Vgl.: Sec. 1 LRA 1997 i. V. m. ss. 123, 123 A (2)- (3) LRA 1925 n. F.; Sparkes, S. 479; Gray, S. 547

[49]. Vgl.: Randell, S. 451

[50] Vgl.: Mazeaud/Chabas, III. I. Nr. 389; Marty/Raynaud, Nr. 192

[51] Gemäß § 1116 Abs. 2 BGB kann die Erteilung des Briefes jedoch ausgeschlossen werden.

[52] Vgl.: § 1368 ABGB

Bei der Errichtung einer Gült oder eines Schuldbriefes im schweizerischen Recht wird zusätzlich zur Grundbucheintragung ein Pfandtitel ausgestellt, welcher ein gesetzliches Wertpapier darstellt[53] und für die Geltendmachung der Forderung erforderlich ist.

3. 4. Fazit

Allen Rechtsordnungen sind als Grundelemente der Grundpfandbestellung eine Einigung bzw. ein Vertrag zwischen den Parteien über die Errichtung des Grundpfandes und ein Publizitätsakt bekannt, bei dem die Registrierung des Grundpfandes in einem Register oder Grundbuch erfolgt. Letzterem kommt jedoch unterschiedliche Bedeutung zu, entweder ist er konstitutiv, d. h. schon für die wirksame Entstehung notwendig. In diesem Fall existiert das Grundpfand erst mit seiner Registrierung. In den anderen Fällen entsteht das Grundpfandrecht schon ohne Eintragung, es entfaltet seine Wirkung jedoch nur zwischen den Parteien, so dass erst eine Registrierung dem Grundpfand absolute Wirkung verschafft.

Wenngleich den Registrierungen formal unterschiedliche Bedeutung zukommt, so kann man doch feststellen, dass in allen Rechtsordnungen ein Publizitätsakt notwendig ist, damit das Grundpfand seiner eigentlichen Sicherungsfunktion gerecht werden kann. Mal geschieht dies in der Weise, dass das Grundpfand ohne Registrierung gar nicht erst entsteht, oder aber es entfaltet seine Wirkung bei fehlender Registrierung nur zwischen den Parteien. Im Ergebnis geht es jedoch in beiden Fällen darum, mit Hilfe der Eintragung ein absolut geltendes Sicherungsmittel zu erlangen.

Schließlich lässt sich feststellen, dass alle Rechtsordnungen im Rahmen des Bestellungsaktes gewisse Formvorschriften, häufig notarielle Mitwirkungshandlungen, voraussetzen. Teilweise handelt es sich nur um reine Verfahrensvorschriften, teilweise sind mit ihnen jedoch auch materiellrechtliche Wirkungen verbunden.

[53] Vgl.: Tuor/Schnyder/Schmid, S. 875, S. 869

4. Übertragung[54]

Übereinstimmend sehen alle Rechtsordnungen die Möglichkeit vor, die Grundpfandrechte an einen dritten Erwerber zu übertragen. Die hierfür notwendigen Voraussetzungen weichen jedoch teilweise innerhalb einer Rechtsordnung voneinander ab, so setzt beispielsweise das schweizerische Recht bei Schuldbrief und Gült eine Übertragung nach wertpapierrechtlichen Grundsätzen voraus[55].

Auch untereinander weichen die Rechtsordnungen zwar im einzelnen in den Übertragungsvoraussetzungen ab, einheitlich wird jedoch bei der Übertragung akzessorischer Grundpfandrechte zwangsläufig die Abtretung der zu sichernden Forderung vorausgesetzt[56].

Die Übertragung ist zudem überall mit gewissen Formvorschriften, bzw. Publikationsakten verbunden. Einige Rechtsordnungen sehen für die Abtretung selbst eine bestimmte Form vor[57], andere verlangen allein oder zusätzlich die Eintragung in das Register oder auch die Zustimmung des Schuldners[58].

5. Haftungsverband[59]

Neben dem eigentlichen Grundstück haften überall auch bestimmte bewegliche Gegenstände für die Grundpfandschuld. Unterschiede bestehen jedoch im Bezug auf den Umfang des Haftungsverbandes (*Pfandhaft, assiette de l'hypothèque, extensión de la hipoteca*). Teilweise können Gegenstände unter bestimmten

---

[54] Vgl.: Für die jeweiligen Rechtsordnungen: § 1154, 1153 BGB; Sparkes, S. 479; Mazeaud/Chabas, III. I. Nr. 606 ff.; Marty/Reynaud, Nr. 370 ff.; Gschnitzer, S. 206; Habel, Rz. 528 ff.; Riemer, II. S. 121; Art. 149 ff. LH; Código Civil/García García, Art. 1878 I ff.

[55] Vgl.: Art. 869 ZGB; ZGB-Staehelin, Art. 869 Rz. 8

[56] Vgl.: §§ 398, 401 Abs. 1, 1153 BGB; Mazeaud/Chabas, III. I. Nr. 606.; Halsbury's Laws of England, Vol. 32, para. 566; Habel, Rz. 538 ff.; Koziol/Welser, S. 128; Art. 164 ff., 170 OR; Riemer, II. S. 121; Art. 1878, 1528 CC

[57] Vgl.: Art. 149 LH setzt für das spanische Recht eine notarielle Urkunde voraus. Gemäß § 1154 BGB ist die Abtretung schriftlich auf dem Brief oder bei der Buchhypothek im Grundbuch einzutragen; ein schriftlicher Abtretungsvertrag wird auch im schweizerischen Recht vorausgesetzt, vgl.: Tuor/Schnyder/Schmid, S. 840; Schuldbrief und Gült werden nach wertpapierrechtlichen Grundsätzen übertragen, vgl.: Art. 869 ZGB

[58] Vgl.: Art. 2149 Cciv.; ss. 31 ff., 35 LRA 1925; sec. 114 LPA 1925; Sparkes, S.479

[59] Vgl. für die jeweiligen Rechtsordnungen: Brink/Habel, Rz. 291; Tyler, S. 55 ff. (89), Ferid/Sonnenberger, II. 3 D 358 ff.; Marty/Raynaud, Nr. 286 ff.; Simonius/Sutter, II. S. 164 ff.; Art. 109 ff. LH; Reichmann, S. 136 ff.; Diez-Picazo/Gullón, III. S. 522 ff.

Voraussetzungen aus der Haftungsmasse ausscheiden oder zusätzlich auch selbständig verpfändbar sein.

In jeder Rechtsordnung fallen zumindest solche Bestandteile, die mit dem Grundstück fest verbunden sind, in den Haftungsverband. Daneben können auch Zubehör und andere selbständige Gegenstände der Haftung unterliegen, Unterschiede bestehen teilweise bei der Einordnung, welche beweglichen Gegenstände als Zubehör bezeichnet werden und ob für den Eintritt der Haftung weitere Voraussetzungen notwendig sind. Nach §§ 1120, 1121 BGB ist dies der Fall, wenn sie dem Grundstückseigentümer gehören und nicht enthaftet sind.

Auch das schweizerische ZGB kennt grundsätzlich die Mithaftung von Bestandteilen und Zubehör (*Zugehör*) vor, wobei das Gesetz ausdrücklich die Möglichkeit vorsieht, dass die Widmung von beweglichen Gegenständen als Zubehör im Grundbuch angemerkt werden kann[60]. Darüber hinaus können abweichenden Vereinbarungen bezüglich der Zubehörhaftung im Pfandvertrag aufgenommen werden[61].

Nach englischem Recht muss für eine Haftung das Zubehör mit dem Grundstück verbunden sein, sofern es nicht von einem Dritten angebracht wurde oder diesem ein Wegnahmerecht zusteht[62].

Selbständige Bestandteile und Zubehör können auch nach österreichischem Recht in den Haftungsverband fallen, gehören aber nicht automatisch dazu, da sie selbständig verpfändbar sind. Soweit nichts anderes vereinbart ist, gelten sie jedoch im Zweifel als mitverpfändet[63]. Unter bestimmten Voraussetzungen fallen darüber hinaus auch Miet- und Pachtzinsforderungen in den Haftungsverband[64].

Auch im französischen Recht fällt das Zubehör (*immeubles par destination*) grundsätzlich in den Haftungsverband der Hypothek, allerdings setzt die Zubehöreigenschaft voraus, dass die bewegliche Sache für die Nutzung und den Betrieb des Grundstücks unentbehrlich ist[65].

---

[60] Vgl.: Art. 805 ZGB

[61] Vgl.: Simonius/Sutter, II. S. 166

[62] Vgl.: Tyler, S. 55, S. 89; Brink/Habel, Rz. 291

[63] Vgl.: Schwimann/Hinteregger § 457 Rz. 7

[64] So muss dies gemäß Art. 111 LH im spanischen Recht ausdrücklich zwischen den Parteien vereinbart sein, insoweit handelt es sich um dispositives Recht, vgl.: Diez-Picazo/Gullón, III. S. 524 f.; §§ 1123 ff. BGB; Art. 806 ZGB

[65] Vgl.: Art. 2118 Abs. 1, i. V. m. 522 ff. Cciv.; Ferid/Sonnenberger, II. 3 D 364 3 A 64

Schließlich besteht auch nach dem spanischen Recht die Möglichkeit, das Zubehör der Hypothekenhaftung zu unterwerfen, was allerdings nur im Wege einer ausdrücklichen Vereinbarung oder gesetzlichen Regelung anzunehmen ist[66]. Zwar wählt der Wortlaut des spanischen Gesetzes einen anderen Ausgangspunkt, in dem es bewegliche Gegenstände mit Zubehöreigenschaft im Grundsatz nicht in die Hypothekenhaftung mit einbezieht. Da es sich insoweit jedoch um dispositives Recht handelt, hat sich in der Praxis die Einbeziehung des Zubehör durchgesetzt[67].

6. Erlöschen

Die Gründe, die zum Erlöschen der Grundpfandrechte führen können, sind in den Rechtsordnungen sehr vielfältig und gelten nicht immer in allen Rechtsordnungen in gleicher Weise. Als selbständige Gründe, die zu einem Erlöschen des Grundpfandrechts führen können, finden sich jedoch immer sowohl die rechtsgeschäftliche Aufhebung, bzw. Rückgewähr des Grundpfandes, als auch die Aufhebung kraft Gesetzes, beispielsweise wenn das Grundstück verwertet wird[68]. Während diese Gründe direkt die Grundpfandrechte betreffen, stellt der Untergang der Forderung einen Erlöschensgrund dar, der sich indirekt auf das Fortbestehen des Grundpfandrechts auswirkt.

6. 1. Untergang der Forderung

Im deutschen Recht führt der Untergang der Forderung bei der Hypothek nicht zu deren Erlöschen, sondern es entsteht eine sog. Eigentümergrundschuld, wohingegen sich das Fortbestehen der Grundschuld schon aus ihrer Rechtsnatur als nichtakzessorisches Grundpfandrecht ergibt [69].

Im österreichischen Recht bewirkt der Untergang der Forderung aufgrund der Akzessorietät der Hypothek in materieller Hinsicht deren Erlöschen[70], solange jedoch keine Rückgewähr an den Schuldner und die Löschung der Hypothek im

---

[66] Vgl.: Art. 111 LH

[67] Vgl.: Diez-Picazo/Gullon, III. S. 525

[68] Vgl.: §§ 1181 Abs. 1, 873 BGB; § 467 ABGB; ZGB/Trauffer, Art. 801 Rz. 1; Art. 2180 Nr. 2 Cciv.; Código Civil/García García, Art. 1880 VII; Halsbury's Laws of England, Vol. 32 para. 889; Gschnitzer, S. 225; SchKG-Känzig/Bernheim, Art. 156 Rz. 34; Riemer, II. S. 101 f.

[69] Vgl. §§ 1163, 1177 BGB; Staudinger/Wolfsteiner, § 1163 Rz. 122

[70] Vgl.: § 469 ABGB der besagt: *„durch Tilgung hört das Pfandrecht auf"*; Gschnitzer, S. 225 f.; Petrasch, in: Rummel, § 469 Rz. 1

Grundbuch erfolgt, bleibt sie formell bestehen und kann infolgedessen auch gutgläubig erworben werden.

Auch im spanischen Recht bleibt die Hypothek trotz ihrer Akzessorietät zur Forderung bei deren Untergang bis zur Löschung im Register formal gegenüber Dritten bestehen[71].

Die gleiche Rechtsfolge sieht das schweizerische Recht beim Untergang der Forderung bezüglich der akzessorischen Grundpfandverschreibung vor[72]. Der Schuldbrief bleibt auch nach der Zahlung unverändert bestehen und erlischt nicht, vielmehr erhält der Schuldner bei Rückzahlung der Schuld einen schuldrechtlichen Anspruch auf Rückübertragung des Schuldbriefs[73].

Im französischen Recht erlischt die Hypothek ebenfalls allein mit dem Untergang der Forderung, mit der Löschung der Eintragung im Register ist der Untergang der Hypothek auch gegenüber Dritten wirksam[74].

Schließlich bewirkt auch das Erlöschen der Forderung im englischen Recht den Untergang der *mortgage*, allerdings geht die *mortgage* im Fall, dass ein Dritter die schuldrechtliche Forderung befriedigt, auf diesen über[75]. Das Erlöschen der *mortgage* wird regelmäßig auf dem *deed* vermerkt, was jedoch keine notwendige Voraussetzung für das Erlöschen darstellt[76].

6. 2. Fazit

Zusammenfassend ergibt sich somit erwartungsgemäß bei den forderungsabhängigen Grundpfandrechten, dass mit dem Untergang der Forderung jedenfalls materiell auch das Grundpfandrecht erlischt. Eine Ausnahme davon macht allein das deutsche Recht, um auf diese Weise den Rang der Hypothek zu wahren.

Häufig werden zusätzlich Formalitäten vorausgesetzt, wie Eintragungen in das Register oder Urkundenvermerke, sei es, um auf diese Weise das Erlöschen der Hypothek auch Dritten gegenüber wirksam zu machen oder auch nur, um Beweiserleichterungen zu erhalten.

---

[71] Vgl.: Diez-Picazo/Gullon, III. S. 557; Art. 144 LH

[72] Vgl.: ZGB/Trauffer, Art 826 Rz. 1; Art. 801 Rz. 2 dabei ist jedoch umstritten, ob mit dem Forderungsuntergang das Grundpfandrecht materiell erlischt oder ob zusätzlich noch die Löschung im Grundbuch notwendig ist. Eine rein deklaratorische Wirkung der Löschung vertritt: Simonius/Sutter, II. S. 195 f.

[73] Vgl.: Art. 873 ZGB; ZGB/Staehelin, Art. 873 Rz. 1

[74] Vgl.: Art. 2180 Nr. 1 CC; Mazeaud/Chabas, III I. Nr. 557;

[75] Vgl.: Sec. 115 (2) LPA 1925; Halsbury's Laws of England, Vol. 32 paras. 840, 888

[76] Vgl.: Sec 115 (1) LPA 1925

7. Verwertung

In allen Rechtsordnungen liegen Sinn und Zweck der Grundpfandrechte im Wesentlichen darin, dem Gläubiger ein Verwertungsrecht an dem Grundstück zu gewähren für den Fall, dass der Schuldner seiner Zahlungsverpflichtung nicht nachkommt. Aus dem Verwertungserlös werden die Grundpfandrechte dann entsprechend ihrem Rang befriedigt[77]. Dabei richtet sich die Rangfolge der Grundpfandrechte in der Regel nach den Zeitpunkt ihrer Registrierung[78]. Im französischen Recht ist zu beachten, dass im Einzelfall auch das Wirkungsdatum eines Spezialprivilegs über den Rang entscheiden kann[79]. Die Rangfolge zwischen *equitable mortgages* richtet sich nach dem Datum auf der Urkunde und eine *legal mortgage* geht grundsätzlich einer *equitable mortgage* vor[80]. Überwiegend lassen die Rechtsordnungen mehrere Verwertungsmöglichkeiten zu.

7. 1. Verwertung durch Veräußerung

Im deutschen Recht kann die Veräußerung der Grundpfandrechte nur im Wege der Zwangsvollstreckung erfolgen. Der Gläubiger klagt in diesem Fall gemäß § 1147 BGB auf Duldung der Zwangsvollstreckung[81]. Daneben besteht jedoch die in der Praxis sehr häufig wahrgenommene Möglichkeit, bei Bestellung des Grundpfandes die sofortige Unterwerfung unter die Zwangsvollstreckung in einer notariellen Urkunde § 794 Abs. 1 Nr. 5 ZPO zu vereinbaren. Die eigentliche Veräußerung des Grundstücks, die Zwangsversteigerung, richtet sich sodann nach den Regeln des Gesetzes über die Zwangsversteigerung und die Zwangsverwaltung (ZVG), und wird nur auf Antrag eingeleitet[82].

Ebenso kann im französischen Recht die Verwertung im Wege der Zwangsvollstreckung erfolgen[83]. Auch hier besteht die Möglichkeit der sofortigen Unterwerfung in die Zwangsvollstreckung bereits bei Errichtung der Hypothek in der notariellen Urkunde[84]. Nachdem der Gläubiger eine formal zur Zahlung aufgefordert hat (*commandement*) und diese öffentlich gemacht worden ist, kann er das Grundstück öffentlich versteigern lassen, welches mit Zuschlag auf den Er-

---

[77] Zu den Modifizierungen dieser Rangfolge durch die nationalen Insolvenzverfahren, siehe unten: 2. Teil, 2.7.

[78] Vgl.: Petrasch, in: Rummel, Art. 464 Rz. 6; sec. 97 LPA 1925; Halsbury Statutes, Vol. 30, S. 695; Diez-Picazo/Gullón, III. S. 553

[79] Vgl.: Ferid/Sonnenberger, II. 3 D 454 f.

[80] Vgl.: Halsbury's Statutes, Vol 30, S. 696; Tyler, S. 458 f.; Brink/Habel, Rz. 354 ff.

[81] Vgl.: Bülow, Rz. 133; Palandt-Bassenge, § 1147 Rz. 4

[82] Vgl.: § 15 ZVG

[83] Vgl.: Art. 673 ff. Code de procédure civile (ancien); Fournier in: Rép. Dr. civ. Dalloz, 1995, VI. Kap. 2 Rz. 86

[84] Vgl.: Fournier in: Rép. Dr. civ. Dalloz, 1995, VI. Kap. 2 Rz. 86

werber als neuen Eigentümer übergeht. Unter bestimmten Voraussetzungen kann die Zwangsvollstreckung durch einen freihändigen Verkauf ersetzt werden[85].

Das österreichische Recht sieht in § 461 ABGB die Befriedigung aus der Verwertung des Grundstücks (*Feilbietung*) vor, wofür es grundsätzlich eine Klageerhebung voraussetzt[86]. Auch im österreichischen Recht ist es jedoch möglich, bei Bestellung der Hypothek eine sog. Unterwerfungsklausel zu vereinbaren, welche eine sofortige Vollstreckung ermöglicht[87]. Die Veräußerung des Grundstücks selbst kann dann durch Zwangsversteigerung gemäß §§ 133 ff. EO erfolgen.

Nach ähnlichem Prinzip erfolgt auch in Spanien die Verwertung der Hypothek grundsätzlich durch Veräußerung des Grundstücks und Befriedigung des Gläubigers am Veräußerungserlös[88]. Für die Einleitung der Veräußerung sieht das spanische Recht mehrere Vorgehensmöglichkeiten vor. So kann sie im ordentlichen Erkenntnisverfahren geschehen, bei der ein gewöhnliches Urteil ergeht, dessen Vollstreckung sich gegen das gesamte Vermögen des Schuldners richtet. Daneben sieht Art. 129 i. V. m. Art. 131 LH das summarische Zwangsversteigerungsverfahren und das summarische außergerichtliche Verfahren vor[89]. Schließlich besteht noch die Möglichkeit, gemäß Art. 1429 LEC das ordentliche Vollstreckungsverfahren aus einer vollstreckungsfähigen Bestellungsurkunde durchzuführen. Die Veräußerung des Grundstücks selbst erfolgt sodann durch öffentliche Versteigerung[90] .

Schließlich findet auch im schweizerischen Recht die Verwertung durch Veräußerung im Wege der Zwangsvollstreckung (Pfandbetreibung) nach dem Schuldbetreibungs- und Konkursgesetz (SchKG) statt[91]. Neuerdings wird in eingeschränkter Weise auch ein freihändiger Verkauf des Grundstücks zugelassen, insbesondere dann, wenn alle Beteiligten damit einverstanden sind[92]. Da dem Gläubiger außer bei der Gült neben dem Grundstück das gesamte Vermögen des

[85] Vgl.: Art. 673 i. V. m. Art. 744 ff. Code de procédure civile (ancien); Art. 2204 ff. Cciv.
[86] Vgl.: Petrasch, in: Rummel, § 461 Rz. 4
[87] Vgl.: Gschnitzer, S. 214
[88] Vgl.: Art. 1858 CC Diez-Picazo/Gullón, III. S. 546 f.
[89] Vgl.: Dieses muss jedoch ausdrücklich bei Bestellung der Hypothek vereinbart und von einem dazu befähigten Notar durchgeführt werden, vgl.: Art. 236 RH
[90] Vgl.: Art. 131 Regelung 7 bis 14 LH
[91] Vgl.: Art. 816 ff ZGB, i V. m. § 151 SchKG
[92] Vgl.: Art. 143b SchKG; ZGB-Trauffer, Art. 816 Rz. 3; SchKG-Häusermann/ Stöckli/ Feuz, Art. 143 b Rz. 1

Schuldners haftet, kann auch ein Zahlungsbefehl auf Pfändung oder Konkurs beantragt werden[93].

Im englischen Recht[94] steht dem Gläubiger ein Verkaufsrecht (*right to sell*) zu, wenn die *mortgage* in der Form eines *deed* errichtet worden ist und die Darlehenssumme zur Rückzahlung fällig ist[95]. Der Verkauf kann entweder durch öffentliche Versteigerung oder freihändig[96] erfolgen. Ein durch *equitable mortgage* belastetes Grundstück, welche nicht in der Form eines *deed* errichtet worden ist, kann gemäß ss. 90 f. LPA 1925 nur aufgrund eines gerichtlichen Beschlusses verkauft werden.

Eine weitere Möglichkeit, bei der es letztendlich auch zur Veräußerung des Grundstücks kommt, stellt das sog. Ausschließungsrecht (*right to foreclosure*) dar, bei dem der Gläubiger das durch *equity* entstandene Einlösungsrecht des Schuldners per Gerichtsbeschluss zum Erlöschen bringen kann[97]. Wegen des aufwendigen und kostspieligen Verfahrens, das nur vor Gericht durchgeführt werden kann, ist diese Verwertungsart in der Praxis nicht sehr verbreitet[98].

7. 2. Verwertung durch Verwaltung

Sowohl das deutsche als auch das österreichische Recht sehen neben der Zwangsversteigerung die Zwangsverwaltung des Grundstücks vor, bei welcher in der Regel ein Zwangsverwalter für das Grundstück eingesetzt und der Gläubiger aus den laufenden Einnahmen des Grundstücks befriedigt wird[99].

---

[93] In diesem Fall kann der Schuldner jedoch das sog. *beneficium excussionis realis* geltend machen, demzufolge der Gläubiger sich vorrangig aus dem Grundstück befriedigen soll, vgl.: Simonius/Sutter, II. S. 185

[94] Bis auf das sog. Ausschließungsrecht (*right to foreclosure*), welches die übrigen Verwertungsarten erlöschen lässt, schließen sich die Verwertungsarten des englischen Rechts nicht gegenseitig aus, vgl.: Megarry/Wade, S. 921; Cheshire/Burn, S. 689 f.

[95] Vgl.: Sparkes, S. 494; Das Grundstück kann jedoch erst verkauft werden, wenn der Schuldner aufgrund des Rückzahlungsverlangen oder einer sonstigen Verpflichtung aus der *mortgage* in Verzug ist oder eine sonst wesentliche Verpflichtung des Schuldners nicht eingehalten wurde, vgl.: Sec 103 LPA 1925

[96] Der Gläubiger darf jedoch das Grundstück nicht treuwidrig unter Wert verkaufen, sondern muss einen angemessenen Preis erzielen, vgl.: Tyler, S. 389. Eine Veräußerung an den Sicherungsgeber selbst bzw. an seinen Vertreter ist nicht möglich, vgl.: Howarth, S. 82; Farrar v. Farrar Ltd. (1888) 40 Ch. D. 398

[97] Vgl.: Perrins, S. 153. Da seit dem LPA 1925 der Gläubiger nicht mehr das Herrschaftsrecht, sondern nur noch eine Belastung übertragen bekommt, ist der Gerichtsbeschluss seither darauf gerichtet, dem Grundpfandgläubiger das Herrschaftsrecht zu übertragen.

[98] Vgl.: Perrins, S. 154

[99] Vgl.: §§ 150 ff. ZVG; §§ 97 ff. EO

Im spanischen Recht steht dem Gläubiger statt der Zwangsversteigerung die Möglichkeit einer Zwangsverwaltung (*la administración interina*) des Grundstücks offen. Sofern die Parteien eine dahingehende Vereinbarung bei der Hypothekenbestellung getroffen haben, kann der Gläubiger das Grundstück in Besitz nehmen, bzw. verwalten und sich aus den Erträgen des Grundstücks befriedigen[100].

Ebenso besteht die Möglichkeit einer Zwangsverwaltung (*receivership*), bei welcher der Verwalter als Vertreter des Grundpfandgläubigers tätig wird, im englischen Recht[101]. Liegen die Voraussetzungen für ein Verkaufsrecht vor, so kann statt dessen ein solcher Zwangsverwalter eingesetzt werden. Dieser hat die eingenommenen Erträge nach der in sec. 109 LPA 1925 gesetzlich festgelegten Reihenfolge zu verwenden.

Schließlich kennt das englische Recht als weitere Verwertungsform die Besitzergreifung[102] durch den Gläubiger, welcher eine ähnliche Funktion wie der Zwangsverwaltung zu kommt. Der Gläubiger kann mittels Besitzergreifung das Grundstück nutzen, bzw. bei dessen Vermietung oder Verpachtung die Erträge einziehen. Da mit dem Besitzrecht jedoch eine strenge Haftung verbunden ist und der Gläubiger genaue Rechenschaft über die eingezogenen Einnahmen und Erträge
schuldet, ist der Inbesitznahme durch den Gläubiger die Einsetzung eines Zwangsverwalters vorzuziehen[103].

7. 3. Fazit

Im Bezug auf die Verwertung der Grundpfandrechte kann festgestellt werden, dass überall die Möglichkeit der Veräußerung im Wege der Zwangsversteigerung vorgesehen ist. Häufig findet sich die Möglichkeit, statt Durchführung einer Klage auf Duldung der Verwertung, direkt die Vollstreckung aus einer vollstreckungsfähigen Bestellungsurkunde zu betreiben.

Das englische, französische und schweizerische Recht lassen zusätzlich einen freihändigen Verkauf zu, der jedoch gewissen Anforderungen genügen muss, so dass der Schuldner vor einem Missbrauch, etwa einem Verkauf unter Wert, seitens des Gläubigers geschützt ist.

---

[100] Vgl.: Art. 131 Regelung 6 LH; Reichmann, S. 152; Diez-Picazo/Gullón, III. S. 550 f.

[101] Vgl.: Sec. 101 (1) LPA 1925

[102] Vgl.: Four-Maids Ltd v. Dudley marshall (properties) Ltd. (1957) Ch. D. 317 (320)

[103] Vgl.: Tyler, S. 312

Darüber hinaus sehen einige Rechtsordnungen als Alternative zur Veräußerung vor, das Grundstück im Wege einer Zwangsverwaltung zu verwerten, was entweder durch die Einsetzung eines Verwalters oder aber durch Inbesitznahme des Gläubigers selbst erfolgen kann.

Insgesamt lässt sich feststellen, dass aufgrund des hohen Wertes, der einem Grundstück zukommt, die Grundpfandverwertung überwiegend in sehr formalisierter Weise, üblicherweise im Wege der Zwangsvollstreckung vorgenommen wird. Aus demselben Grund unterliegt auch ein freihändiger Verkauf, wenn er überhaupt zulässig ist, strengen Voraussetzungen.

2. Teil: Die Stellung der Grundpfandrechte in der nationalen Insolvenz

Bevor auf die Stellung der Grundpfandrechte in einer rechtsvergleichenden Betrachtung eingegangen wird, erfolgt zunächst eine Darstellung der wichtigsten Insolvenzverfahren in den sechs Rechtsordnungen. Dabei wird jedoch nur auf die Verfahren näher eingegangen, welche in den Anhängen A und B der EG-Verordnung über Insolvenzverfahren aufgeführt sind.

1. Die Insolvenzverfahren der Rechtsordnungen

Aus Gründen der Übersichtlichkeit und um den Ablauf der Verfahren verständlich zu machen, werden die Insolvenzverfahren jeweils in getrennten Länderberichten behandelt.

1. 1. Deutschland

1. 1. 1. Einführung

Am 1. 1. 1999 sind in Deutschland die neue Insolvenzordnung (InsO) und ihr Einführungsgesetz (EGInsO) in Kraft getreten, nachdem sie im Juni/ Juli 1994 von Bundestag und Bundesrat verabschiedet worden waren. Damit wurde eine über Jahre währende Reformdebatte[1] abgeschlossen, in der besonders auch eine Einbeziehung der gesicherten Gläubiger immer wieder Anlass zu Diskussionen gab.

Grundgedanke der Insolvenzordnung ist die Erreichung bestmöglicher Haftungsverwirklichung des Schuldnervermögens hinsichtlich aller Gläubiger. Hierfür war es nötig, einige Schwachstellen des alten Rechts, insbesondere die Massearmut und die damit verbundene geringe Anzahl durchgeführter Insolvenzverfahren zu überwinden, was nicht ohne Auswirkungen auf die Kreditsicherheiten[2] bleiben konnte. Aus diesem Grund ist in der Insolvenzordnung anders als nach § 4 Abs. 2 Konkursordnung (dKO), welcher eine vom Konkursverfahren unabhängige Absonderung zuließ, die Einbeziehung der Sicherungsgläubiger in das Verfahren vorgesehen. Hierbei wurde grundsätzlich nach den unterschiedlichen Sicherungsrechten differenziert, so haben deshalb die Grundpfandrechte im

---

[1] Den Regelungen der InsO gingen der erste und zweite Bericht der vom Bundesjustizminister eingesetzten Kommission für Insolvenzrecht in den Jahren 1985/1986 voraus. Im Jahre 1989 folgte der Referentenentwurf des Bundesjustizministeriums und 1991 der Regierungsentwurf einer Insolvenzordnung nebst Einführungsgesetz, welcher nach einigen Änderungen durch den Bundestag und Bundesrat der heutigen InsO zugrunde liegt.

[2] Vgl.: Schmidt-Räntsch, InsO, Teil 1, Rz. 77, die darauf hinweist, dass rund 80 % des bei insolventen Schuldnern vorgefundenen und betrieblich genutzten Vermögens mit Aus- und Absonderungsrechten belastet sind.

Vergleich zu den Mobilarsicherheiten nur relativ geringe Eingriffe erfahren, was nicht zuletzt darauf zurückzuführen war, dass schon im alten Recht eine bessere Verknüpfung von Immobiliarsicherheiten und Insolvenzrecht (die zeitweise Aussetzung der Verwertung zur effektiven Verfahrensdurchführung) enthalten war. Weitgehend handelt es sich um eine Einbeziehung der Sicherungsgläubiger in Form von Rücksichtnahme bei der Rechtsverfolgung und mittels Kostenbeiträgen, um auf diese Weise möglichst günstige Bedingungen für die Verwertung des gesamten Vermögens zu schaffen. Die Wertsubstanz der Sicherheiten bleibt demgegenüber von Eingriffen unberührt[3].

1. 1. 2. Verfahrensablauf[4]

Auf Antrag des Schuldners bzw. der Gläubiger kann die Eröffnung des Verfahrens eingeleitet werden[5]. Nach Eingang des Insolvenzantrages wird dessen Zulässigkeit durch das Insolvenzgericht überprüft. Schon im Eröffnungsverfahren besteht für das Gericht die Möglichkeit, einen vorläufigen Insolvenzverwalter zu bestellen[6]. Soweit die Voraussetzungen für die Verfahrenseröffnung vorliegen, erlässt das Gericht einen Eröffnungsbeschluss, in dem der Berichts- und Prüfungstermin festgelegt wird. Nach Verfahrenseröffnung erfolgen Inbesitznahme und Verwaltung der Insolvenzmasse durch den Insolvenzverwalter, die Erstellung eines Verzeichnisses über Massegegenstände, eines Gläubigerverzeichnisses und einer Vermögensübersicht[7].

Im Berichtstermin haben die Gläubiger über den Fortgang des Verfahrens, insbesondere über eine Verwertung in Form von Liquidation des Unternehmens oder aber über dessen Fortführung zu entscheiden. Die Verwertung kann entweder nach gesetzlichen Vorschriften der InsO oder abweichend mit Hilfe eines Insolvenzplanes erfolgen.

Wird ein Vorgehen im Planverfahren angestrebt, so erfolgt die Vorlage eines Insolvenzplanes beim Insolvenzgericht entweder durch den Insolvenzverwalter,

---

[3] Vgl.: Schmidt-Räntsch, InsO, Teil I, Rz. 78; Der Einbeziehung der Sicherungsgläubiger in das Insolvenzverfahren steht jedoch ein verstärkter Gläubigerschutz mittels Entschädigungen (z. B. Zinszahlungen) für die Nutzung des Sicherungsgutes durch die Masse und eine weitergehende Gläubigerautonomie zur Seite.

[4] Im Hinblick auf den Umfang der Arbeit wird hier nur das normale Verfahren dargestellt, zum Ablauf des Verbraucherinsolvenzverfahrens, vgl.: Darstellung bei Hess/Obermüller, Insolvenzplan, Restschuldbefreiung und Verbraucherinsolvenz, 2. Auflage, Heidelberg 1999. Sofern dieses Eingriffe in Grundpfandrechte vorsieht, wird darauf an der jeweiligen Stelle hingewiesen.

[5] Vgl.: §§ 13 Abs. 1; 14 Abs. 1 InsO

[6] Vgl.: § 21 Abs. Nr. 1 InsO

[7] Vgl.: §§ 80 Abs. 1; 148; 151 ff. InsO

welcher im Berichtstermin von der Gläubigerversammlung zur Ausarbeitung des Planes beauftragt worden ist, oder durch den Schuldner selbst. Daraufhin findet die Überprüfung des Planes durch das Insolvenzgericht statt[8]. Wird der Plan nicht zurückgewiesen, so holt das Gericht die Stellungnahmen von Gläubigerausschuss, Betriebsrat, Sprecherausschuss leitender Angestellte, Schuldner oder Verwalter ein[9]. Weiterhin hat es einen Erörterungs- und Abstimmungstermin festzusetzen und öffentlich bekannt zu machen, in welchem Insolvenzplan und Stimmrecht der Gläubiger erörtert werden und anschließend über den Plan abgestimmt wird[10].

Nach Annahme des Planes durch die Gläubiger und der Zustimmung des Schuldners ist dieser zusätzlich durch das Insolvenzgericht zu bestätigen[11]. Mit Rechtskraft der Bestätigung des Insolvenzplanes entfaltet dieser seine Wirkung gegenüber allen Beteiligten, und das Gericht beschließt die Aufhebung des Insolvenzverfahrens[12].

Wurde kein Insolvenzplanverfahren durchgeführt, sondern ist das gesamte Schuldnervermögen im Wege der Liquidation verwertet und der Erlös an die Gläubiger verteilt worden, so hebt das Insolvenzgericht per Beschluss das Verfahren auf[13].

1. 2. England

1. 2. 1. Einführung

Mit Einführung des Insolvency Act 1986 (IA) am 29. 12. 1986 wurde das englische Insolvenzrecht umfassend reformiert[14]. Bis zu diesem Zeitpunkt befanden sich die wichtigsten Regelungen für natürliche Personen im Bankruptcy Act 1914 und für Gesellschaften (*companies*) im Companies Act, welche jeweils durch Common Law und Equity ergänzt wurden[15].

Durch die Reform wurden zwar die meisten Insolvenzverfahren im neuen Insolvency Act 1986 zusammengefasst und somit der bestehenden Zersplitterung entgegen gewirkt, nichtsdestotrotz erscheint das englische Insolvenzrecht auf-

---

[8] Vgl.: § 231 InsO
[9] Vgl.: § 232 InsO
[10] Vgl.: § 235 InsO
[11] Vgl.: § 248 InsO
[12] Vgl.: §§ 254 Abs. 1; 258 InsO
[13] Vgl.: § 200 InsO
[14] Vgl.: hierzu ausführlich: Vach, Aspekte der Insolvenzrechtsreform von 1986 in England, 1991
[15] Vgl.: Goode, Principles, S. 9

grund seiner vielfältigen Verfahrensmöglichkeiten[16] auf den ersten Blick etwas unübersichtlich. Daneben befinden sich weitere Vorschriften in den Insolvency Rules 1986.

Auch der Insolvency Act 1986 behält die Unterscheidung zwischen der Insolvenz natürlicher Personen (*individual insolvency/bankruptcy*), Part VIII-XI, und der von Gesellschaften und juristischen Personen (*corporate insolvency*) Part I-VII, bei. Er enthält Vorschriften über die Liquidation von Gesellschaften (*winding-up*). Möglichkeiten zur Fortführung eines Unternehmens finden sich in den Regelungen über das Reorganisationsverfahrens (*administration order*) und der Vergleichsverfahren (*company voluntary arrangement*)[17]. Für natürliche Personen sieht das Gesetz neben einem Liquidationsverfahren (*bankruptcy*) die Möglichkeit eines freiwilligen Vergleichs (*individual voluntary arrangement*) zwischen Schuldner und Gläubigern vor.

Ende 1993 wurde mit der Veröffentlichung eines Untersuchungsberichtes des Department of Trade and Industry eine erneute Revision des englischen Insolvenzrechts eingeleitet, wodurch vor allem die nur wenig genutzten Sanierungsverfahren (*company voluntary arrangement, administration order*) praktikabler gemacht werden sollten[18]. Auf dieser Grundlage ist am 30. 11. 2000 der neue Insolvency Act 2000 verabschiedet worden, dessen Änderungsvorschriften teilweise auch die Sicherungsgläubiger betreffen[19].

1. 2. 2. Verfahrensablauf

1. 2. 2. 1. Das Insolvenzrecht der juristischen Personen und Gesellschaften

- Das Liquidationsverfahren (*winding-up*)

Unter *winding-up* wird im englischen Recht die Abwicklung einer Gesellschaft verstanden, an deren Ende ihre Auflösung steht. Hierbei werden zunächst zwei verschiedene Arten des Verfahrens unterschieden, das sog. *voluntary winding-up*[20], welches ohne Einschaltung eines Gerichtes durch Beschluss der Gesell-

---

[16] Im Rahmen dieser Arbeit werden nur jene Verfahren behandelt, die auch in den Anwendungsbereich des EUIÜ/EG-Ratsverordnung fallen, so dass insbesondere eine Darstellung des sehr verbreiteten *receivership*-Verfahrens nicht erfolgt. Ausführlich zu diesem Verfahren, vgl.: Lange, WM 1990, S. 701 ff.

[17] Ein weiteres Vergleichsverfahren ist in ss. 425- 427 Companies Act 1985 geregelt.

[18] Vgl.: Shearman, ZIP 1995, S. 1129 (1132 ff.); Flynn, IBL 2000, S. 299 (299 f.)

[19] Gemäß 16 IA 2000 tritt das Gesetz zu dem durch *order* oder *statutory instrument* des *Secretary of State* festgelegten Datum in Kraft.

[20] Innerhalb der freiwilligen Liquidation wird weiter zwischen dem sog. *member's voluntary winding-up*, welches kein Insolvenzverfahren im eigentlichen Sinne, sondern eine gesellschaftsrechtliche Abwicklung einer solventen Gesellschaft, darstellt, und dem *creditor's*

schafterversammlung in Gang gesetzt wird[21] und das *compulsory winding-up* (*winding-up by the court*), bei dem die Gesellschaft selbst oder auch ihre Gläubiger einen Antrag auf Zwangsliquidation[22] stellen können, sofern einer der gesetzlichen Antragsgründe vorliegt[23].

Gemeinsames Prinzip aller Liquidationsverfahren ist die Bestellung eines Insolvenzverwalters, der das Schuldnervermögen in Besitz nimmt, es verwertet und den Erlös an die Gläubiger gemäß ihrer Rangfolge verteilt[24].

Beim *voluntary winding-up* muss spätestens 14 Tage nach dem Gesellschafterbeschluss eine Gläubigerversammlung einberufen werden[25]. In der Gläubigerversammlung wird dann insbesondere ein Insolvenzverwalter (*liquidator*) ernannt, welcher dann die Gesellschaft abwickelt. Mit seiner Ernennung verlieren die Geschäftsführer (*directors*) ihre gesamten Befugnisse[26].

Beim *compulsory winding-up* kann das Gericht ab Antragseinreichung zur Vermögenssicherung jederzeit vorläufigen Maßnahmen ergreifen, z. B. einen vorläufigen Insolvenzverwalter bestellen[27] und schwebende Prozesse gegen die Gesellschaft unterbrechen. Ab diesem Zeitpunkt können Vermögensverfügungen nur noch mit Zustimmung des Gerichtes getätigt werden[28]. Weiterhin findet im Einleitungsverfahren eine Anhörung der Vertreter der Gesellschaft, des Antragstellers und anderer Personen mit berechtigtem Interesse statt[29], in deren Anschluss das Gericht den Liquidationsantrag ablehnt oder annimmt[30].

Auch nach Verfahrenseröffnung wird der Ablauf weitgehend durch das Gericht gesteuert. Mit dem Beschluss durch das Gericht treten zudem bestimmte Wirkungen ein, so enden beispielsweise die Befugnisse der Geschäftsführer (*directors*)[31], und es darf keine Klage oder sonstiges Verfahren mehr gegen die Gesell-

---

voluntary winding-up unterschieden. Letzteres führt seine Bezeichnung darauf zurück, dass es überwiegend in der Hand der Gläubiger liegt.

[21] Vgl.: Sec. 84 IA 1986

[22] Vgl.: Sec. 124 IA 1986

[23] Vgl.: Sec. 122 IA 1986

[24] Vgl.: Goode, Principles, S. 101

[25] Vgl.: Sec. 89 IA 1986

[26] Vgl.: Sec. 103 IA 1986

[27] Vgl.: Sec. 135 IA 1986

[28] Vgl.: Sec. 126; 127 IA 1986

[29] Vgl.: Sec. 125 IA 1986

[30] Möglich ist jedoch auch eine Vertagung oder eine vorläufige Anordnung, vgl.: Sec. 125 IA 1986; Goode, Principles, S. 116

[31] Vgl.: Snaith, 14.193

schaft angestrengt oder weitergeführt werden ohne gerichtliche Zustimmung[32]. Insbesondere hierin unterscheidet sich die Zwangsliquidation vom freiwilligen Verfahren, bei dem ein automatischer Verfahrensstop gerade nicht eintritt, sondern z. B. der Insolvenzverwalter einen solchen Verfahrensstop beantragen muss[33].

- Das Vergleichsverfahren (*Company voluntary arrangement*, CVA)[34]

Das CVA ist in den ss. 1-7 IA 1986 geregelt und kann entweder selbständig oder aber innerhalb eines *administration*-Verfahrens bzw. im Anschluss an eine Liquidation durchgeführt werden[35].

Der Vergleichsvorschlag wird von den Geschäftsführern der Gesellschaft, einem Verwalter im *administration*-Verfahren (*administrator*), oder von einem Konkursverwalter gemacht und enthält beispielsweise die Stundung oder Kürzung von Forderungen, wenn dies für die Fortführung des Unternehmens notwendig erscheint[36].

Neu eingeführt wurde mit dem Insolvency Act 2000 die Möglichkeit für die Geschäftsführer kleinerer Gesellschaften, einen auf 28 Tage begrenzten Verfahrens- und Verwertungsstopp (*moratorium*) für die Zeit der Ausarbeitung des Vergleichsvorschlages zu beantragen[37]. Regelmäßig wird weiterhin ein Vergleichsverwalter, ein sog. *nominee*, eingesetzt, welcher dem Gericht innerhalb von 28 Tagen Auskunft über die Erfolgsaussichten des Vergleichsvorschlages zu erteilen und über die Einberufung einer Gläubigerversammlung zu entscheiden hat[38]. Sofern sich der *nominee* für eine Versammlung von Gläubigern und Gesellschaftern ausgesprochen hat, wird diese in der folgenden Zeit einberufen.

---

[32] Vgl.: Sec. 130 (2) IA 1986. Weitere verfahrensrechtliche Anordnungsbefugnisse sind in den ss. 147-160 IA 1986 geregelt.

[33] Die Anordnung des Gerichts erfolgt dann nach sec. 112 IA 1986, vgl.: Gore-Browne, § 34. 4. 2., S. 34.015

[34] Dieses Verfahren wurde auf Vorschlag der Reformkommission (Cork-Committee) mit dem IA 1986 neu eingeführt und sollte die Schwächen des bis dahin einzigen Sanierungsverfahrens, dem *scheme of arrangement* des Companies Act 1985, ausgleichen. Allerdings wurden einige Kritikpunkte der Kommission nicht berücksichtigt, so dass das Verfahren seit seiner Einführung nur wenig Anwendung gefunden hat, vgl.: Brown, Rz. 20. 1; Shearman, ZIP 1995, S. 1129 (1131)

[35] Vgl.: Sec. 1 (3) (a), (b); Goode, Principles, S. 325 f.

[36] Aufgrund der verschieden Ziele, welche mit dem CVA verfolgt werden können (Reorganisation, Unternehmensverkauf, Liquidation), können auch die jeweiligen Vergleichsvorschläge sehr unterschiedlich ausfallen.

[37] Vgl.: Schedules 1; 1 A 2.- 4., 8. IA 2000

[38] Vgl.: Sec. 2 (2) IA 1986

In der Versammlung wird dann über den konkreten Vergleichsvorschlag abgestimmt, wobei für die Zustimmung eine 3/4-Mehrheit der Gesamtsumme der anwesenden stimmberechtigten Forderungen ausreichend ist[39]. Wird der Vergleichsvorschlag angenommen, tritt seine Wirksamkeit ohne weitere gerichtliche Bestätigung ein und bindet alle stimmberechtigten Gläubiger[40].

- *administration*-Verfahren (*administration*)[41]

Bei diesem Verfahren handelt es sich nicht um ein Insolvenzverfahren im eigentlichen Sinne, vielmehr wirkt es aufgrund des mit Antragstellung eintretenden Moratoriums wie ein Gerüst, mit dem die Durchführung und der Erfolg anderer Insolvenzverfahren unterstützt werden soll[42].

Die Eröffnung des Verfahrens erfolgt nur auf Antrag der Gesellschaft selbst, ihrer Geschäftsführer oder durch einen oder mehrere Gläubiger[43]. Zusätzlich muss die Gesellschaft zahlungsunfähig, oder deren Zahlungsunfähigkeit wahrscheinlich sein, und das Gericht muss der Auffassung sein, mit Hilfe des Verfahrens eines der in sec. 8 Abs. 3 IA 1986 genannten Ziele zu erreichen. Welches Ziel im Einzelfall verfolgt wird, hat das Gericht im Eröffnungsbeschluss darzulegen.

Schon mit Antragstellung tritt ein vorläufiges Moratorium in Kraft, welches die Einleitung gerichtlicher Verfahren gegen die Gesellschaft und die Durchsetzung von Sicherheiten ohne Zustimmung des Insolvenzgerichtes verhindert[44]. Wird das Verfahren eröffnet, wird das Moratorium über das gesamte Verfahren hinweg beibehalten.

Mit dem Eröffnungsbeschluss des Gerichts wird regelmäßig zugleich der Verwalter (*administrator*) ernannt[45], welcher die Kontrolle über das Gesellschaftsvermögen auszuüben, das Unternehmen bis auf weiteres fortzuführen und die

---

[39] Eine Abstimmung in Klassen und nach Kopfzahl, wie dies das *scheme of arrangement*-Verfahren nach dem Companies Act 1985 vorsieht, findet nicht statt, da sich dies als erschwerend herausgestellt hat, vgl.: Lange, ZIP 1991, S. 850 (853) mit weiteren Nachweisen.

[40] Vgl.: Sec. 5 (2) IA 1986; grundsätzlich gilt, dass jeder Gläubiger, der zur Gläubigerversammlung eingeladen wurde, auch ein Stimmrecht hat, vgl.: R. 1.17 (1) IR

[41] Dieses ebenfalls mit der Reform neu eingeführte Verfahren soll vorwiegend die Rettung des Unternehmens erleichtern, kann aber auch einer gegenüber dem *winding-up* vorteilhafteren Verwertung des Gesellschaftsvermögens dienen, vgl.: Sec. 8 (3) IA 1986

[42] Vgl.: Prentice u.a. in: Ziegel, S. 75

[43] Vgl.: Sec. 9 (1) IA 1986

[44] Vgl.: Sec. 10 (1) IA 1986

[45] Vgl.: Sec. 13 (1) IA 1986

Gläubigerversammlungen einzuberufen hat[46]. Innerhalb von drei Monaten soll der Verwalter einen Vorschlag zur Zielerreichung ausarbeiten und den Gläubigern unterbreiten, die sodann über die Annahme des Vorschlags in der Gläubigerversammlung abstimmen[47].

1. 2. 2. 2. Insolvenzrecht der natürlichen Personen

- Das Konkursverfahren (*bankruptcy*)

Der zweite Teil des Insolvency Act von 1986 enthält das Insolvenzrecht der natürlichen Personen. Für Partnerships gelten die Sonderregeln des Insolvency Partnerships Order 1993.

Antragsgrund ist die gegenwärtige oder zu erwartende Zahlungsunfähigkeit des Schuldners[48]. Weiterhin muss die dem Antrag zugrunde liegende Forderung mindestens in einer Höhe von £ 750 bestehen und bestimmt sein. Antragsberechtigt sind insbesondere der Gemeinschuldner selbst und die Gläubiger[49]. Stellt der Schuldner den Antrag, so kann das Gericht eine einstweilige Anordnung (*interim order*) treffen, die bewirkt, dass keine Klagen oder sonstige gerichtlichen Verfahren gegen das Eigentum oder die Person des Schuldners mehr durchgeführt werden können[50]. Das Gericht kann jedoch auch ohne einstweilige Anordnung jederzeit ab Antragstellung Klagen, Vollstreckungen oder sonstige gerichtliche Verfahren aussetzen[51].

Das eigentliche Verfahren beginnt mit der gerichtlichen Bestätigung des Antrags (*bankruptcy order*). Es wird ein Konkursverwalter ernannt, auf den das gesamte Vermögen des Gemeinschuldners übergeht und der die Konkursmasse sichten, verwerten und den Erlös nach den gesetzlichen Vorschriften an die Gläubiger verteilen muss[52]. Ab diesem Zeitpunkt darf kein anderes gerichtliches Verfahren

[46] Vgl.: Ss. 14-17 IA 1986

[47] Vgl.: Sec. 23 ff. IA 1986

[48] Vgl.: Sec. 267 (2) (c) IA 1986

[49] Daneben nennt sec. 264 IA 1986 noch den Treuhänder (*supervisor*) und einen an einem Vergleich (*individual voluntary arrangement*) beteiligten Gläubiger. Grundsätzlich wird vorausgesetzt, dass es sich um eine ungesicherte Forderung handelt. Ausnahmsweise kann auch ein gesicherter Gläubiger einen Antrag stellen, wenn er entweder bei der Antragstellung erklärt, dass er im Falle der Konkurseröffnung auf die Sicherheit zugunsten der Gesamtgläubigerschaft verzichtet, oder er die Antragstellung nicht im Bezug auf den gesicherten Teil der Forderung vornimmt und zusätzlich den geschätzten Wert der Sicherheit im Zeitpunkt der Antragstellung angibt, vgl.: Sec. 269 IA 1986

[50] Vgl.: Sec. 254 IA 1986. Gemäß sec. 253 (5) IA 1986 ist dies jedoch nicht möglich, wenn das Gericht schon nach sec. 273 IA 1986 einen Konkursverwalter ernannt hat.

[51] Vgl.: Sec. 285 IA 1986

[52] Vgl.: Sec. 305 (2) IA 1986

eines Gläubigers gegen den Schuldner mehr eingeleitet werden. Das Verfahren endet, wenn der Verwalter das gesamte Vermögen verwertet hat. In der Regel kommt es nach drei Jahren zu einer automatischen Restschuldbefreiung (*discharge*) des Gemeinschuldners[53].

- Vergleichsverfahren (*individual voluntary arrangement*, IVA)

In Part VIII sieht der Insolvency Act 1986 die Möglichkeit einer Einigung zwischen Gläubigerschaft und Gemeinschuldner im Wege eines Vergleiches vor, um auf diese Weise dem Schuldner die Chance zu geben, die finanzielle Krise zu überwinden und sich im besten Fall ganz zu stabilisieren[54]. Daneben kann ein IVA auch noch nach Eröffnung eines Konkursverfahrens abgeschlossen werden, wenn dadurch eine günstigere Verwertung in Aussicht gestellt wird[55].

Das Verfahren wird entweder auf Antrag des Schuldners oder des gerichtlichen Verwalters (*official receiver*) beim Konkursgericht eingeleitet[56], welcher in der Regel darauf gerichtet ist, dem Schuldner zunächst ein Moratorium im Wege einer einstweiligen Anordnung (*interim order*) zu gewähren. Dem Schuldner wird ein Konkursverwalter zur Seite gestellt, der den Verfahrensablauf beaufsichtigt, insbesondere aber mit dem Schuldner den Vergleichsvorschlag erarbeitet[57]. Die gerichtliche einstweilige Anordnung ist zunächst auf 14 Tage befristet, es besteht jedoch im Einzelfall die Möglichkeit einer Verlängerung[58]. Bis zum Ablauf dieser Frist soll der Verwalter einen ersten Bericht an das Gericht abliefern, worin er darzulegen hat, ob ein Vergleichsvorschlag Aussicht auf Erfolg hat und eine Gläubigerversammlung einberufen werden soll[59]. Wird die Versammlung einberufen, so muss ein Vergleichsvorschlag mit mindestens 3/4 der Gesamtsumme aller stimmberechtigten Forderungen angenommen werden[60].

[53] Vgl.: Sec. 279 IA 1986; Diese hat jedoch keine Wirkung im Hinblick auf das Recht zur Verwertung einer Sicherheit, welche für eine Forderung bestellt worden ist, die von der Restschuldbefreiung erfasst wurde, vgl.: Sec. 281 (2) IA 1986

[54] Vgl.: Fletcher, S. 41

[55] Vgl.: Greenville, S. 323

[56] Vgl.: Sec. (3) IA 1986

[57] Vgl.: Sec. 253 (1), (2) IA 1986; Grier/Floyd, Rz. 5.15

[58] Vgl.: Ss. 255 (6); 256 (4) IA 1986

[59] Vgl.: Sec. 256 (1) IA 1986

[60] Vgl.: R. 5. 18 Abs. 1 IR; Nicht ganz eindeutig lässt sich den Insolvency Rules entnehmen, inwiefern gesicherte Gläubiger stimmberechtigt sind. Es wird jedoch vertreten, dass der Vorsitzende der Versammlung Sicherungsgläubiger im Hinblick auf eine etwaige Ausfallforderung zur Abstimmung zulassen darf, ohne dass sie wie im Konkursverfahren das schwierige Bewertungsverfahren im Bezug auf die Sicherheiten durchführen müssen, vgl.: Grier/Floyd, Rz. 5. 57, mit Hinweis auf unveröffentlichte Rechtsprechung. Zum Bewertungsverfahren, vgl.: Rs. 6. 115 ff. IR; Fletcher, S. 282 f.

Mit der Zustimmung tritt der Vergleich in Kraft und bindet alle Gläubiger, die stimmberechtigt waren und von der Gläubigerversammlung Kenntnis hatten[61].

1. 3. Frankreich

1. 3. 1. Einführung

Das französische Insolvenzrecht kennt drei verschiedene Verfahrensarten. Einmal gibt es das Verfahren nach dem Insolvenzgesetz von 1985 (L 85), zuletzt geändert durch ein Reformgesetz im Jahre 1994[62], welches nur auf Kaufleute und bestimmte, diesen gleichgestellte Personen anwendbar ist[63]. Daneben gibt es seit 1967 ein vorbeugendes Verfahren, mit dessen Hilfe eine Insolvenz des Unternehmens verhütet werden soll[64]. Schließlich gibt es seit dem 31. 12. 1989 auch ein Schuldensanierungsgesetz für Privatleute[65].

Das französische Insolvenzrecht ist im Gegensatz zu den meisten anderen europäischen Rechtsordnungen in den vergangen Jahrzehnten mehrfach grundlegend reformiert worden, wobei besonders in den letzten Reformen von 1985 und 1994 die Stellung der Sicherungsgläubiger einen Schwerpunkt der Gesetzesänderungen bildete[66].

Das Insolvenzgesetz von 1985 regelt in einem einheitlichen Verfahren Sanierung und Liquidation des Unternehmens. Vorrangiges Ziel des Gesetzes ist grundsätzlich die Rettung und Fortführung des Unternehmens, welche dem Erhalt von Arbeitsplätzen dienen sollen. Diesem Ziel ist die Befriedigung der Gläubiger eindeutig nachgeordnet[67].

Für Unternehmen, deren Beschäftigungszahl 50 Arbeitnehmer nicht übersteigt und deren Umsatz weniger als 20 Mio. FF beträgt, kann ein vereinfachtes Verfahren (*régime simplifié*) durchgeführt werden[68].

---

[61] Vgl.: Sec. 260 (2) IA 1986

[62] Vgl.: Loi n° 85- 98 v. 25. 1. 1985, geändert durch Loi n° 94- 475 v. 10. 6. 1994

[63] Vgl.: Art. 2 L 85; anwendbar auch auf Handwerker, Landwirte und juristische Personen des Privatrechts

[64] Geändert durch die Loi n° 84-148 v. 1. 4. 1984

[65] Vgl.: Loi n° 89-1010 v. 31. 12. 1989, welche in die Art. L. 331-1 ff. des Code de la Consommation eingefügt und 1995 reformiert wurden.

[66] Zu den wichtigsten Änderungen der Loi n° 94-475 v. 10. 6. 1994, vgl.: Celestine/ Felsner, WM 1996, S. 425 ff.; Dammann, ZIP 1996, S. 300 ff.

[67] Dies ergibt sich aus Art. 1 L 85, der die Bereinigung der Schulden (*l'apurement du passif*) erst an dritter Stelle nennt; zur Bedeutung dieses Begriffs, vgl.: Derrida/Godé/Sortais, Rz. 502; Mallet, GP 1988, S. 177 f.

[68] Vgl.: Art. 2 Abs. 2, i. V. m. Art. 137 ff. Loi 85. Dieses Verfahren kommt in über 95 % aller Fälle zur Anwendung, Ripert/Roblot, T. 2, Rz. 2916, Fn. 2

1. 3. 2. Verfahrensablauf

Voraussetzung für die Eröffnung eines Insolvenzverfahrens ist die vollständige Zahlungseinstellung des Unternehmens[69]. In diesem Fall ist der Schuldner verpflichtet, innerhalb von 15 Tagen den Antrag auf Eröffnung des Verfahrens zu stellen[70]. Neben dem Schuldner sind weitere Verfahrensbeteiligte, wie z. B. die Gläubiger, das Insolvenzgericht von Amts wegen oder der Staatsanwalt antragsberechtigt[71]. Handelt es sich bei dem Schuldner um einen Kaufmann oder einen Handwerker, so ist das Handelsgericht, in den übrigen Fällen der *tribunal de grande instance* zuständig[72]. Vor dem Eröffnungsbeschluss erfolgt die notwendige Anhörung des Schuldners und des Betriebsrates, bzw. des Personalvertreters[73]. Liegen alle Voraussetzungen vor, insbesondere die Zahlungsunfähigkeit des Unternehmens, so beschließt das Gericht die Eröffnung des Verfahrens.

Im Eröffnungsbeschluss ist der Zeitpunkt der Zahlungseinstellung festzulegen[74]. Außerdem werden weitere Verfahrensorgane ernannt[75]. In der Regel wird mit dem Beschluss die sog. Beobachtungsphase eingeleitet, in der die Chancen einer Sanierung nach Erstellung einer Wirtschafts- und Sozialbilanz geprüft werden[76]. Seit dem letzten Reformgesetz im Jahre 1994 kann die Liquidation ausnahmsweise sofort ohne Eröffnung einer Beobachtungsphase beschlossen werden, wenn eine Sanierung offensichtlich unmöglich ist[77].

---

[69] Vgl.: Art. 3 Abs. 1 L 85

[70] Wird der Antrag vom Schuldner nicht pflichtgemäß gestellt, so drohen ihm persönliche Sanktionen, vgl.: Art. 3 Abs. 2, Art. 189 Nr. 5 L 85. Dem Antrag sind zusätzliche Dokumente beizufügen, die Auskunft über die juristische, finanzielle und soziale Situation des Unternehmens geben, vgl.: Guyon, T 2, Rz. 1131

[71] Vgl.: Art. 4 L 85

[72] Vgl.: Art. 7 Abs. 1 L 85

[73] Ist dem Insolvenzverfahren ein *reglement amiable* vorausgegangen, dessen Vereinbarungen nicht eingehalten wurden, so ist auch der Schlichter (*conciliateur*) anzuhören. Daneben sieht Art. 6 Abs. 2 L 85 allgemein die Möglichkeit für das Gericht vor, bei Bedarf weitere Personen anzuhören.

[74] Vgl.: Art. 9 L 85; dieses Datum spielt eine wichtige Rolle für die Festlegung der Anfechtungsfristen, da Handlungen des Schuldners im Zeitraum zwischen Zahlungseinstellung und Eröffnungsbeschluss anfechtbar sind (*la période suspecte*). Der Zeitraum darf jedoch 18 Monate nicht überschreiten. Ausführlich zu Insolvenzanfechtung von Grundpfandrechten, die im Rahmen dieser Arbeit nicht behandelt wird, vgl.: Städler, § 5, S. 79 ff.

[75] Art. 10 Abs. 1 L 85, der sog. *juge-commissaire*, welcher die Einhaltung des Verfahrensablaufes überwacht, der Insolvenzverwalter (*l'administrateur*), der das Vermögen insbesondere in der Beobachtungsphase verwaltet und der Gläubigervertreter (*le représentant des créanciers*).

[76] Vgl.: Art. 8 L 85; die Dauer hängt von der jeweiligen Situation und Größe des Unternehmens ab, sie darf jedoch zunächst 6 Monate nicht überschreiten kann aber u. U. verlängert werden.

[77] Vgl.: Art. 1 Abs. 3 L 85

Am Ende der Beobachtungsphase beschließt das Gericht[78] einen Sanierungsplan, sofern eine reelle Chance zur Rettung des Unternehmens besteht. Dieser kann entweder die Fortführung des Unternehmens oder dessen (teilweise) Veräußerung an einen außenstehenden[79] Erwerber vorsehen. Liegen dem Gericht im letzteren Fall mehrere Übernahmeangebote vor, so hat es dasjenige auszuwählen, welches am besten Arbeitsplätze und Gläubigerbefriedigung sichert. Auch hier geht jedoch eine erfolgreiche Sanierungsmöglichkeit den Interessen der Gläubiger vor, so dass es häufig zu sehr geringen, teilweise symbolischen Übernahmepreisen kam[80]. Aus diesem Grund hat sich die Reform von 10. 6. 1994 auch die gewissenhafte Ausführung der Sanierungspläne zum Ziel gesetzt, es wurden Möglichkeiten zur besseren Kontrolle der Planausführung und der Überprüfung der Arbeitsplatzgarantien geschaffen[81]. Ist eine Sanierung nicht möglich, kommt es stattdessen zur Liquidation[82].

Das Gericht kann die Beendigung des Verfahrens beschließen, wenn eine übertragende Sanierung vollständig durchgeführt wurde oder bei einer Liquidation alle Gläubiger befriedigt wurden bzw. das Verfahren mangels ausreichendem Schuldnervermögen nicht mehr weitergeführt werden kann[83]. In der Regel führt das Verfahrensende zu einer Restschuldbefreiung des Schuldners, so dass die Gläubiger ihr individuelles Verfolgungsrecht nicht wiedererlangen[84].

1. 4. Österreich

1. 4. 1. Einführung

Das österreichische Insolvenzrecht enthält mehrere Verfahrensarten, die vorwiegend in der Konkursordnung (KO) und in der Ausgleichsordnung (AO) geregelt sind. Auch das österreichische Recht wurde mehrfach reformiert, so wurde durch das Insolvenzrechtsänderungsgesetz (IRÄG) von 1982 das sog. Vorver-

[78] Über das Schicksal des Unternehmens entscheidet allein das Insolvenzgericht, die Gläubiger werden lediglich über ihre Vertreter konsultiert, Art. 61 L 85, ein weitergehendes Mitsprache- oder Entscheidungsrecht steht ihnen nicht zu.

[79] Vgl.: Art. 21 Abs. 4, Art. 84 L 85, danach können weder die Geschäftsführer des Unternehmens noch Verwandte bis zum 2. Grad Übernahmegebote abgeben.

[80] Vgl.: Art. 85 L 85; Derrida/Godé/Sortais, Rz. 452 mit Hinweis auf Rechtsprechung; Soinne, RPC 1993, S. 345 (361 f.)

[81] Vgl.: Canin, RJC 1994, S. 352 (359)

[82] Vgl.: Art. 8 Abs. 3, Art. 61 Abs. 2 L 85

[83] Vgl.: Art. 92 , Art. 167 L 85

[84] Allerdings sieht das Gesetz Ausnahmefälle vor, in denen das Verfolgungsrecht wieder auflebt, vgl.: Art. 169 Abs. 1, Nr. 1, 2 , Abs. 2, 3 L 85

fahren als weiteres Insolvenzverfahren neben Konkurs, Ausgleich und der Geschäftsaufsicht über Kreditunternehmungen[85] eingeführt.

Zwar nimmt das österreichische Recht keine formale Unterteilung des Insolvenzrechts, z. B. durch unterschiedliche Verfahrensarten, für Kaufleute und Privatpersonen vor, so dass die Vorschriften des Konkurses und Ausgleichs auch auf Nichtunternehmer anwendbar sind. Durch die KO-Novelle von 1993 wurde jedoch für natürliche Personen in den §§ 181-218 KO der sog. Privatkonkurs eingeführt, welcher die Möglichkeit eines Zahlungsplanes bzw. einer Restschuldbefreiung für den Schuldner vorsieht[86].

1. 4. 2. Verfahrensablauf

1. 4. 2. 1. Konkurs

Die Eröffnung eines Konkursverfahrens setzt die Zahlungsunfähigkeit des Schuldners voraus[87]. Antragsberechtigt sind neben dem Schuldner, welcher den Eröffnungsantrag spätestens 60 Tage nach Eintritt der Zahlungsunfähigkeit zu stellen hat, auch die Gläubiger[88]. Bei einer Antragstellung durch einen Gläubiger hat grundsätzlich die gerichtliche Anhörung des Schuldners (Vernehmungstagsatzung) zu erfolgen[89]. Die Eröffnung des Verfahrens ergeht durch Beschluss, welcher öffentlich bekannt zu machen ist[90]. Kann im Einzelfall ein Eröffnungsbeschluss nicht sofort ergehen, so ist das Gericht berechtigt, einstweilige Vorkehrungen zur Sicherung der Insolvenzmasse oder zur Fortführung des Unternehmens anzuordnen[91]. Durch den Eröffnungsbeschluss verliert der Schuldner

---

[85] Dieses Verfahren wird nicht vom Anwendungsbereich des EUIÜ/EG-Ratsverordnung erfasst. Eine Darstellung unterbleibt in dieser Arbeit auch aufgrund seiner geringen Bedeutung, vgl.: Heil, Rz. 306; Konecny, DZWir 1994, S. 227 (229, Fn. 27), zum Vorverfahren, vgl.: Jelinek, ZIP 1984, S. 495 ff.; Neumayer, ÖJZ 1984, S. 257 ff.

[86] Vgl.: Zum Privatkonkurs, Konecny, ZEuP 1995, S. 589 ff., Mohr, Privatkonkurs, Wien 1994; da sich bezüglich der Behandlung von Grundpfandrechten keine Besonderheiten ergeben, wird auf den Privatkonkurs im Rahmen dieser Untersuchung nicht gesondert eingegangen.

[87] Vgl.: §§ 66; 67 KO; es kann jedoch für Handelsgesellschaften, bei denen kein persönlich haftender Gesellschafter eine natürliche Person ist, juristischen Personen und sog. Verlassenschaften auch die Überschuldung als Konkursgrund ausreichen.

[88] Vgl.: §§ 69; 70 KO. Ein absonderungsberechtigter Gläubiger ist selbst dann zur Antragsstellung berechtigt, wenn seine Forderung voll im Pfand Deckung finden würde, vgl. Rechtsprechungsnachweis bei: Mohr, KO, § 70 E 7, 8

[89] Vgl.: § 70 Abs. 2 KO

[90] Vgl.: § 71; 74 KO

[91] Vgl.: § 73 KO; auf diese Weise kann dem Schuldner auch die Bestellung von Grundpfandrechten untersagt werden, soweit diese nicht mehr zum gewöhnlichen Geschäftsbetrieb gehört, vgl.: Holzhammer, S. 134

die Verfügungsbefugnis über sein gesamtes konkursfähiges Vermögen, welche auf den gerichtlich bestellten Masseverwalter übergeht[92].

Seit dem IRÄG 1982 ist auch das Konkursverfahren vermehrt auf Erhalt und Sanierung des Schuldnervermögens ausgerichtet, so dass auf Antrag des Schuldners im Laufe des Konkursverfahrens unter bestimmten Voraussetzungen ein sog. Zwangsvergleich abgeschlossen werden kann, welcher die vollständige Verwertung der Konkursmasse abwendet[93]. Seine Vorteile liegen, neben der Aufrechterhaltung des schuldnerischen Unternehmens, insbesondere in einer schnelleren Befriedigungsmöglichkeit der einfachen Konkursgläubiger und in der Aussicht auf einen Schuldenerlass für den Schuldner. Da der Zwangsausgleich innerhalb des Konkursverfahrens stattfindet, gelten insoweit dessen strengere Regel, so dass der Schuldner z. B. seine Verfügungsbefugnis nicht zurück erhält[94].

Ist jedoch die Liquidation des Schuldnervermögens unausweichlich, schließt sich die Forderungsanmeldung an, die Feststellung der Forderungen erfolgt sodann in der sog. Prüfungstagsatzung[95]. Im Fall der Liquidation kommt es im Anschluss zur Verwertung des Vermögens durch den Masseverwalter.

Das Konkursverfahren endet per Gerichtsbeschluss mit der Konkursaufhebung, sofern die Masse vollständig verteilt ist bzw. wenn alle Gläubiger gänzlich befriedigt sind oder aber alle Masse– und Konkursgläubiger der Aufhebung zugestimmt haben[96].

1. 4. 2. 2. Ausgleich

Das Ausgleichsverfahren kann allein durch den Schuldner bei Vorliegen der Konkursvoraussetzungen beantragt werden, wobei dieser dem Antrag den Ausgleichsvorschlag und ein Vermögensverzeichnis beizufügen hat. Schon im Zeitraum zwischen Antragstellung und Verfahrenseröffnung unterliegt der Schuldner gewissen, in § 8 Abs. 1 AO geregelten Beschränkungen, so darf u. a. eine

---

[92] Vgl.: §§ 1; 80 KO

[93] Vgl.: §§ 140 ff. KO; Bartsch/Heil, Rz. 308, für den Zwangsvergleich gelten teilweise die Bestimmungen zum Ausgleichsverfahren. Daneben bleiben jedoch auch die schärferen Konkursvorschriften anwendbar. Zur Berücksichtigung des Sanierungsgedankens im Konkursverfahren, vgl.: Konecny, DZWir 1994, S. 227 (233)

[94] Vgl.: Heil, Rz. 176; Holzhammer, S. 166

[95] Vgl.: §§ 96-113 KO

[96] Vgl.: §§139 Abs. 1; 167 KO. Weitere Gründe in §§ 157 Abs. 2; 196 Abs. 1; 200 Abs. 4; 79 Abs. 1; 166 Abs. 1, 2 KO

Bestellung von Grundpfandrechten nicht erfolgen. Liegen keine Eröffnungshindernisse vor, wird das Verfahren eingeleitet und öffentlich bekannt gemacht[97].

Inhaltlich kann das Ausgleichsangebot Stundungen und Kürzungen der Forderungen enthalten, muss aber für die Ausgleichsgläubiger als Mindestquote die Zahlung von 40 % ihrer Forderungen innerhalb von zwei Jahren vorsehen[98].

Verhandlungen und die Abstimmung über die Annahme des Ausgleichsvorschlages erfolgen in der Ausgleichstagsatzung. Stimmt die Mehrheit der in der Ausgleichstagsatzung anwesenden Gläubiger zu und macht die Gesamtsumme der zustimmenden Gläubiger wenigstens 3/4 der Gesamtsumme der Forderungen der anwesenden stimmberechtigten Gläubiger aus, so ist der Ausgleichsvorschlag angenommen und muss dann durch das Gericht bestätigt werden[99].

1. 5. Schweiz

1. 5. 1. Einführung

Das schweizerische Insolvenzrecht ist überwiegend im Schuldbetreibungs- und Konkursgesetz (SchKG) geregelt, daneben finden sich jedoch weitere Regelungen in Verordnungen und sog. Kreisschreiben des Bundesgerichtes und in kantonalen Vorschriften[100].

Obwohl sich das SchKG, das während seines über hundertjährigen Bestehens nur kleineren Änderungen unterzogen wurde, nach überwiegender Ansicht[101] in seiner Grundkonzeption bewährt hat, trat dennoch zum 1. 1. 1997 eine Teilrevision[102] in Kraft, die infolge der veränderten wirtschaftlichen Verhältnisse notwendig geworden war. Als Insolvenzverfahren regelt das SchKG den Konkurs als Liquidationsverfahren und das Nachlassverfahren, sofern eine Sanierung des schuldnerischen Unternehmens beabsichtigt wird[103].

---

[97] Vgl.: §§ 3; 4 AO

[98] Vgl.: § 3 Abs. 3 AO

[99] Vgl.: §§ 42 Abs. 2; 49 Abs. 1 AO

[100] So haben die Kantone die Kompetenz über die Organisation der Betreibungs- und Konkursämter, vgl.: Art. 1 SchKG; BGE 114 III 1 (3 f.)

[101] Vgl.: Fritsche/Walder-Bohner, II. § 35 Rz. 22; Sprecher/Jetzer, Kap., XIII Schlussbemerkung

[102] Die wichtigsten Reformziele erläutern: Fritsche/Walder-Bohner, II. § 35 Rz. 24 ff.

[103] Daneben ist in Art. 725 a OR der sog. Konkursaufschub geregelt, der für Aktiengesellschaften bei Überschuldung die Möglichkeit vorsieht, den Konkurs zeitlich aufzuschieben, um etwaige Sanierungschancen zu überprüfen. Eine Darstellung dieses Verfahrens unterbleibt im Rahmen dieser Arbeit, da es kein Sanierungsverfahren im eigentlichen Sinne darstellt, sondern ein solches lediglich vorbereiten soll. Ausführlich hierzu vgl.: Dubach, SJZ 1998, S. 149ff.; S. 181 ff.

1. 5. 2. Verfahrensablauf

1. 5. 2. 1. Konkurs

Das Konkursverfahren im schweizerischen Insolvenzrecht steht nicht jeder Person offen, vielmehr unterliegen ihm nur Kaufleute, Handelsgesellschaften und juristische Personen[104]. Zuständig ist zunächst das Betreibungsamt am Betreibungsort des Schuldners. Bei der sog. ordentlichen Konkursbetreibung beginnt das Verfahren zunächst wie bei der Einzelzwangsvollstreckung (*Schuldbetreibung*)[105]. Hat der Gläubiger das hierzu Notwendige veranlasst, erlässt das Betreibungsamt innerhalb von drei Tagen eine Konkursandrohung gegen den Schuldner, sofern dieser dem Konkursverfahren unterliegt[106]. Zwanzig Tage nach Zustellung der Konkursandrohung an den Schuldner und innerhalb von 15 Monaten kann der Gläubiger das Konkursbegehren beim zuständigen Konkursgericht stellen, welches das Verfahren eröffnet, sofern nicht besondere Gründe dagegen sprechen, und die Eröffnung öffentlich bekannt macht[107]. Mit dem Eröffnungsbeschluss, dem sog. Konkurserkenntnis, verliert der Schuldner die Verfügungsbefugnis über sein gesamtes Vermögen[108]. Unter bestimmten Voraussetzungen kann das Konkursverfahren auch ohne vorausgegangene Betreibung sowohl durch den Schuldner selbst, als auch durch die Gläubiger oder von Amts wegen eingeleitet werden[109].

Neben dem ordentlichen Konkursverfahren besteht auch die Möglichkeit eines summarischen Verfahrens, welches das Konkursamt ohne die Mitwirkung der Gläubiger durchführt, während diese im ordentlichen Verfahren eine starke Position innehaben[110]. So bestimmen die Gläubiger, ob sie zur Durchführung des Verfahrens eine von ihnen gewählte Konkursverwaltung einsetzen wollen.

Im weiteren Verlauf finden die Gläubigerversammlungen und die Forderungsanmeldungen bzw. deren Zusammenstellung in einem sog. Kollokationsplan statt, der die Gläubiger gemäß ihrer Rangfolge aufführt und der mit seiner Rechtskraft die Grundlage der Erlösverteilung wird[111]. Ist das Vermögen verwertet und verteilt worden, so wird das Konkursverfahren förmlich durch rich-

---

[104] Vgl.: Art. 39 SchKG; Personen, die nicht im Handelsregister eingetragen sind, unterliegen der Betreibung auf Pfändung.

[105] Vgl.: Art. 38 ff. SchKG

[106] Vgl.: Art. 159 SchKG; zum Inhalt der Konkursandrohung, vgl.: Art. 160 SchKG

[107] Vgl.: Art. 166, 171 i. V. m. 172- 173 a, 176 SchKG

[108] Vgl.: BGE 114 III 60 (61)

[109] Vgl.: Art. 190 SchKG

[110] Vgl.: Bünzli, S. 118; 124

[111] Vgl.: Art. 219 f. SchKG; Bünzli, S. 130 f.

terliche Schlusserklärung nach Erstellung eines Schlussberichtes durch die Konkursverwaltung beendet[112].

1. 5. 2. 2. Nachlass

Das Nachlassverfahren ist in der schweizerischen Rechtsordnung Kerninstrument des Sanierungsrechts[113] und soll in erster Linie die Fortführung des schuldnerischen Unternehmens begünstigen. Es wurde in seiner grundsätzlichen Struktur beibehalten, durch die Revision von 1994 sind jedoch, um die Sanierungsmöglichkeiten zu verstärken, einige Änderungen vorgenommen worden, wobei hier eine Orientierung an der zum alten Recht gebildeten Rechtspraxis erfolgte[114].

Anders als das Konkursverfahren ist die Durchführung eines Nachlassverfahrens auch für einen privaten Schuldner möglich[115]. Das gerichtliche Nachlassverfahren kennt drei verschiedene Formen des Nachlassvertrages, den ordentlichen Nachlassvertrag (Art. 314 ff. SchKG), den Nachlassvertrag mit Vermögensabtretung (Art. 317 ff. SchKG), bei dem die Vermögensliquidation im Vordergrund steht. In diesem Fall geht das Verfügungsrecht am gesamten Schuldnervermögen oder an einzelnen Teilen auf die Gläubiger über, die es durch Liquidatoren verwerten lassen oder insgesamt an einen Dritten veräußern, bzw. in eine Auffanggesellschaft überführen[116]. Schließlich gibt noch es den Nachlassvertrag im Konkurs (Art. 332 SchKG), bei dem der Schuldner, sofern Chancen für eine Rettung des Unternehmens bestehen, während des Konkursverfahrens einen Nachlassvorschlag einreichen kann.

Das Nachlassverfahren beginnt mit der Einreichung eines Nachlassentwurfes durch den Schuldner beim Nachlassgericht[117]. Es können jedoch auch der Konkursrichter von Amts wegen oder die Gläubiger das Verfahren einleiten[118]. Auch Grundpfandgläubiger können hierzu berechtigt sein, wenn sie im Einzelfall zur

---

[112] Vgl.: Art. 268 SchKG

[113] Vgl.: SchKG-Vollmar, Art. 293 Rz. 1. Daneben ist für bestimmte Schuldner eine Sanierung auf dem Wege des Konkursaufschubs gemäß Art. 725a OR möglich, siehe Literaturnachweis: 2. Teil, Fn. 103

[114] Vgl.: Sprecher/Jetzer, Kap. XII. 1; SchKG-Vollmar, Art. 293 Rz. 8

[115] Vgl.: Bünzli, S. 153

[116] Vgl.: § 317 SchKG; Amonn, § 55 Rz. 8, 17; Aufgrund dieser Funktion wird er auch von der Rechtsprechung als abgeschwächte Form des Konkurses (*„une forme atténuée de la faillité"*) angesehen, der mehr Freiheit in der Verwertung zulässt, vgl.: BGE 114 III 120;108 III 83 (87 f.); 107 III 106 (109)

[117] Vgl.: Art. 293 Abs. 1 SchKG; diesem sind eine Bilanz und ein Verzeichnis seiner Geschäftsbücher beizufügen.

[118] Vgl.: Art. 173a Abs. 2; 293 Abs. 2 SchKG

Stellung eines Konkursbegehrens berechtigt sind[119]. Steht nach Prüfung der Unterlagen und Anhörung des Schuldners dessen Nachlasswürdigkeit fest, so bewilligt das Nachlassgericht eine Nachlassstundung für vier bis sechs Monate und setzt einen Sachwalter ein[120]. Letzterer hat die Gläubiger von der Nachlassstundung zu unterrichten und sie aufzufordern, binnen zwanzig Tagen ihre Forderungen anzumelden[121]. Während der Stundung dürfen keine Betreibungen gegen den Schuldner eingeleitet oder fortgeführt werden[122].

Wird der Nachlassvertrag von der Mehrheit der Gläubiger, deren Forderungen 2/3 des Gesamtbetrages ausmachen bzw. von einem 1/4 der Gläubiger, die 3/4 der Gesamtforderungen vertreten, angenommen, so bestätigt das Gericht den Nachlassvertrag[123]. Nach Eintritt der Rechtskraft wird die Entscheidung öffentlich bekannt gemacht[124].

1. 6. Spanien

1. 6. 1. Einführung

Auch im geltenden spanischen Insolvenzrecht finden sich unterschiedliche Verfahren für Kaufleute und Privatpersonen. Das Liquidationsverfahren (*la quiebra*) und das Vergleichsverfahren (*la suspensión de pagos*) für Kaufleute ist im Código de Comercio (Ccom.[125]), in der Ley de Enjuiciamiento Civil (LEC) und in der Ley de Suspensión de Pagos (LSP) geregelt. Das Liquidationsverfahren (*concurso de acreedores*) und der Vergleich (*quita y espera*) der Privatleute findet sich im Código Civil (CC) und in der LEC[126].

---

[119] Vgl.: SchKG-Vollmar, Art. 293 Rz. 16, dies gilt nicht, wenn der Schuldner diesen Gläubigern das *beneficium excussionis realis* Art. 41 Abs. 1 SchKG entgegenhalten kann, d. h. verlangen kann, dass der Sicherungsgläubiger vor der Konkurseinleitung zuerst das Pfand in Anspruch nimmt.

[120] Vgl.: Art. 294 Abs. 2, 4; Sprecher/Jetzer, Kap. XII 1; auf Antrag des Sachwalters kann die Stundungsfrist auf bis zu vierundzwanzig Monate verlängert werden, vgl.: Art. 295 Abs. 4 SchKG

[121] Vgl.: Art. 300 SchKG

[122] Vgl.: Art. 297 Abs. 1 SchKG

[123] Vgl.: Art. 305 SchKG

[124] Vgl.: Art. 308 Abs. 1 SchKG

[125] Es handelt sich dabei um die Art. 874 ff. des Ccom. von 1885, daneben sind teilweise noch die Vorschriften des alten Ccom. von 1829 anwendbar, auf welche die LEC verweist und die nicht durch den Ccom. von 1885 ersetzt wurden.

[126] Eine Darstellung der *quita y espera* unterbleibt hier gänzlich, da diese nicht in den Anwendungsbereich des EUIÜ/EG-Ratsverordnung fällt. Auf den Privatkonkurs wird insoweit eingegangen, als sich Besonderheiten ergeben, da ihm vergleichsweise geringe Bedeutung zukommt, vgl.: Lasarte Alvarez, II. Kap. 14, S. 295, der hinsichtlich des Privatkonkurses von einer Art Rarität („*una pieza de museo*") spricht.

Insbesondere aufgrund der Unübersichtlichkeit durch die verschiedenen und veralteten Gesetze hält man das spanische Insolvenzrecht für dringend reformbedürftig[127]. Daher währte in Spanien seit Jahrzehnten ein Diskussion über die Reform des Insolvenzrechtes, im Verlauf derer schon mehrere Reformprojekte entstanden sind. Neben einem Vorschlag für einen neuen Regierungsentwurf aus dem Jahre 1995 (Propuesta de Anteproyecto de la Ley Concursal, PALC) existieren nunmehr ein Regierungsentwurf des Justizministeriums vom 30.3.2000 (Anteproyecto de Ley Concursal, AC 2000), sowie ein weiterer Gesetzesvorschlag vom 7. 9. 2001 (Anteproyecto de Ley Concursal, AC 2001)[128]. Am 9. 7. 2003 wurden diese Reformen mit der Verabschiedung des neuen Insolvenzgesetz (Ley 22/2003, de 9 de julio, Concursal, LC 2003), welches zum 1.9.2004 in Kraft tritt, zum Abschluss gebracht[129].

1. 6. 2. Verfahrensablauf

1. 6. 2. 1. Das Liquidationsverfahren der Kaufleute (*la quiebra*)

Der Konkurs wird entweder auf Antrag des Schuldners bei dessen endgültiger Zahlungsunfähigkeit oder eines Gläubigers durch Gerichtsbeschluss eröffnet[130]. Mit der Eröffnung des Konkurses verliert der Schuldner die Verwaltungs- und Verfügungsbefugnis über sein Vermögen[131], welches dann die Konkursverwalter in Besitz zu nehmen und zu verwalten haben. Durch die Konkurseröffnung wird die Aktivmasse, welche das gesamte Schuldnervermögen umfasst, festgelegt. Ab diesem Zeitpunkt dürfen keine individuellen Klage- oder Vollstreckungsverfahren gegen den Schuldner mehr durchgeführt werden[132]. Mit Eröffnung des Konkurses wird zudem die Passivmasse gebildet. Hierbei handelt es sich um die Gesamtheit aller Gläubiger, deren Forderungen schon vor der Konkurseröffnung entstanden, und die durch die Verwertung des Schuldnervermögens zu befriedi-

---

[127] Garrido, RDBB 1996, S. 889, (889 f.); Pulgar Ezquerra, RdS 1996, S. 461, (461); Alcover Garau, RdS 1996, S. 475 (476 f.); Beltrán Sánchez, AJA 1996, S. 1

[128] Vgl.: Pulgar Ezquerra, ACiv. 20 (13-19 Mai 2002), S. 1 ff.

[129] Vg.: BOE Nr. 164 v. 10.7.2003, S. 26905 ff.

[130] Vgl.: Art. 875 Nr.1, 2 Ccom.; Art. 1325. 2 LEC. Gemäß Art. 876 Ccom. ist bei einem Antrag durch einen Gläubiger entweder der Vollstreckungstitel Voraussetzung, für den eine Vollstreckungsanordnung ergangen ist und nicht ausreichend unbelastetes Vermögen vorhanden war. Oder aber ein einfacher Forderungsnachweis, sofern die generelle Zahlungseinstellung des Schuldners erfolgt und ein Vergleichsvorschlag seitens des Schuldners nicht erfolgt, oder aber der Schuldner gemäß Art. 877 Ccom. flüchtig ist.

[131] Vgl.: Art. 878 Ccom.

[132] Vgl.: Art. 1173, 1187 LEC

gen sind[133]. Dies setzt die Anmeldung und Prüfung der Forderungen in der Gläubigerversammlung und die Festlegung ihrer Rangfolge voraus[134].

Entschließt sich die Gläubigerversammlung für die gewöhnliche Liquidation des Schuldnervermögens, wird dieses von den Verwaltern verwertet und nach der gesetzlichen Rangfolge an die Gläubiger verteilt.

Daneben besteht jedoch in jedem Verfahrensstadium die Möglichkeit, einen Zwangsvergleich zwischen Schuldner und den Gläubigern abzuschließen, der inhaltlich Forderungsstundungen, -kürzungen oder aber die Übertragung des gesamten Verfahrens vorsehen kann und der nach seiner Annahme für alle Konkursgläubiger verbindlich ist[135].

1. 6. 2. 2. Das Vergleichsverfahren der Kaufleute (*la suspención de pagos*)
Die *suspensión de pagos* war ursprünglich dazu gedacht, eine vorübergehende[136] Zahlungsunfähigkeit des Schuldners durch Vereinbarung mit den Gläubigern zu überwinden. Das Gesetz über die *suspensión de pagos* vom 26. 7. 1922 dehnte jedoch den Anwendungsbereich des Verfahrens auch auf schon endgültig zahlungsunfähige Schuldner aus, so dass eine Abgrenzung zum Konkursverfahren erschwert wurde.

Wegen seiner einfacheren und flexiblen Handhabung, aber auch wegen seiner weniger einschneidenden Auswirkungen auf den Schuldner[137], wird das Vergleichsverfahren heute zwar häufiger durchgeführt als ein Konkurs, andererseits bietet es jedoch auch viele Möglichkeiten zu betrügerischen Machenschaften und zur Gläubigerbenachteiligung[138].

Antragsberechtigt zur Verfahrenseröffnung ist nur der Schuldner. Dem Antrag sind u. a. eine genaue Bilanz über die Aktiva und Passiva des Schuldnervermö-

---

[133] Vgl.: Sánchez Calero, Kap. LX, S. 496

[134] Vgl.: Art. 1100 ff. Ccom. von 1829; Art. 912 ff. Ccom. Es wird hierbei eine Einteilung in zwei Gruppen vorgenommen: einmal die Forderungen, die aus der Verwertung von beweglichen Gütern beglichen, andererseits diejenigen, die aus dem unbeweglichen Vermögen befriedigt werden sollen.

[135] Vgl.: Art. 898 ff. Ccom., 1389 ff. LEC. Vicent Chulia, Introducción, S. 754 f.

[136] Anders als das Konkursverfahren, welches die endgültige Zahlungsunfähigkeit des Schuldners voraussetzt. Zur historischen Entwicklung des Verfahrens, vgl.: Sánchez Calero, Kap. LXI, S. 509; Beltrán Sánchez, AJA 1996, S. 1(3)

[137] Es finden keine Verfügungsbeschränkung des Schuldners und keine endgültige Liquidation seines Vermögens statt.

[138] Kritische Äußerung zum Verfahren der *suspensión de pagos* bei: Garrido, RDBB 1996, S. 889 (898)

gens, eine Liste der Gläubiger, ein erster Zahlungsvorschlag und die Geschäftsbücher des Schuldners beizufügen, welche vom Richter noch am Tag der Antragstellung, spätestens aber am darauf folgenden Tag zu überprüfen sind und bei deren Vollständigkeit die Zulassung des Antrages erfolgt[139]. Schon mit der Zulassung des Antrages treten gewisse Wirkungen ein, so werden beispielsweise alle Handelstätigkeiten des Schuldners unterbrochen[140]. Alle gewöhnlichen Klageverfahren gegen den Schuldner können zwar bis zum Urteil fortgeführt werden, sind jedoch in ihrer Vollstreckung während des gesamten Verfahrens gehemmt[141]. Weiterhin haben die Vergleichsverwalter in dieser Phase einen Zustandsbericht über das Schuldnervermögen zu erstellen[142]. Wird das Vergleichsverfahren vom Gericht eröffnet, so ist der Eröffnungsbeschluss in das Grundbuch und Handelsregister einzutragen[143] und zugleich die Gläubigerversammlung einzuberufen, in welcher der Vergleichsvorschlag erörtert und über ihn abgestimmt wird. Auch in der *suspensión de pagos* werden Aktiv- und Passivmasse bestimmt.

Der Vergleichsvorschlag ist verhältnismäßig frei in seinem Inhalt, er kann Zahlungsaufschub, Forderungskürzungen oder auch die Übertragung des gesamten Schuldnervermögens vorsehen[144]. Für die Annahme des Vergleichsvorschlages ist grundsätzlich die einfache Stimmenmehrheit erforderlich, welche je nach Inhalt des Vergleichsvorschlages entweder 3/5 des Passivvermögens des Schuldners ausmachen muss, sofern es sich um einen Zahlungsaufschub von nicht mehr als 3 Jahren handelt oder 3/4 des Passivvermögens bei einem längeren Zahlungsaufschub[145]. Wird der Vorschlag angenommen, tritt der Vergleich nach Bestätigung durch den Richter in Kraft.

1. 6. 2. 3. Die Grundprinzipien des künftigen spanischen Insolvenzrechts (Reformvorschläge und neues Insolvenzgesetz LC 2003)

Oberstes Ziel der gesamten Reform, was bereits im Reformvorschlag von 1995 zum Ausdruck gebracht wurde, liegt in einer möglichst umfassenden Befriedigung aller Gläubiger. Dies soll jedoch in Einklang stehen mit Sanierungsplänen oder Vergleichsverträgen, welche die Fortführung des schuldnerischen Unternehmens vorsehen. Demzufolge wird eine Rettung des Unternehmens dann angestrebt, wenn es dem Willen der Gläubiger entspricht und einer besseren Be-

---

[139] Vgl.: Art. 2- 4 LSP
[140] Vgl.: Art. 4 Abs.2 LSP
[141] Vgl.: Art. 9 Abs. 4 LSP
[142] Vgl.: Art. 8 LSP
[143] Vgl.: Art. 284 Nr. 2 RRM
[144] Vgl.: Cordón Moreno, S. 169 ff.
[145] Vgl.: Art. 14 LSP

friedigung ihrer Forderungen dient[146]. Weiter wurden Verfahrensvorschriften und materielle Regelungen in einem Gesetz zusammengefasst und der Anwendungsbereich auf kaufmännische und private Schuldner ausgedehnt.

Der Vorschlag von 1995 regelte zwei Verfahrensarten, den *concurso de acreedores* und die *suspensión de pagos*, welche von ihren Vorgängern jedoch nur noch den Namen behalten hatten. Mittels verschiedener direkter und indirekter Techniken sollten Anreize für eine frühzeitige Eröffnung des Konkursverfahrens[147] geschaffen werden, die, ebenso wie die Reduktion der bestehenden Privilegien[148], zu einer Vergrößerung der Konkursmasse und damit zu einem erfolgreicheren Gläubigerbefriedigung führen sollten. Auch gegenüber den Grundpfandgläubigern waren gewisse Änderungen vorgesehen, die jedoch im wesentlichen die Effektivität des Verfahrens erhöhen und nicht zu einem Verlust ihrer bevorrechtigten Stellung führen sollten[149] Die PALC zielte grundsätzlich auf den Abschluss eines Vergleichs zwischen Gläubigern und Gemeinschuldner ab und nur ausnahmsweise sollte, sofern im Einzelfall ein Vergleichsschluss nicht durchsetzbar wäre, die Liquidation des Schuldnervermögens durchgeführt werden[150].

Dem neuen Insolvenzgesetz LC 2003 liegen wie sich bereits durch die Gesetzesentwürfe AC 2000 und AC 2001 andeutete, als oberste Ziele die Vereinfachung und Flexibilität des Insolvenzverfahrens zugrunde, was insbesondere durch die Schaffung eines einheitlichen Verfahrens zum Ausdruck kommt, welches vorrangig in einen Vergleichsabschluss münden soll[151]. Weiterhin sind aus diesem Grund, wie auch schon in der PALC, materielles Insolvenzrecht und Verfahrensrecht in einem Gesetz zusammengefasst worden[152], die Zahl der notwendigen Organe des Insolvenzverfahrens wurde reduziert[153] und die Rechtsbehelfsmöglichkeiten innerhalb des Verfahrens optimiert und eingeschränkt[154].

---

[146] Vgl.: Exposición de motivos PALC I. Nr. 2 abgedruckt in: La reforma del Derecho Concursal, S. 317; Garrido, RDBB 1996, S. 889 (938 f.)

[147] Beispielsweise wurde mit dem Eröffnungsgrund der Zahlungsunfähigkeit (*insolvencia*) ein weiter Begriff gewählt, der sowohl auf eine unausgeglichene Vermögenssituation, als auch auf fehlende Zahlungsmittel umfasst.

[148] Vgl.: Exposición de motivos PALC II. Nr. 2; Pulgar Ezquerra, RdS 1996, S. 461 (468)

[149] Vgl.: Garrido, RDBB 1996, S. 889, (928 f.)

[150] Vgl.: Garrido, RDBB 1996, S. 889, (939 ff.)

[151] Vgl.: Exposición de motivos AC 2001, LC 2003 II.; VI.

[152] Vgl.: Exposición de motivos AC 2001, LC 2003 II.

[153] Vgl.: Exposición de motivos AC 2001, LC 2003 IV.: Es sind als notwendige Organe nur noch der Insolvenzrichter und die Insolvenzverwaltung als Kollegialorgan vorgesehen, denen jedoch ein erweiterter Aufgabenbereich zugewiesen ist. Die Gläubigerversammlung tritt in

Weitere Ziele sind eine optimale Gläubigerbefriedigung und die Verwirklichung des Grundsatzes der Gläubigergleichbehandlung, was insbesondere durch eine drastische Reduzierung der im geltenden Recht existierenden Privilegien, aber auch durch die zeitweilige Einschränkungen der freien Verwertungsbefugnis der Sicherungsgläubiger erreicht werden soll[155].

2. Insolvenzrechtliche Auswirkungen auf die Grundpfandrechte

Im Anschluss an die Darstellung der nationalen Insolvenzverfahren erfolgt nun die rechtsvergleichende Betrachtung einzelner Eingriffe in die Grundpfandrechte. Die Verschiedenheit der einzelnen Insolvenzverfahren und ihre teilweise gegensätzlichen Zielsetzungen lassen auf den ersten Blick nur wenige Übereinstimmungen im Hinblick auf die Behandlung der Grundpfandrechte vermuten. So finden sich in den Rechtsordnungen einerseits einheitliche Verfahren, die Liquidation und Sanierung verbinden, andererseits jedoch auch noch die Trennung nach Liquidations- und Sanierungs- bzw. Vergleichsverfahren. Weiterhin kennen einige der Rechtsordnungen unterschiedliche Verfahren für Gesellschaften bzw. Kaufleute und Privatpersonen. Bei vergleichender Betrachtung finden sich dennoch in einigen Bereichen ähnliche Ansatzpunkte und übereinstimmende Regelungsmethoden.

2. 1. Anmeldeobliegenheit

Während die gewöhnlichen ungesicherten Insolvenzgläubiger regelmäßig nur dann am Insolvenzverfahren teilnehmen können, wenn sie ihre Forderungen anmelden und feststellen lassen, muss dies für die durch Grundpfandrechte gesicherten Gläubiger nicht unbedingt gelten.
So müssen die Grundpfandgläubiger nach der deutschen InsO ihre Sicherheit nicht anmelden. Soweit ihnen der Schuldner jedoch auch persönlich haftet, können sie auch als Insolvenzgläubiger an einer anteilsmäßigen Befriedigung berücksichtigt werden, sofern sie auf ihr Absonderungsrecht verzichtet haben oder bei der Verwertung der Sicherheit ganz oder teilweise ausgefallen sind. Hierfür können sie ihre persönliche Forderung in voller Höhe anmelden, eine Berücksichtigung erfolgt jedoch nur bei einer fristgerechten[156] Anmeldung der Forderung und jeweils in der Höhe des Ausfalls bzw. Verzichts.

---

der Vergleichsphase nur noch dann zusammen, wenn ein Vorschlag nicht über das System der schriftlichen Zustimmung angenommen wurde.
[154] Vgl.: Exposición de motivos AC 2001, LC 2003 X.
[155] Vgl.: Exposición de motivos AC 2001, LC 2003 III.; V.
[156] Vgl.: § 190 Abs. 1 i. V. m. 189 Abs. 1 InsO innerhalb von zwei Wochen nach der öffentlichen Bekanntmachung.

Eine besondere Obliegenheit trifft die Grundpfandgläubiger im sog. Verbraucherinsolvenzverfahren[157]. In diesem Fall haben alle Gläubiger bei dem für das Verfahren vorausgesetzten Schuldenbereinigungsplan insoweit mitzuwirken, als sie auf Antrag des Schuldners für dessen Forderungsverzeichnis eine schriftliche Aufstellung ihrer Forderungen auf eigene Kosten erstellen müssen[158]. Nach Fertigstellung der in § 305 I Nr. 3 InsO aufgeführten Verzeichnisse werden diese den Gläubigern durch das Insolvenzgericht mit der Aufforderung, binnen Notfrist von einem Monat Stellung zu nehmen, zugestellt. Erfolgt eine Stellungnahme nicht innerhalb der gesetzten Frist, so gilt ihr Schweigen als Einverständnis zum Schuldenbereinigungsplan, was im Einzelfall zu einem (teilweisen) Erlöschen der Forderung oder einem Fälligkeitsaufschub führen kann[159].

Das englische Recht kennt ebenfalls grundsätzlich keine Anmeldepflicht für die dingliche Sicherheit. Allerdings bestehen im *winding-up* und *bankruptcy*-Verfahren gewisse Obliegenheiten zur Offenbarung einer Sicherheit, sofern der Gläubiger unter Verzicht[160] auf diese mit der gesamten Forderung, bzw. was häufiger der Fall dürfte, mit der Ausfallforderung am Liquidationsverfahren teilnehmen will.

Die österreichische KO sieht die Anmeldung der Sicherheit für alle Absonderungsgläubiger, somit auch für die Grundpfandgläubiger, nur dann vor, wenn der Gläubiger auch als Konkursgläubiger, d. h. mit der Ausfallforderung am Verfahren teilnehmen will[161]. In diesem Fall sind der Sicherungsgegenstand und der voraussichtliche Deckungsbetrag anzugeben.

Schließlich findet sich auch im geltenden spanischen Insolvenzrecht im Grundsatz keine ausdrücklich festgelegte Verpflichtung der Gläubiger, ihre Sicherheit im Verfahren anzumelden. Soweit die Verwertung des Grundstücks nicht zur vollständigen Befriedigung des Gläubigers führt, kann die Ausfallforderung im Konkursverfahren als gewöhnliche Konkursforderung geltend gemacht werden, was dann jedoch die Anmeldung der Forderung voraussetzt[162]. Es erscheint daher empfehlenswert, dass der Grundpfandgläubiger schon von Beginn an einen

---

[157] Zum Verbraucherinsolvenzverfahren, siehe Literaturhinweise: 2. Teil, Fn. 4

[158] Vgl.: § 305 Abs. 2 S. 2 InsO

[159] Vgl.: § 307 Abs. 1, 2 InsO

[160] Vgl.: R. 4.88 (2); unterlässt der Grundpfandgläubiger die Aufdeckung der Forderung in diesem Fall, so verliert er sie zugunsten aller Insolvenzgläubiger, es sei denn das Gericht gewährt ihm den Erhalt, sofern die Aufdeckung fahrlässig unterblieben ist, Snaith, Rz. 19.63

[161] Vgl.: § 103 Abs. 3 KO

[162] Vgl.: Art. 919 Ccom.; Beltrán Sánchez, LH Menendez, S. 3479 (3492 Fn. 41); Vicent Chulia, S. 754

etwaigen Ausfall im Konkursverfahren anmeldet, um so zu einer möglichst vollständigen Befriedigung zu kommen[163].

Während der Reformvorschlag PALC 1995 auch noch keine Anmeldepflicht für die durch Grundpfandrechte gesicherten Gläubiger vorsah, gehen die neusten Gesetzentwürfe AC 2000 und AC 2001 von einer Anmeldepflicht der Grundpfandgläubiger unter Abgabe des Grundstücks als Sicherungsgegenstands aus[164]. Diese Regelung sieht auch das neue Insolvenzgesetz LC 2003 für das künftige Recht vor[165].

Im schweizerischen Konkursverfahren sind die Grundpfandgläubiger dazu verpflichtet, nach entsprechender Aufforderung ihre Forderung unter Angabe des Pfandrechtes beim Konkursamt anzumelden, damit deren Rang bzw. eine etwaige Ausfallforderung bei der Erlösverteilung berücksichtigt werden kann[166]. Dabei besteht in der Rechtsprechung keine Einigkeit darüber, ob die Anmeldung der gesamten Forderung erfolgen muss oder nur ihres ungedeckten Teils[167].

Anders als die übrigen Rechtsordnungen enthält das französische Insolvenzrecht eine allgemeine Anmeldepflicht für alle Gläubiger unabhängig von der Art ihrer Forderung, so dass auch die Grundpfandgläubiger ihre Forderungen unter Angabe der Sicherheit anmelden müssen[168]. Diese wird besonders für die Wiedererlangung der individuellen Verwertungsbefugnis im Fall der Liquidation des schuldnerischen Unternehmens vorausgesetzt[169].

2. 2. Fazit

In Bezug auf die Notwendigkeit einer Forderungsanmeldung lässt sich somit folgende Übereinstimmung feststellen: Allein im französischen und schweizerischen Recht besteht auch für die Grundpfandgläubiger eine grundsätzliche Anmeldungspflicht, was man darauf zurückführen kann, dass dort die Grundstücksverwertung grundsätzlich im Rahmen des Gesamtverfahrens durchgeführt wird.

---

[163] Teilweise wird u. a. aus diesem Grund eine Anmeldung und Feststellung der Grundpfandforderung als zwingend notwendig angesehen, vgl.: Broseta Pont, S. 712 f.

[164] Vgl.: Art. 107 Abs. 1 i. V. m. 110 Abs. 1 PALC; Art. 84 Abs. 3 i. V. m. 86 Abs. 3 AC 2000; Art. 84 Abs. 3 i. V. m. 85 Abs. 3 AC 2001

[165] Vgl.: Art. 85 Abs. 3 i. V. m. 86 Abs. 2 LC 2003

[166] Vgl.: Art. 232 Abs. 1 Nr. 2; Art. 219 SchKG; SchKG-Peter, Art. 219 Rz. 12; SchKG-Lustenberger, Art. 231 Rz. 8

[167] Vgl.: BGE 30 I 145 (155 ff.) für die Anmeldung der gesamten Forderung; BGE 87 III 117 geht nur vom ungedeckten Teil der Forderung aus.

[168] Vgl.: Art. 50, 51 L 85; Ripert/Roblot, T 2, Rz. 3004, 3227

[169] Vgl.: Art. 161 i. V. m. Art. 154 Abs. 5; Art. 148-2 i. V. m. Art. 50 L 85

Im Gegensatz dazu sehen die übrigen Rechtsordnungen einheitlich vor, dass eine Anmeldung von Forderung und Sicherheit dann nicht erforderlich ist, wenn sich die Grundpfandgläubiger allein aus dem Erlös der Grundstücksverwertung befriedigen. Wollen sie jedoch auch ihre Ausfallforderung geltend machen, wird regelmäßig die Anmeldung der Forderung, häufig unter Angabe des Schätzwertes der Sicherheit, vorausgesetzt, da sie insoweit gewöhnlichen Insolvenzgläubigern gleichgestellt und nur nach einer Quote befriedigt werden. Im Detail bestehen Unterschiede dahingehend, ob in diesem Fall nur die Ausfallforderung oder die gesamte Forderung der Anmeldung unterliegt. Auch hier ergibt sich ein Zusammenhang zwischen Anmeldepflicht und der Position der Grundpfandgläubiger, die in erster Linie außerhalb des Gesamtverfahrens stehen.

2. 3. Verwertungsbefugnis
Der Sinn und Zweck einer Kreditsicherung durch Grundpfandrechte liegt in der Befugnis des Gläubigers, im Wege der Grundstücksverwertung aus dem Erlös vorrangig vor den übrigen Gläubigern Befriedigung für eine Forderung zu erlangen, was auch als Absonderungsrecht[170] bezeichnet wird.

Durch ein Insolvenzverfahren kann diese Verwertungsbefugnis jedoch Einschränkungen erfahren. Aus Gründen der Übersichtlichkeit geht der rechtsvergleichenden Betrachtung zunächst eine Darstellung der jeweils vorgesehenen Einschränkungen getrennt nach Länderberichten voraus.

2. 3. 1. Deutsches Recht
Im deutschen Recht sind nach der InsO sowohl der Grundpfandgläubiger als auch der Insolvenzverwalter nebeneinander zur Verwertung des belasteten Grundstücks befugt[171]. Es kann jedoch die Verwertungsbefugnis des Grundpfandgläubigers derart beschnitten werden, dass Zwangsversteigerung wie auch Zwangsverwaltung des Grundstücks auf Antrag des Insolvenzverwalters einstweilig eingestellt werden können[172].

Der durch die Reform neu eingefügte § 30 d ZVG tritt an die Stelle des § 30 c ZVG a. F.[173]. Mit seinen erweiterten Tatbeständen führt er zu einer verstärkten

[170] Vgl.: § 49 InsO; §§ 10; 11 KO
[171] Vgl.: §§ 49; 165
[172] Vgl.: §§ 30d; 153b ZVG. Während §§ 187 ff. RegE noch die einstweilige Einstellung durch das Insolvenzgericht vorsahen, ist diese nun zur Verfahrenserleichterung an das Vollstreckungsgericht zurück verlagert worden, vgl.: Begr. Zur InsO BT-Drs. 12/3803 S. 69
[173] Schon nach alter Gesetzeslage bestand im Bereich der Immobiliarsicherheiten eine deutlich bessere Übereinstimmung zwischen Kreditsicherungsrecht und Insolvenzrecht, so dass durch die Reform im Bereich der Immobiliarsicherheiten keine so tiefgreifenden Veränderungen

Beschränkung des Individualzugriffs der absonderungsberechtigten Grundpfandgläubiger zugunsten einer effektiveren Gestaltung des Insolvenzverfahrens[174].

Bis zum Berichtstermin kann eine Einstellung ohne weitere Voraussetzungen erfolgen, um auf diese Weise alle Möglichkeiten für die weitere Durchführung des Insolvenzverfahrens offenzuhalten[175]. Nach dem Berichtstermin ist eine Einstellung möglich, wenn das belastete Grundstück nach dem Ergebnis des Berichtstermins für die Unternehmensfortführung oder für eine Gesamtveräußerung benötigt wird[176].

Weiterhin kann der Insolvenzverwalter eine Einstellung auch dann beantragen, wenn durch die Zwangsversteigerung eine Gefahr für die Durchführung eines Insolvenzplanes besteht[177].

Daneben kann auch auf Antrag des Schuldners eine einstweilige Einstellung erfolgen, sofern dieser einen Insolvenzplan[178] vorgelegt hat, welcher nicht aus den in § 231 InsO aufgeführten Gründen zurückgewiesen worden ist.

Mit Hilfe der Generalklausel des § 30 d Abs. 1 Nr. 4 ZVG ist eine Einstellung schließlich immer dann möglich, wenn in sonstiger Weise durch die Versteigerung eine angemessene Verwertung der Insolvenzmasse wesentlich erschwert würde. Dies ist z. B. der Fall, wenn bei einer sofortigen Versteigerung des Grundstücks die Gefahr bestünde, dass nur ein geringerer Erlös erzielt würde als dies zu einem späteren Zeitpunkt der Fall wäre.

Grundsätzlich steht eine einstweilige Einstellung jedoch unter dem Vorbehalt, dass sie dem Gläubiger wirtschaftlich zumutbar sein muss[179]. Wann eine derartige Unzumutbarkeit vorliegt, ist durch Abwägung der Interessen der Gläubigergesamtheit gegen die Interessen des die Zwangsvollstreckung betreibenden

---

notwendig waren, wie dies beispielsweise bei den Mobiliarsicherheiten der Fall war; vgl.: Marotzke, ZZP 109 (1996) S. 429 (440); Schmidt-Räntsch, InsO Teil 1, Rz. 75 f.

[174] Vgl.: Marotzke, ZZP 109 (1996) S. 429, 442; Uhlenbruck, FS Vieregge, S. 883 (893)

[175] Vgl.: § 30d Abs. 1 Nr. 1 ZVG; Amtl. Begr. Zu § 187 RegE, BT-Drs. 12/2443, S. 176

[176] Vgl.: § 30d Abs. 1 Nr. 2 ZVG

[177] Vgl.: § 30d Abs. 1 Nr. 3 ZVG

[178] Vgl.: § 30d Abs. 2 ZVG. Dasselbe gilt auch, wenn der Schuldner einen Schuldenbereinigungsplanes im Verbraucherinsolvenzverfahren gemäß § 305 ff. InsO vorgelegt hat, da auch durch diesen die Immobilarsicherheiten betroffen werden können, vgl.: Uhlenbruck, InsO, S. 33

[179] Vgl.: § 30d Abs. 1 S. 2 ZVG

Gläubigers zu ermitteln[180] und wird jedenfalls dann anzunehmen sein, wenn durch die Einstellung die wirtschaftliche Existenz des Gläubigers bedroht würde.

Wird vor Eröffnung des Verfahrens ein vorläufiger Insolvenzverwalter bestellt, so kann dieser die Einstellung beantragen, wenn er glaubhaft macht, dass diese zur Verhütung nachteiliger Veränderungen der Vermögenslage des Schuldners erforderlich ist[181]. Sofern es sich um die Vollstreckung in das Betriebsgrundstück des Schuldners handelt, wird der vorläufige Insolvenzverwalter in der Regel schon aus haftungsrechtlichen Gründen eine einstweilige Einstellung beantragen, da er grundsätzlich zur Fortführung des Unternehmens verpflichtet ist[182].

Wird das belastete Grundstück im Wege der Zwangsverwaltung verwertet, so kann der Insolvenzverwalter die einstweilige Einstellung beantragen, wobei er glaubhaft zu machen hat, dass andernfalls durch die Fortsetzung der Zwangsverwaltung eine wirtschaftliche Nutzung der Insolvenzmasse wesentlich erschwert würde[183].

Abgeschwächt wird die dargestellte Einschränkung der Verwertungsbefugnis jedoch durch eine Auflagenpflicht. Nach dieser darf die Einstellung nur unter der Voraussetzung erfolgen, dass dem betreibenden Gläubiger für die Zeit nach dem Berichtstermin laufend die geschuldeten Zinsen binnen zwei Wochen nach Eintritt der Fälligkeit aus der Insolvenzmasse gezahlt werden[184]. Ist die Einstellung der Zwangsversteigerung schon im Eröffnungsverfahren erfolgt, so muss mit der Zinszahlung spätestens drei Monate nach der Einstellung begonnen werden[185].

---

180 Vgl.: BT-Drs. 12/2443, S. 176

181 Durch diese Regelung wird § 21 Abs. 2 Nr. 3 InsO ergänzt, welcher die einstweilige Einstellung von Zwangsvollstreckungsmaßnahmen vorsieht, sofern nicht unbewegliche Gegenstände betroffen sind, vgl.: Schmidt-Räntsch, InsO, Teil 3, Rz. 12

182 Vgl.: § 22 Abs. 1 S. 2 Nr. 2 InsO; Uhlenbruck, InsO, S. 65; Bork; Rz. 252, Fn: 13; Smid-Smid; § 60 Rz. 18; 20

183 Vgl.: § 153b ZVG, da dieser eine dem § 30d Abs. 4 ZVG entsprechende Regelung für das Eröffnungsverfahren nicht enthält, ist eine Einstellung erst ab Verfahrenseröffnung möglich; Smid-Depré, § 49 Rz. 71, der eine analoge Anwendung des § 30d Abs. 4 ZVG auf die Zwangsverwaltung ablehnt.

184 Vgl.: § 30e Abs. 1 S. 1 ZVG

185 Vgl.: § 30e Abs. 1 S. 2 ZVG; dabei wird die zinslose Zeit bis zum Berichtstermin nicht als schädigend angesehen, da auch die Versteigerung durch den Gläubiger selbst mit einem gewissen Zeitablauf verbunden ist, vgl.: Schmidt-Räntsch, InsO, Teil 3, Rz. 13; kritisch hierzu: Städler, § 9, S. 238, Fn 44

Etwas weiter gefasst ist die Auflagenpflicht im Falle der Zwangsverwaltung, da mit ihr sämtliche Nachteile, die dem betreibenden Gläubiger aus der Einstellung erwachsen, durch laufende Zahlungen aus der Insolvenzmasse auszugleichen sind[186].

Zur Aufhebung der einstweiligen Einstellung kommt es auf Antrag des Gläubigers, wenn deren Voraussetzungen wegfallen, der Auflagenpflicht nicht nachgekommen wird oder der Insolvenzverwalter bzw. der Schuldner der Aufhebung zustimmt[187]. Während der Gläubiger auch bei Beendigung des Insolvenzverfahrens die Aufhebung beantragen muss, wird die einstweilige Einstellung der Zwangsverwaltung mit Verfahrensende wirkungslos[188].

2. 3. 2. Österreichisches Recht

Auch im österreichischen Recht kann die Verwertung der Grundpfandrechte prinzipiell durch abgesonderte Befriedigung außerhalb des Konkurs- oder Ausgleichsverfahrens im Wege einer gerichtlichen Veräußerung erfolgen, und sowohl durch den Gläubiger selbst als auch durch den Insolvenzverwalter betrieben werden[189].

Von dem allgemein durch die Verfahrenseröffnung eintretenden Vollstreckungsstopp (Exekutionssperre)[190] werden die Grundpfandgläubiger somit grundsätzlich nicht erfasst, es sei denn es kommt zu einer sog. Zwangsstundung[191]. Diese sieht für den Masseverwalter die Möglichkeit vor, während eines Zeitraumes von 90 Tagen ab Verfahrenseröffnung die Erfüllung der Absonderungsansprüche zu verweigern. Auf Antrag des Masseverwalters oder des Konkurs- bzw. Ausgleichsgerichtes wird das Verwertungsverfahren durch das Exekutionsgericht aufgeschoben und nach Fristablauf nur auf Antrag des Gläubigers weiter geführt. Die Zwangsstundung erfolgt dann, wenn es sich bei dem Gemeinschuldner um ein Unternehmen handelt und die Unternehmensfortführung durch die sofortige Erfüllung des Absonderungsrechtes gefährdet wäre.

Vor einer Zwangsstundung findet jedoch eine Abwägung mit den Interessen des Gläubigers statt, um unbillige Härten für diesen zu vermeiden. Eine Stundung ist daher ausgeschlossen, wenn die Erfüllung des Anspruchs zur Abwendung schwerer persönlicher oder wirtschaftlicher Nachteile des Berechtigten uner-

---

[186] Vgl.: § 153b Abs. 2 ZVG
[187] Vgl.: §§ 30f Abs. 1; 153c Abs. 1 ZVG
[188] Vgl.: §§ 30f Abs. 1 S. 2; 153 Abs. 2 S. 2 ZVG
[189] Vgl.: §§ 11 Abs. 1; 120 Abs. 2 KO; 11 Abs. 1 AO; Heil, Rz. 22
[190] Vgl.: §§ 10 Abs. 1 KO; 10 Abs. AO
[191] Vgl.: §§ 11 Abs. 2 KO; 11 Abs. 2 AO; Riel, S. 158

lässlich ist und eine Zwangsvollstreckung in das andere Vermögen des Schuldners erfolglos war oder sein wird[192].

Fallen die Voraussetzungen für die Zwangsstundung vor Fristablauf weg, so kann der Gläubiger die vorzeitige Aufhebung des Verwertungsaufschubs beantragen[193].

Kommt es im Rahmen des Konkursverfahrens zu einem Zwangsausgleich, in dessen Verlauf das Konkursgericht nach der Verfahrenseinleitung im Einvernehmen mit dem Masseverwalter und dem Gläubigerausschuss die Verwertung der Konkursmasse bis zur Beschlussfassung aussetzen kann, so berührt dieser Verwertungsaufschub jedoch nicht die Grundpfandgläubiger[194].

2. 3. 3. Englisches Recht

Dem englischen Insolvenzrecht liegt der Gedanke zugrunde, dass im Prinzip jeder Sicherungsgläubiger seine Sicherheiten außerhalb des Insolvenzverfahrens verwerten und zu diesem Zweck das Sicherungsgut entfernen oder in Besitz nehmen kann[195]. Da die Bestandskraft von Kreditsicherheiten in der Insolvenz als der eigentliche Grund ihrer Erschaffung und diese privilegierte Stellung als ein weitgehend unangetastetes Grundprinzip des Sachen- und Insolvenzrechts angesehen wird[196], würde ein zu weitgehender insolvenzbedingter Eingriff die Sicherheitsrechte ihrer wesentliche Funktion berauben. Die mit Sicherheiten belasteten Gegenstände werden somit im Grunde als nicht zur Insolvenzmasse gehörig angesehen[197]. Wird also eine Schuld durch eine *mortgage* an einem Grundstück gedeckt, so kann der gesicherte Gläubiger seine Rechte als *mortgagee*[198], insbesondere den Verkauf des Grundstücks, unabhängig vom Liquidationsverfahren betreiben.

Nur im *administration*-Verfahren darf der Insolvenzverwalter neben dem Grundpfandgläubiger über belastetes Eigentum ohne die Zustimmung des Grundpfandgläubigers verfügen, wobei er allerdings die Befugnis durch das Ge-

---

[192] Vgl.: §§ 11 Abs. 2 KO; 11 Abs. 2 AO
[193] Vgl.: Chalupsky/Ennöckl/Holzapfel, Handbuch, S. 140 f.
[194] Vgl.: § 140 Abs. 2 KO; Mohr, KO, § 140 E 2
[195] Vgl.: Fletcher, S. 633; Goode, Principles, S. 55; Prentice u. a. in: Ziegel, S. 66
[196] Vgl.: Goode, Principles, S. 50 ff. Darüber hinaus wird die bevorrechtigte Stellung der gesicherten Gläubiger häufig auch damit begründet, dass sie der Gläubiger vertraglich ausgehandelt hat.
[197] Vgl.: Fletcher, S. 633; Re David Lloyd & Co (1877) 6 Ch. D. 339 (344 f.); Snaith, 19. 01
[198] siehe oben 1. Teil, 7.

richt beantragen muss und die Verwertung insgesamt nicht zu einer Schlechterstellung des Grundpfandgläubigers führen darf[199].

Sofern sich die Gesellschaft in der Zwangsliquidation (*winding-up*) befindet, kommt es für den Grundpfandgläubiger zwar nicht zu einem beantragten oder automatischen Verwertungsaufschub. Möchte der Gläubiger zur Verwertung der Sicherheit allerdings ein gerichtliches Verfahren durchführen, benötigt er die Zustimmung des Gerichtes, welches diese im pflichtgemäßen Ermessen ausübt[200]. Ebenso kann der gesicherte Gläubiger nicht ohne gerichtliche Zustimmung sein Selbsthilferecht geltend machen, wenn sich der Insolvenzverwalter weigert, den Besitz an dem gesicherten Gegenstand (z. B. am Unternehmensgrundstück) aufzugeben. Regelmäßig wird eine Zustimmung in diesen Fällen jedoch erteilt werden, da es sich weniger um Verfahren gegen den Schuldner handelt, sondern in erster Linie die Verwertung des Grundstücks betrieben wird, welches vermögensrechtlich dem Gläubiger zugeordnet wird[201]. Das Zustimmungserfordernis soll der bestmöglichen Sicherung und Verteilung der ohnehin geringen Insolvenzmasse dienen und nicht zu einer willkürlichen Behinderung des Gläubigers führen[202].

Demgegenüber sieht das *administration*-Verfahren einen zeitweiligen automatisch mit Verfahrenseröffnung eintretenden Verwertungsaufschub (*moratorium*) vor, von dem auch die Grundpfandgläubiger erfasst werden[203]. Ziel dieses Moratoriums ist es, dem Unternehmen eine Atempause zu gewähren, in der etwaige Sanierungschancen ausgelotet werden. Weiterhin hat der Verwalter durch das Moratorium die Möglichkeit, das gesamte Gesellschaftsvermögen zu beaufsichtigen und zu leiten, ohne dabei von den die Verwertung betreibenden Sicherungsgläubigern gehindert zu werden. Allerdings soll durch den Verwertungsstopp nur der im Zeitpunkt der Antragstellung bestehende Zustand erhalten bleiben und dadurch das Erreichen des jeweiligen Verfahrenszwecks gesichert werden. Eine Änderung der Vertragsbeziehungen zwischen Gesellschaft und Siche-

---

[199] Vgl.: Sec. 15 (2), (3) IA 1986; Die Erteilung der Befugnis ergeht durch förmliche gerichtliche Anordnung (*order);* Brown, Rz. 6. 62 ff.. Schedule 1A 20. (1), (2) IA 2000 sieht im CVA für die Gesellschaft während des Moratoriums die Möglichkeit vor, über belastetes Eigentum zu verfügen, sofern der Inhaber der Sicherheit oder das Gericht die Zustimmung erteilt. Auch hier muss jedoch sichergestellt sein, dass der Grundpfandgläubiger keine wirtschaftlichen Einbußen erleidet, vgl.: Schedule 1A 20. (6), (7) IA 2000

[200] Vgl.: Sec. 130 (2) IA 1986; Goode, Principles, S. 167; Pennington, S. 296; Gore-Browne, § 34.4, S. 34.016

[201] Vgl.: Goode, Principles, S. 167 f.; Gore-Browne, § 34.4, S. 34.017

[202] Vgl.: Re David Lloyd & Co (1877) 6 Ch. D. 339 (344)

[203] Vgl.: Sec. 10 (1) (b) IA 1986, Prentice u. a. in: Ziegel, S. 89 zum *administration*-Verfahren, der diesbezüglich von enteignenden Wirkungen des Moratoriums spricht.

rungsgläubigern bzw. ein Eingriff in die Substanz der Sicherheiten ist mit dem Administrationsverfahren nicht bezweckt[204]. Für den Inhaber einer *mortgage* an einem Gesellschaftsgrundstück werden somit im Grundsatz für die Zeit des Moratoriums sämtliche Verwertungsmöglichkeiten ausgeschlossen. Er kann in dieser Zeit weder sein Ausschlussrecht (*foreclosure*) geltend machen, noch das Grundstück veräußern, noch einen Verwalter (*receiver*) einsetzen.

Allerdings kann der Grundpfandgläubiger die Zustimmung des Verwalters oder des Insolvenzgerichts zur Verwertung der Sicherheit beantragen. Die Erteilung liegt im Ermessen des Gerichts, wobei eine Abwägung der Interessen des Grundpfandgläubigers gegenüber den Interessen der Gläubigergemeinschaft zu erfolgen hat[205]. Die Rechtsprechung hat hierfür einige Grundsätze aufgestellt, nach welchen Kriterien die Ermessensausübung zu erfolgen hat[206]. Grundsätzlich ist die Zustimmung beim Verwalter zu beantragen, der über diese zügig und verantwortungsvoll gegenüber allen Beteiligten und nicht nur zugunsten der ungesicherten Gläubiger zu entscheiden hat. Eine Zustimmungserteilung durch das Gericht soll nur in Ausnahmefällen stattfinden. Vor Erteilung der Zustimmung hat eine Abwägung der Nachteile des Grundpfandgläubigers gegenüber denen der Gesamtgläubigerschaft zu erfolgen. Hierbei sind die Besonderheiten des jeweiligen Einzelfalles zu berücksichtigen. Als Grundsatz gilt jedoch, dass bestehende Sicherungsrechte zu wahren sind, da das Administrationsverfahren nicht auf deren Kosten zugunsten ungesicherter Gläubiger durchgeführt werden darf[207]. Einerseits ist für die Gewährung der Zustimmung regelmäßig ausreichend, dass dem Grundpfandgläubiger bei einer Versagung ein beträchtlicher Schaden droht, außer wenn durch die Zustimmungsgewährung wiederum der Gläubigergemeinschaft ein unverhältnismäßig höherer Schaden entstehen würde. Andererseits kann die Zustimmung auch verneint werden, wenn die Interessen der Grundpfandgläubigers hierdurch nicht berührt werden, weil das Gericht dem Verwalter Bedingungen auferlegt, Zins- oder Entschädigungsleistungen für die Zeit des Verfahrens zu leisten oder eine andere Sicherheit zu stellen[208]. Schließlich kann auch ein widersprüchliches Verhalten des gesicherten Gläubigers die Entscheidung des Verwalters oder des Gerichts beeinflussen, wenn dieser beispielsweise in einem für ihn vorteilhaften *administration*-Verfahren plötzlich die Verwertungsgenehmigung beantragt, obwohl er sich zu Beginn des

[204] Vgl.: Perker, S. 51; Prentice u.a. in: Ziegel, S. 91 f. mit Hinweis auf Rechtsprechung.

[205] Vgl.: Ss. 10 (1) (b), 11 (3) (c) IA 1986

[206] Re Atlantic Computer Systems Plc. (1992) Ch. 505 (541 ff.); Zusammenfassung auch bei: Gore-Browne, § 31.7, S. 31.014 f.

[207] Re Atlantic Computer Systems Plc. (1992) Ch. 505 (542)

[208] Vgl.: Prentice u. a. in: Ziegel, S. 96; Bristol Airport Plc. v. Powdrill (1990) Ch. 744 (763)

Verfahrens nicht gegen das Verfahren gewandt, bzw. seine Intention zur Verwertung des Grundstücks nicht klar zum Ausdruck gebracht hat[209].

Im IVA kann der Erlass einer sog. *interim order* beantragt werden, während derer es ebenfalls grundsätzlich zu keiner Verwertung von Sicherheiten kommen darf[210]. Der Sinn und Zweck der *interim order* liegt vor allem darin, dem Schuldner Zeit zur Ausarbeitung eines Vergleichs zu geben, damit dieser seine Zahlungsschwierigkeiten überwinden und sodann wieder am Geschäftsleben teilnehmen kann.

Während der *interim order* kann das Gericht ebenfalls je nach Abwägung im Einzelfall aufgrund der bevorrechtigten Stellung des Sicherungsgläubigers einer Verwertung des Grundstücks zustimmen[211]. Insbesondere in der durch die *interim order* eintretenden Verwertungs- und Verfahrenssperre lag ein Vorteil des IVA gegenüber dem CVA, da bei letzterem vor der Reform durch den Insolvency Act 2000 ein Verwertungsstopp nur in Verbindung mit einem *administration*-Verfahren möglich war, welches jedoch regelmäßig höhere Kosten verursachte[212]. Der neue Insolvency Act 2000 eröffnet nun kleineren[213] Gesellschaften die Möglichkeit, für die Dauer von 28 Tagen einen Verfahrens- und Verwertungsstopp (*moratorium)* zu beantragen, der auf zwei weitere Monaten verlängert werden kann[214]. Von diesem Moratorium werden sodann auch die Grundpfandgläubiger erfasst, ebenso wie im *administration*-Verfahren kann das Gericht jedoch im Einzelfall die Zustimmung zur Fortsetzung bzw. Einleitung des Verfahrens erteilen[215].

2. 3. 4. Französisches Recht

Nicht mehr außerhalb, sondern integriert in das Insolvenzverfahren befinden sich die Grundpfandgläubiger im französischen *redressement judiciaire,* wel-

---

[209] Vgl.: Bristol Airport Plc. v. Powdrill (1990) Ch. 744 (767); Re Atlantic Computer Systems Plc. (1992) 505 (543). Dies setzt jedoch voraus, dass möglichst früh eine Abstimmung und Einbeziehung des Grundpfandgläubigers in das Verfahren erfolgt.

[210] Vgl.: Sec. 252 (2) IA 1986, Triebel/Hodgson/Kellenter/Müller, Rz. 822

[211] Vgl.: Fletcher, S. 43

[212] Vgl.: Grier/Floyd, Rz. 5. 09; Brown, Rz. 20. 5

[213] Hierzu zählen Gesellschaften, deren Umsatz nicht mehr als 2, 8 Millionen Pfund beträgt, deren Gesellschaftsvermögen (*balance sheet)* 1, 4 Millionen Pfund nicht übersteigt, und die nicht mehr als 50 Beschäftigte aufweisen, vgl.: Explanatory Note zum IA 2000 i. V. m. sec. 247 (3) CA 1985

[214] Vgl.: Schedule 1; 1A 8.; 32. IA 2000

[215] Vgl.: Schedule 1A 12. (1) (g) IA 2000, der im Wortlaut mit sec. 10 (1) (b) IA 1986 übereinstimmt.

ches dem Insolvenzverwalter ein vorrangiges Verwertungsrecht an den Grundstücken gewährt.

Mit Eröffnung des Verfahrens und dem Beginn der Beobachtungsphase tritt automatisch ein genereller Verfahrens- und Verwertungsstopp ein, der alle Gläubiger des Gemeinschuldners, deren Forderungen vor dem Eröffnungsbeschluss entstanden sind, ausnahmslos betrifft[216]. Davon erfasst werden somit auch die Inhaber von Grundpfandrechten, um auf diese Weise den Zweck der Beobachtungsphase, die Prüfung der Überlebensfähigkeit des Unternehmens und die Ausarbeitung von Sanierungsplänen nicht zu gefährden[217]. Das Verwertungsverbot gilt während der gesamten Beobachtungsphase und in der Liquidation, sogar dann, wenn im Einzelfall überhaupt keine Beobachtungsphase durchgeführt wurde[218]. Der Verwertungsstopp betrifft auch die bereits laufenden Verfahren, die durch den Eröffnungsbeschluss unterbrochen werden, es sei denn, es handelt sich um zu diesem Zeitpunkt rechtskräftig abgeschlossene Verfahren[219].

Mit Beendigung der Beobachtungsphase erlangen die Grundpfandgläubiger nicht automatisch ihre Verwertungsbefugnis zurück. Beschließt das Gericht die Sanierung im Wege eines Fortführungsplanes, so kann dessen Inhalt der Weiterführung bzw. dem Beginn einer Grundstücksverwertung entgegenstehen. Ebenso verliert der Gläubiger bei einer übertragenden Sanierung sein Verwertungsrecht, da eine Befriedigung sodann aus dem Verkaufserlös zu erfolgen hat[220].

Schließlich erhält der Grundpfandgläubiger auch im Falle der Liquidation nicht notwendigerweise seine Verwertungsbefugnis zurück. Erst drei Monate nach dem Liquidationsurteil kann er, sofern eine ordnungsgemäße Anmeldung der Forderung erfolgt und der Liquidationsverwalter nicht selbst zur Verwertung des Grundstücks geschritten ist, sein individuelles Verwertungsrecht (wieder) ausüben[221]. Da sich diese drei Monate grundsätzlich an die Beobachtungsphase anschließen, kann der Grundpfandgläubiger unter Umständen eine beträchtliche Zeit an der Verwertung des Grundstücks gehindert sein.

---

[216] Vgl.: Art. 47 L 85; Cass. com. 28. 2. 1995, Bull. civ. IV, n° 59; Cass. com. 27.11.1991, D. jur. 1992, S. 81. Für den Zeitraum zwischen Antragstellung und Eröffnung besteht demgegenüber noch kein Verwertungsverbot.

[217] Vgl.: Guyon, T 2; Rz. 1238; Ripert/Roblot, T 2, Rz. 2968 f.

[218] Vgl.: Art. 148 Abs. 2

[219] Vgl.: Monserié, Rép. com. Dalloz 1997, III, Kap. 4, Rz. 447;

[220] Siehe unten: 2. Teil, 2. 9. Ausführungen zum französischen Recht.

[221] Vgl.: Art. 161 L 85; Cass. com. v. 28.05 1991 RJC 1991, S. 378, mit Anm. Honorat

2. 3. 5. Schweizerisches Recht

Mit der Eröffnung des schweizerischen Konkursverfahrens tritt ebenfalls eine automatische Unterbrechung aller Vollstreckungs- und Verwertungsverfahren für Forderungen ein, die vor Konkurseröffnung entstanden sind[222]. Weiterhin dürfen keine neuen Verfahren angestrengt werden. Gewöhnliche Klageverfahren werden durch die Eröffnung ausgesetzt, sie können jedoch, anders als die Vollstreckungsverfahren, zehn Tage nach der zweiten Gläubigerversammlung wieder aufgenommen werden[223]. Auch die Grundpfandgläubiger werden bei der Verwertung der belasteten Grundstücke von diesem generellen Verwertungsstopp erfasst, da die belasteten Grundstück nach schweizerischem Insolvenzrecht, vorbehaltlich der bevorrechtigten Befriedigung ihrer Gläubiger, in die Konkursmasse fallen[224]. Eine separate Verwertung der belasteten Grundstücke durch die Gläubiger außerhalb des Konkursverfahrens ist somit nicht mehr möglich[225]. Die Grundstücke werden vielmehr gemeinsam mit dem übrigen Vermögen des Schuldners durch die Konkursverwaltung verwertet, die insoweit als gesetzliche Vertreterin der Grundpfandgläubiger deren Interesse zu beachten hat[226].

Im Nachlassverfahren während der Nachlassstundung kann auf die Grundpfandgläubiger lediglich ein zeitweiliger Verwertungsaufschub zukommen. Zwar sind diese zur Einleitung und Weiterführung der Betreibung auf Pfandverwertung berechtigt, eine endgültige Verwertung des Grundstücks darf jedoch nicht stattfinden[227]. Gewöhnlich kann der Grundpfandgläubiger bei Bestätigung des Nachlassvertrages und mit Fortfall der Stundungswirkung die Verwertung fortsetzen.

Ausnahmsweise kann der Schuldner aber beantragen, die Verwertung des Grundstücks für ein Jahr nach der Bestätigung des Nachlasses einzustellen, sofern er glaubhaft macht, dass das Grundstück für die Fortsetzung des Geschäftsbetriebes benötigt wird und durch die Verwertung seine wirtschaftliche Existenz

---

[222] Vgl.: Art. 206 SchKG; BGE 93 III 55 (57). Ein Wiederaufleben der aufgehobenen Vollstreckungsverfahren kommt nach dem revidierten SchKG nur im Falle der Einstellung des Konkursverfahrens mangels Aktiva in Betracht, insoweit stellt Art. 230 Abs. 4 SchKG eine Ausnahme zu Art. 206 SchKG dar. Zur Rechtspraxis vor der Revision, vgl.: SchKG-Wohlfahrt, Art. 206 Rz. 26 ff.

[223] Vgl.: Art. 207 SchKG

[224] Vgl.: Art. 198; BGE 94 III 1.(3); 45 III 1, (4.); SchKG-Wohlfahrt, Art. 206, Rz. 5

[225] Vgl.: SchKG-Handschin/Hunkeler, Art. 198 Rz. 13

[226] Vgl.: Fritsche/Walder-Bohner, II. § 41 Rz. 13; BGE 45 III 1(6 f.); 47 III 35 (38); 49 III 113 (115); 61 III 164 (166 f.); 71 III 153 (156)

[227] Vgl.: Art. 297 Abs. 2 Nr. 2 SchKG

gefährdet ist[228]. Voraussetzung ist jedoch, dass nicht mehr als ein Jahreszins der Pfandschuld offen ist. Sobald der Schuldner das Grundstück freiwillig veräußert, in Konkurs fällt oder stirbt, tritt kraft Gesetzes die Aufhebung des Verwertungsaufschubes ein. Ebenso kann der Grundpfandgläubiger, sofern sich die finanzielle Situation des Schuldners ändert oder dieser unwahre Angaben gemacht hat, den Widerruf der Einstellung beantragen[229].

Während im Konkurs die Konkursverwaltung die alleinige Verwertungsbefugnis im Bezug auf das belastete Grundstück innehat, sind die Grundpfandgläubiger im Nachlassverfahren mit Vermögensabtretung neben den Liquidatoren zur Verwertung des Grundstücks berechtigt[230].

2. 3. 6. Spanisches Recht

Auch im spanischen Konkursrecht der Kaufleute (*quiebra*) tritt grundsätzlich mit dem Eröffnungsbeschluss eine Unterbrechung sämtlicher Individualklagen und Vollstreckungsverfahren gegen den Gemeinschuldner ein. Weiter dürfen keine neuen Verfahren mehr angestrengt werden, da diese ab diesem Zeitpunkt im Gesamtverfahren des Konkurses zu verfolgen sind (*acumulación*)[231]. Von diesem generellen Verfahrensstopp sind jedoch die Gläubiger nicht betroffen, denen ein Recht zur separaten Verwertung außerhalb des allgemeinen Konkursverfahrens zusteht. Ausdrücklich wird ein solches Recht den Inhabern eines Faustpfandes (*prenda*), den Gläubigern einer Mobiliarhypothek (*hipoteca mobiliaria*) oder eines besitzlosen Pfandrechtes (*prenda sin desplazamiento*), und den Gläubigern einer Schiffshypothek (*hipoteca naval*) gewährt[232].

Im Fall des gewöhnlichen Grundpfandrechtes (*hipoteca inmobiliaria*) ist den einschlägigen Gesetzen ein solches Recht zur getrennten Verwertung nicht aus-

---

228 Vgl.: Art. 306 a Abs. 1 SchKG; dem Gläubiger ist Gelegenheit zur schriftlichen Stellungnahme zu gewähren.

229 Vgl.: Art. 306 a Abs. 4 Nr. 1-3 SchKG

230 Es wird daher vertreten, dass die Liquidatoren bei Überschneidungen nur dann zur Verwertung schreiten dürfen, wenn der Gläubiger nicht selbst betreibt, kein fristgerechtes Verwertungsbegehren stellt oder die Pfandverwertung ergebnislos verläuft, vgl.: Ludwig, S. 109; kritisch hierzu: Vollenweider, S. 157, der einen generellen Vorrang des Grundpfandgläubigers ablehnt und auf den jeweiligen Einzelfall abstellen will.

231 Dieser Verfahrensstopp ist zwar nicht ausdrücklich in den Gesetzen geregelt, er wird jedoch aus den Vorschriften über die Klageansammlung Art. 1173, 1186 f. LEC und den Regelungen über die Vertretung der Konkursmasse durch die Verwalter Art. 1218, 1366 LEC abgeleitet, vgl.: Broseta Pont, S. 743 f.

232 Vgl.: Art. 918 Ccom.; Art. 10 LHM; Art. 39 Nr. 3 LHN

drücklich zu entnehmen und deshalb in der spanischen Literatur umstritten[233]. Es wird daher teilweise vertreten, dass den Grundpfandgläubigern kein Recht zur Verwertung außerhalb des Konkursverfahrens zustünde[234], was bei alleiniger Betrachtung der Vorschriften des Código de Comercio zunächst plausibel erscheint. Die Art. 914 Nr. 1, 916 Abs. 2 Nr. 1 Ccom. schließen die durch Grundpfandrechte gesicherten Forderungen ausdrücklich in die Rangordnung mit ein, was darauf hindeutet, dass der Grundpfandgläubiger innerhalb des Konkursverfahrens Befriedigung zu erlangen hat. Zu derselben Annahme gelangt man durch einen Vergleich der Código de Comercio von 1829 und 1885. Die Regelungen aus 1829 legten die Einbindung von Faustpfand- und Grundpfandgläubigern in das Konkursverfahren fest[235]. Mit der Einführung des neuen Ccom. von 1885 wurde angeordnet, dass die Faustpfandgläubiger außerhalb des Verfahrens stehen[236], während in Bezug auf die Grundpfandrechte keine Änderung vorgenommen wurde. Schließlich wird argumentiert, dass die ausdrückliche Aufführung der Grundpfandgläubiger in Art. 900 Ccom., Art 15 Abs.3 LSP, welche ein Enthaltungsrecht (*derecho de abstención*) dieser Gläubiger im Falle eines Vergleichsschlusses vorsehen, überflüssig wäre, wenn den Grundpfandgläubigern ohnehin ein Recht zur separaten Befriedigung zustünde[237].

Zur gegenteiligen Auffassung kommt man jedoch durch eine Interpretation der Verfahrensvorschriften der LEC zur Klageansammlung (*acumulación*) bzw. zur Verwertung und den Regelungen der LH. Allerdings lässt sich von ihnen ausdrücklich nur ein Recht zur separaten Verwertung der Grundpfandgläubiger ableiten, welche die Verwertung schon vor Konkurseröffnung begonnen haben[238]. Diese Gläubiger müssen sich nicht in die Passivmasse integrieren, sondern bleiben mit ihrer Verwertung außerhalb des Konkursverfahrens.

---

[233] Dieselbe Unklarheit besteht auch im Privatkonkurs, vgl.: Díez-Picazo, in: La reforma del Derecho de la quiebra, S. 291 (296); Soto Vázquez, S. 74 ff. (87 ff.)

[234] Hinweise auf diverse Literaturauffassungen vgl.: Ramirez, II. S. 1004 ff.

[235] Dies schloss man aus Art. 1118 Ccom. von 1829, der Faustpfandgläubiger den Rang der Grundpfandgläubiger zusprach, sofern sie das verpfändete Gut an die Masse zurückführten.

[236] Art. 918 Ccom.

[237] Vgl.: Beltrán Sánchez, Tratado, S. 257 (276); ders.: LH Menendez, S. 3479 (3489)

[238] Vgl.: Art. 127 Abs. 7 LH am Ende, der eindeutig festlegt, dass ein Hypothekenverwertungsverfahren nicht durch eine Konkurseröffnung unterbrochen wird. Ebenso Art. 132 Abs. 1, 135 Abs. 3 LH für die summarischen Verwertungsverfahren. Auch Art. 1173 Nr. 3 LEC, der über Art. 1379 LEC auf den Konkurs des Kaufmanns anwendbar ist, ordnet an, dass alle laufenden Vollstreckungen gegen den Schuldner im Konkursverfahren zusammengefasst werden mit Ausnahme derer, die Art. 166 LEC erwähnt und welche Hypothekenverwertungsverfahren betreffen. Ein Teil der Literatur gesteht deshalb allein diesen Gläubigern ein Recht zur Verwertung außerhalb des Verfahrens zu, vgl.: Uria, Teil 4, § LVI, S. 1009, § LVII, S. 1018; Garrigues, Curso, V, S. 71; Sotillo Navarro, RGD 1956, S. 355 (350 f.); Cerda Alberto/Sancho Gargallo, S. 101

Fraglich ist jedoch, was für die Gläubiger gilt, die zum Zeitpunkt der Konkurseröffnung noch keine Vollstreckung angestrengt haben. Auch diesen Gläubigern wird man letztendlich ein separates Verwertungsrecht zusprechen müssen. Dies ergibt sich einmal aus dem Wortlaut einiger Vorschriften der LEC: So unterscheidet Art. 166 LEC zeitlich nicht zwischen vor und nach Konkurseröffnung, wenn er festlegt, dass reine Hypothekenverwertungsverfahren nicht im Gesamtverfahren des Konkurses zusammengefasst werden. Auch Art. 161 Nr. 3 LEC, der generell die Klageansammlung im Zivilprozess regelt, spricht von Klagen, die „eingelegt worden sind oder eingelegt werden“[239], woraus sich schließen lässt, dass auch Art. 166 LEC als Folgenorm sowohl schon im Verfahren befindliche als auch später rechtshängig werdende Verwertungsverfahren erfassen will[240]. Auch Art. 1234 Nr. 2 LEC, der die in einer Vollstreckung befindlichen Grundstücke von der Verwertungsbefugnis der Konkursverwalter ausnimmt, unterscheidet nicht danach, ob die Vollstreckung vor oder nach Konkurseröffnung begonnen wurde. Demzufolge geht ein großer Teil der Literatur davon aus, dass im Hinblick auf ein separates Verwertungsrechts eine zeitliche Unterscheidung mit den Vorschriften der LEC unvereinbar und daher nicht haltbar ist, weshalb überwiegend den Grundpfandgläubigern insgesamt ein uneingeschränktes Verwertungsrecht außerhalb des Konkursverfahrens gewährt wird[241]. Auch die Rechtsprechung wird dahingehend interpretiert, dass eine Differenzierung danach, ob das Verwertungsverfahren vor oder nach der Eröffnungsentscheidung begonnen wurde, für die Gewährung eines separaten Verwertungsrechtes nicht entscheidend sein kann[242]

---

[239] *„demanda que se haya formulado o se formule“*

[240] Vgl.: Beltrán Sánchez, Tratado, S. 257 (278); ders. LH Menendez, S. 3479 (3491)

[241] Vgl.: Beltrán Sánchez, Tratado, S. 257 (278 ff.), ders. LH Menendez, S. 3479 (3490 ff.); Sánchez Calero, Kap. LX, S. 494 f. Mit etwas anderer Begründung, Ramirez, II. S. 1009 ff., der u. a. darauf abstellt, dass auch dem Gläubiger einer Schiffshypothek ein separates Verwertungsrecht zusteht. Wegen der Gleichstellung von Schiffen mit Grundstücken in Art. 1 LHN, und weil es sich bei der Schiffshypothek nur um eine spezielle Ausformung der Grundstückshypothek handelt, müsse auch letztere ein separates Verwertungsrecht für ihre Gläubiger beinhalten. Yañez Velasco, RdP 2000, S. 93 (99, 101), demzufolge auch die geänderte LEC zu keinem andere Ergebnis führt.

[242] Vgl.: Soto Vázquez, S. 88 ff.; Yañez Velasco, RdP 2000, S. 93 (102) Fn.: 58, jeweils mit Verweisen auf SSTS v. 27. 6. 1900; 5 . 6. 1905, 16. 10. 1961. Anders jedoch: Cerda Alberto/Sancho Gargallo, S. 101 mit Verweis auf das Urteil STS v. 10. 3. 1986, welches jedoch lediglich entschieden hatte, dass bereits anhängig Verwertungsverfahren nicht im Konkursverfahren zusammengefasst und folglich auch nicht unterbrochen werden. Ein Rückschluss darauf, dass neue Verwertungsverfahren nach der Eröffnungsentscheidung somit nicht mehr begonnen werden dürften, lässt sich der Entscheidung m. E. jedoch nicht entnehmen.

Übt der Grundpfandgläubiger sein separates Verwertungsrecht nicht aus, so werden die Grundstücke wie die übrigen Güter des Schuldners durch den Konkursverwalter verwertet[243].

Veränderungen sehen in dieser Hinsicht jedoch die Reformvorschläge PALC 1995 und die Gesetzesvorschläge AC 2000 und AC 2001 vor. Der Gesetzesvorschlag von 1995 sah vor, dass mit Eröffnung des Konkurses kein Gläubiger mehr gegen den Schuldner vollstrecken durfte und Vollstreckungsverfahren, die vor dem Eröffnungsbeschluss begonnen wurden, mit der Verfahrenseröffnung ausgesetzt werden sollten[244]. Erst nach Ablauf von zwei Monaten nach dem in der Eröffnungsentscheidung festgelegten Termin für die Gläubigerversammlung sollten sie berechtigt sein, die Verfahren fortzuführen[245]. Insgesamt konnten die Grundpfandgläubiger somit bis zu acht Monaten an ihrer Verwertung gehindert werden, ein Zeitraum, welchen Verwalter und Schuldner für die Ausarbeitung eines Sanierungsvorschlages nutzen sollten[246].

Auch die Gesetzesentwürfe von 2000 und 2001 haben die mit Verfahrenseröffnung eintretende Verwertungssperre für die Grundpfandgläubiger beibehalten und sehen vor, dass deren Verwertungsverfahren bis zum Abschluss eines Vergleichsplans oder bis zu einem Jahr nach der Verfahrenseröffnung, sofern nicht zuvor die Liquidation eröffnet worden ist, nicht begonnen, bzw. wieder aufgenommen werden können[247]. Eine Ausnahme vom allgemeinen Verwertungsstopp besteht im Hinblick auf die Verwertungsverfahren, für welche im Zeitpunkt der Konkurseröffnung bereits die Bekanntmachung der Versteigerung des Grundstücks veröffentlicht war. Kommt es zur Liquidation, verlieren die Grundpfandgläubiger ihr separates Verwertungsrecht, sofern sie die Verwertung nicht schon vor der Verfahrenseröffnung eingeleitet hatten.

---

[243] Dies ergibt sich aus einem Umkehrschluss in Art. 1234 Nr. 2 LEC

[244] Vgl.: Art. 65 PALC

[245] Vgl.: Art. 67 PALC

[246] Vgl.: Garrido, RDBB 1996, S. 889 (929)

[247] Vgl.: Art. 55; 56 AC 2000; Art. 55; 56 AC 2001. Der neuste Gesetzesentwurf von 2001 enthält für die zur Zeit der Eröffnungsentscheidung bereits anhängigen Verwertungsverfahren eine in dieser Weise neuartige Unterscheidung danach, ob der Sicherungsgegenstand für die Unternehmensfortführung benötigt wird, Art. 55 Abs. 2 AC 2001. Diese werden von der Verwertungssperre betroffen, während bei Sicherungsgegenständen, welche für die Unternehmensfortführung nicht benötigt werden, die Verfahren abgeschlossen werden dürfen. Zu einer Verwertung und Erlösauskehrung können jedoch auch diese Sicherungsgläubiger erst nach Ablauf der in Art. 55 Abs. 1 AC 2001 festgelegten Frist schreiten, Art. 55 Abs. 5 AC 2001. Kritisch zu dieser Regelung, vgl.: Pulgar Ezquerra, ACiv. 20 (13-19 Mai 2002), S. 1 (9)

Das neue Insolvenzgesetz LC 2003 hat diese Regelung im Wesentlichen beibehalten, allerdings eine Differenzierung hinsichtlich der mit Verfahrenseröffnung eintretenden Verwertungssperre für noch nicht eingeleitete Verwertungsverfahren vorgenommen: Von dieser sind nunmehr allein die Grundpfandgläubiger betroffen, deren Sicherheit für die Geschäftstätigkeit des Gemeinschuldner benötigt wird oder die Teil einer Produktionseinheit ist und daher der Fortführung des Unternehmens nützen kann[248].

2. 4. Fazit

Hinsichtlich der bestehenden grundsätzlichen Befugnis der Grundpfandgläubiger, sich für eine Forderung aus der Verwertung des Grundstücks zu befriedigen, lässt sich feststellen, dass alle Rechtsordnungen zumindest in einigen ihrer Insolvenzverfahren die Möglichkeit einer Verwertungssperre vorsehen.

Eine Ausnahme hiervon macht allein das noch geltende spanische Recht, welches nach wohl herrschender Auffassung in der spanischen Literatur und Rechtsprechung dem Grundpfandgläubiger ein freies und uneingeschränktes Verwertungsrecht außerhalb der Insolvenzverfahren gewährt. Wie sich allerdings bereits durch die Reformvorschläge von 1995, 2000 und 2001 abzeichnete, müssen auch Grundpfandgläubiger nach Inkrafttreten des neuen Insolvenzgesetzes am 1. September 2004 grundsätzlich mit einem Verwertungsaufschub rechnen. Zwar weichen die in den Insolvenzverfahren geregelten Verwertungssperren im Detail voneinander ab. Dennoch sind zwei Grundstrukturen zu erkennen: Entweder tritt mit Verfahrenseröffnung ein automatischer Verwertungsaufschub ein, wie es das französische Recht regelt und es das künftige spanischen Insolvenzrecht vorsieht.

Demgegenüber kennen das deutsche und das österreichische Recht nur eine einstweilige Einstellung der Verwertung auf Antrag des Insolvenzverwalters oder des Schuldners.

Beide Möglichkeiten sind schließlich im englischen und schweizerischen Insolvenzrecht vertreten. Im englischen *administration*-Verfahren und im schweizerischen Konkurs erfasst die mit der Verfahrenseröffnung eintretende automatische Verwertungssperre auch die Grundpfandrechte. Ebenso kann im schweizerischen Nachlassverfahren mit Bewilligung der Nachlassstundung während deren gesamter Dauer keine Grundstücksverwertung vorgenommen werden. Unter bestimmten Voraussetzungen ist der Schuldner jedoch berechtigt, im Nachlassver-

---

[248] Vgl.: Art. 56, 57 LC 2003. damit wurde die erstmals in AC 2001 enthaltende Differenzierung (siehe vorherige Fn.) hinsichtlich bereits anhängiger Verwertungsverfahren ausgedehnt, welche insgesamt eine Entschärfung des Eingriffs in die Verwertungsbefugnis mit sich bringt.

fahren eine Einstellung der Grundstücksverwertung für ein Jahr nach Bestätigung des Nachlassvertrages zu beantragen. Im IVA und neuerdings auch im CVA muss der Verfahrensaufschub grundsätzlich beantragt werden.

Wenig Übereinstimmung und somit eine unterschiedliche Eingriffsintensität weisen die Rechtsordnungen im Hinblick auf die Verwertungsbefugnis des Insolvenzverwalters auf. So tritt diese mal neben die Befugnis der Grundpfandgläubiger, wie im deutschen, österreichischen oder im spanischen Recht. Im schweizerischen und französischen Recht hat der Verwalter sogar ein alleiniges oder vorrangiges Verwertungsrecht. Dagegen darf der Verwalter nur im englischen *administration*-Verfahren ohne Zustimmung des betroffenen Grundpfandgläubigers über das belastete Grundstück verfügen, wodurch es aber zu keiner wirtschaftlichen Schlechterstellung der Grundpfandgläubiger kommen darf.

Prinzipiell bedeutet die alleinige Verwertungsbefugnis des Insolvenzverwalters einen stärkeren Eingriff, als wenn diese nur neben die des Gläubigers tritt, da letzterer die Verwertung nicht mehr nach seinen individuellen Bedürfnissen einleiten und einen günstigen Verwertungszeitpunkt auswählen kann. Allerdings ist zu beachten, dass zumindest im schweizerischen Recht die Konkursverwaltung als Stellvertreterin der Grundpfandgläubiger tätig wird und somit vorrangig in ihrem Interesse zu handeln hat.

Erheblich variiert in den Rechtsordnungen der Zeitfaktor, d. h. wie lange die Verwertung des Grundpfandrechts aufgeschoben sein darf. Teilweise ist der Zeitraum ausdrücklich festgeschrieben, z. B. 90 Tage im österreichischen Insolvenzrecht. Im künftigen spanischen Insolvenzrecht (Reformentwürfe und neues spanisches Insolvenzgesetz) ist demgegenüber der Zeitraum unbestimmter, da er in erster Linie an ein Ereignis, die Gläubigerversammlung bzw. den Abschluss eines Vergleichsplans geknüpft wird und bis zu einem Jahr nach Verfahrenseröffnung andauern kann. Nach dem französischen Recht besteht der Verwertungsstopp während der gesamten Beobachtungsphase, die theoretisch bis zu 20 Monaten dauern kann. Darüber hinaus erlangt der Grundpfandgläubiger überhaupt nur sehr eingeschränkt seine Verwertungsbefugnis zurück, so dass häufig ein endgültiger Verlust der Verwertungsbefugnis eintritt. Endgültig verlieren auch im schweizerischen Konkurs die Grundpfandgläubiger mit Verfahrenseröffnung ihre freie Verwertungsbefugnis, d. h. es kommt hier zu einer Verwertungsunterbrechung, denn das Grundstück wird gemeinsam mit dem übrigen Vermögen durch die Konkursverwaltung als gesetzliche Vertreterin der Grundpfandgläubiger verwertet. Allerdings sind die Grundpfandgläubiger im schweizerischen Nachlassverfahren während der vier- bis sechsmonatigen Nachlassstundung nur von einem zeitweiligen Verwertungsaufschub betroffen, in dem sie zwar das Betreibungsverfahren einleiten bzw. fortsetzen können, eine endgültigen Verwertung des Grundstücks jedoch nicht erfolgen darf.

Schließlich ergeben sich Unterschiede im Hinblick auf die Beendigung der Verwertungssperre. So müssen die Gläubiger im deutschen Recht bei der Zwangsversteigerung[249] und im österreichischen Konkurs- und Ausgleichsverfahren die Fortführung, bzw. Aufnahme der Verwertung beantragen. Nach der spanischen PALC war vorgesehen, dass die Grundpfandgläubiger innerhalb eines Monats nach Aufforderung durch den Verwalter die Aufnahme des Verwertungsverfahrens zu beantragen hatten[250]. Keine ausdrückliche Antragspflicht sieht allerdings das englische *administration*-Verfahren nach Beendigung[251] des Verfahrens vor, so dass der Gläubiger mit Beendigung des Verfahrens seine Verwertung fortführen darf. Ebenso kann der Grundpfandgläubiger im Nachlassverfahren bei Bestätigung des Nachlassvertrages und Fortfall der Stundungswirkung die Verwertung fortsetzen.

Mit Ausnahme des französischen Rechts und des künftigen spanischen Insolvenzrechts liegt in den übrigen Rechtsordnungen dem Verwertungsaufschub eine Interessenabwägung zugrunde. Dabei sind die mit der Verwertungssperre für die Grundpfandgläubiger verbundenen Nachteile gegen die Vorteile abzuwägen, die der Gläubigergemeinschaft dadurch entstehen, dass durch die Verwertungspause das Schuldnervermögen vorübergehend erhalten bleibt, und auf diese Weise etwaige Sanierungschancen oder bessere Verwertungsmöglichkeiten geprüft werden können. Teilweise ist diese Abwägung ausdrücklich gesetzlich festgeschrieben worden, wie beispielsweise der im deutschen Recht vorgesehene Nachteilsausgleich in § 30 e ZVG. Überwiegend findet die Abwägung durch die Rechtsprechung im Wege der Auslegung unbestimmter Rechtsbegriffe statt. So kann die einstweilige Einstellung im deutschen Recht nur erfolgen, soweit sie dem Gläubiger gemäß § 30 d Abs. 1 S. 2 ZVG wirtschaftlich zuzumuten ist. Ähnlich ist insoweit das österreichische Recht, welches in diesem Zusammenhang darauf abstellt, ob ansonsten schwere persönliche oder wirtschaftlicher Nachteile für den Gläubiger eintreten können[252]. Im englischen *administration*-

[249] Anders als in der Zwangsversteigerung sieht § 153 c Abs. 2 S. 2 ZVG mit dem Ende des Insolvenzverfahrens die automatische Aufhebung der einstweiligen Einstellung der Zwangsverwaltung vor.

[250] Vgl.: Art. 196 Abs. 5 PALC. Die Gesetzesentwürfe und das neue Insolvenzgesetz 2003 sehen eine derartige Frist nicht mehr vor, Art. 56 AC 2000; Art. 56 AC 2001; Art. 57 LC 2003

[251] Will der Gläubiger jedoch während des laufenden Verfahrens eine Befreiung vom Verwertungsaufschub erlangen, so muss er hierfür die Zustimmung des Insolvenzverwalters oder des Gerichts beantragen.

[252] Vgl.: § 11 Abs. 2, 3 KO; § 11 Abs. 2, 3 AO

Verfahren hält die Rechtsprechung vor Erteilung der Zustimmung zur Befreiung von den Wirkungen des Moratoriums eine Abwägung für erforderlich und hat dafür Abwägungsgrundsätze entwickelt[253]. Schließlich lässt auch das schweizerische Recht in Art 306 a SchKG in gewisser Weise ein Abwägungselement erkennen, wenngleich sich auch die Ausgangslage unterscheidet, da hier der Schuldner, sofern er glaubhaft macht, das belastete Grundstück für die Unternehmensfortführung zu benötigen, beantragen kann, die Grundstücksverwertung für ein Jahr nach Bestätigung des Nachlassvertrages auszusetzen.

Sinn und Zweck des Verwertungsaufschubs liegt regelmäßig darin, Zeit zur Ausarbeitung von Vergleichsverträgen oder Sanierungsplänen zu gewähren, bei denen beispielsweise auch belastete Grundstücke in eine Gesamtveräußerung des schuldnerischen Unternehmens mit einbezogen werden sollen oder aber weil ein Grundstück, etwa das Firmengrundstück, für die Unternehmensfortführung benötigt wird.

Darüber hinaus soll der Verwertungsaufschub auch allgemein der Effektivität der Insolvenzverfahren durch einen geordneten und geplanten Verfahrensablauf dienen und somit die Gläubigerbefriedigung insgesamt erhöhen.

Abschließend bleibt fraglich, ob die eine Form der Verwertungssperre einen stärkeren Eingriff für die Grundpfandgläubiger darstellt als die andere. So wurde beispielsweise im deutschen Recht ein durch den Eröffnungsbeschluss automatisch ausgelöster Verwertungsaufschub als ein zu starker Eingriff abgelehnt[254]. Bei einer rein formalen Betrachtung ist dies sicher zu bejahen, da durch eine automatische Verwertungssperre den Gläubigern eine Handlungsnotwendigkeit auferlegt wird, die Fortsetzung bzw. Einleitung der Verwertung zu beantragen, während im umgekehrten Fall der Verwalter oder Schuldner die Notwendigkeit des Verwertungsaufschubs darzulegen und zu beantragen hat. Hierin kann man grundsätzlich eine unterschiedliche Intensität des Eingriffs sehen. Es erscheint jedoch durchaus denkbar, dass es aufgrund der bereits erwähnten Interessenabwägung trotz der unterschiedlichen Ausgangslage im Einzelfall in der Praxis häufig zu ähnlichen Ergebnissen kommt.

2. 5. Kostenbeitrag

Mit der Verwertung eines Grundstücks fallen regelmäßig Kosten an. Die folgende Betrachtung ist darauf gerichtet, ob und auf welche Weise den Grundpfandgläubigern Verwertungskosten oder Beiträge zu den Kosten des Insolvenzverfahrens auferlegt werden.

---

[253] Vgl.: Re Atlantic Computer Systems Plc. (1992) 505 (541 ff.)

[254] Vgl.: BT-Drs. 12/2443, S. 88; Schmidt-Räntsch, InsO, Teil 1, Rz. 88

Aufgrund der weitgehend unangetasteten Stellung der Grundpfand- gläubiger im englischen Recht und der Möglichkeit, außerhalb des Verfahrens Befriedigung ihrer Forderung zu erlangen, werden diese grundsätzlich nicht mit den allgemeinen Kosten der Liquidationsverfahren (*winding-up* und *bankruptcy*) belastet[255]. Dies ergibt sich daraus, dass das Sicherungsgut, hier das belastete Grundstück, bei wirksamer *mortgage*-Bestellung nicht als der Verteilung zugängliches Schuldnervermögen angesehen wird und somit die Grundpfandgläubiger, anders als beispielsweise die Inhaber einer *floating charge,* nicht von den vorrangig aus dem Vermögen zu befriedigenden Verfahrenskosten betroffen werden[256]. Wird das Grundstück jedoch vom Verwalter für den Grundpfandgläubiger verkauft, so ist der Verwalter berechtigt, sein Honorar aus dem Erlös zu begleichen[257].

Sofern der Grundpfandgläubiger im *bankruptcy*-Verfahren bei Gericht den Verkauf des Grundstücks beantragt, kann das Gericht anordnen, dass Rechnungen erstellt und Erkundigungen eingeholt werden, um Hauptforderung, Zinsen und Kosten, die im Zusammenhang mit dem Grundpfand stehen, festzustellen bzw. sofern der Gläubiger im Besitz des Grundstücks ist, die erlangten Erträge aus dem Grundstück zu ermitteln[258]. Die diesbezüglich entstandenen Kosten werden sodann aus dem Verkaufserlös vor den Forderungen der Grundpfandgläubiger beglichen[259].

Das französische Recht regelt in den Art. 2101 Nr. 1, 2104 Nr. 4 Cciv. das Generalprivileg der Rechtsverfolgungskosten (*frais de justice*), welches grundsätzlich den Grundpfandrechten im Rang vorgeht[260]. Zu diesen Kosten zählen neben den eigentlichen Gerichtskosten auch die Aufwendungen, die im Interesse aller zur Erhaltung, Verwertung und Liquidation im Laufe des Verfahrens aufgebracht werden müssen und somit auch jene, die für Verwaltung und Verwertung des belasteten Grundstücks entstehen[261]. Allerdings können die Rechtsverfolgungskosten den Grundpfandgläubigern nur insoweit entgegengehalten werden,

---

[255] Vgl.: Gore-Brown, § 34. 20, S. 34.091; Snaith, Rz. 19.01 ff.

[256] Vgl.: Sec. 115 IA 1986; r. 4. 218 (1) IR; sec. 324 IA 1986; r. 6. 224 (1) IR; sec. 175 (2) IA 1986; Fletcher, S. 607, S. 633

[257] Vgl.: Rs. 4. 128 (1), 6. 139 (1) IR; Snaith, Rz. 19. 68; Greenville, S. 222

[258] Vgl.: R. 6. 197 Abs. 2 IR

[259] Vgl.: R. 6. 199 Abs. 1 IR

[260] Vgl.: Art. 40, 166 L 85; siehe unten: 2. Teil, 2. 7. Ausführungen zum französischen Recht.

[261] Vgl.: Guyon/Derruppé, in: Rép. com. Dalloz, 1996 III, Kap. 3, Rz. 401, 403; Ripert/Roblot, T. 2, Rz. 3250; Mazeaud/Chabas, III. I., Nr. 145; Cabrillac/Mouly, Rz. 586 ff.

als sie ihnen auch zugute gekommen sind, d. h. für die Erhaltung und Verwertung des belasteten Grundstücks angefallen sind[262].

Ein ähnliches Ergebnis lässt sich im österreichischen Recht feststellen. Dort sind die Kosten für die Verwaltung, Verwertung und Verteilung der Sondermasse, welche die mit Grundpfandrechten belasteten Grundstücke gegenüber der Konkursmasse bilden, vor den absonderungsberechtigten Grundpfandgläubigern zu berichtigen[263]. Auch hier müssen sie im Interesse der Sondermasse und der Absonderungsgläubiger angefallen und für die Rechtsverfolgung notwendig gewesen sein[264].

Schließlich sind auch nach schweizerischem Recht die speziell für die Verwaltung und Verwertung des Grundpfandes anfallenden Kosten vorrangig aus dem Erlös des Grundstücks zu begleichen[265]. Die übrigen Massekosten, insbesondere die durch die Eröffnung des Konkursverfahrens entstandenen Verfahrenskosten, die Verwaltungs- und Verwertungskosten für die restlichen Vermögenswerte des Schuldners fallen den Grundpfandgläubigern nicht an[266].

Auch im geltenden spanischen Recht haben die Verfahrenskosten, die einen Teil der Masseschulden bilden, eine bevorrechtigte Stellung. Sie werden vor den gewöhnlichen Gläubigern und den Gläubigern mit Generalprivileg und nicht nach einer Quote, sondern im Ganzen beglichen[267]. Nicht ausdrücklich geregelt ist das Verhältnis dieser grundsätzlich bevorrechtigten Verfahrenskosten zu den Gläubigern mit Spezialprivileg, zu denen die Grundpfandgläubiger gehören. Es wird daher vertreten, dass die Grundpfandgläubiger dann von einem Vorabzug für Verfahrenskosten unberührt bleiben, wenn sie ihr Recht zur separaten Befriedigung ausüben. Selbst die Kosten, die evtl. durch die Verwaltung des Grundstücks für die Masse angefallen sind, werden dem Gläubiger nicht aufgebürdet. Sofern sich die Grundpfandgläubiger in das Konkursverfahren einreihen und eine vorrangige Befriedigung aus dem Erlös durch die Verwertung des Grundstücks im Konkursverfahren anstreben, sind sie jedoch wie die ordentlichen Gläubiger vom Vorabzug der Verfahrenskosten betroffen[268]. Unklar bleibt je-

---

[262] Vgl.: Cass. com. v. 5. 12. 1995, D. somm. 1996, S. 389 f.; Ferid/Sonnenberger, II. 3 D 232; abweichend: Mazeaud/Chabas, III. I., Nr. 145
[263] Vgl.: Art. 49 Abs. 1 KO
[264] Vgl.: Holzhammer, S. 64; Mohr, § 49 E 5
[265] Vgl.: Art. 262 Abs. 2 SchKG; BGE 106 III 129; Mühl/Petereit, S. 326
[266] Vgl.: Amonn, § 48 Rz. 3; Gilliéron, § 13 B; Nach Fritsche/Walder-Bohner II. § 52 Rz. 5 soll unter bestimmten Umständen ein verhältnismäßiger Teil der allgemeinen Kosten als Verwaltungs- und Verwertungskosten auf den Pfanderlös verlegt werden können.
[267] Vgl.: Sánchez Calero, Kap. LX, S. 495; Beltrán Sánchez, Las deudas de las masa, S. 235
[268] Vgl.: Beltrán Sánchez, Las deudas de la masa, S. 240 f.

doch, ob in diesem Fall den Grundpfandrechten nur die Kosten entgegen zu halten sind, die sie auch verursacht haben. Demgegenüber sind die Verfahrens- und Verwaltungskosten im Privatkonkurs als Generalprivilegien erst nach erfolgter Befriedigung der Grundpfandrechte aus dem verbleibenden Vermögen zu entrichten[269].

Im Reformvorschlag PALC 1995 waren für die Regelungen über die Masseschulden Änderungen vorgesehen, die sich auch auf die Grundpfandrechte auswirkten. Zunächst erfolgte eine Neueinteilung der Masseschulden[270]. Grundsätzlich sollten danach diese Schulden während des gesamten Verfahrens je nach ihrer Fälligkeit mit den Gütern aus dem Schuldnervermögen beglichen werden, die nicht mit Spezialprivilegien belastet waren. Reichte jedoch hierfür das Schuldnervermögen nicht aus, sollten zumindest die Gerichts- und Verfahrenskosten und der notwendige Unterhalt des Schuldners und seiner Angehörigen auch aus dem Erlös der belasteten Gütern beglichen werden[271].

In den Reformvorschlägen AC 2000 und AC 2001 und im neuen Insolvenzgesetz LC 2003 ist eine derartige Regelung nicht mehr vorgesehen, statt dessen ist ausdrücklich festgelegt, dass die Masseschulden, zu denen u. a. auch die Verfahrens- und Verwaltungskosten gehören, nicht aus dem mit Spezialprivilegien belasteten Vermögen des Schuldners zu begleichen sind[272].

Das deutsche Insolvenzrecht hat schließlich eine Regelung gewählt, die sich auf den ersten Blick von den übrigen Rechtsordnungen unterscheidet. Zusätzlich zu den Verfahrenskosten, die grundsätzlich vorab aus dem Erlös des Grundstücks zu begleichen sind[273], wurde durch die Reform im Fall der Zwangsversteigerung ein pauschaler Kostenbeitrag für die Immobiliarsicherheiten eingeführt. Dieser betrifft die Feststellungskosten *„bezüglich der beweglichen Gegenstände, auf die sich die Zwangsvollstreckung erstreckt,“* und geht den Grundpfandrechten im Rang vor[274].

---

[269] Vgl.: Art. 1924 Nr. 2 A Cciv.

[270] Vgl.: Art. 103, Nr. 1- 4 PALC, neu aufgeführt wurden z. B. in Nr. 3 Kosten für die Verwahrung, Verwaltung und Verwertung und Liquidation der Aktivmasse.

[271] Vgl.: Art. 105 PALC

[272] Vgl.: Art. 83 i. V. m. 153 Abs. 3; 154 AC 2000; Art. 83 i. V. m. 153 Abs. 3; 154 AC 2001; Art. 84 i. V. m. 154 Abs. 3; 155 LC 2003

[273] Vgl.: § 109 ZVG

[274] Vgl.: § 10 Abs. 1 Nr. 1 a ZVG. Der Wortlaut lässt nicht eindeutig erkennen, ob durch diese Regelung selbst der Anspruch der Masse für die Feststellungskosten geregelt ist, oder ob sie ihn bereits durch eine andere Vorschrift als begründet voraussetzt. Mangels anderweitiger Anspruchsgrundlage, insbesondere kommen die § 170 f. InsO nicht in Betracht, ist wohl da-

Während der gesamten Reformphase wurde die Einbeziehung der Grundpfandgläubiger in Form eines Verfahrensbeitrages zur Anreicherung der Insolvenzmasse heftig diskutiert und unterlag bis zum Schluss mehrfachen Änderungen, bis er schließlich auf den heute geltenden Wert von 4 % festgelegt wurde[275]. Bezugsgröße hierfür ist der nach § 74 a Abs. 5 S. 2 ZVG bestimmte Wert der beweglichen Sachen[276], auf die sich die Versteigerung erstreckt. Der Kostenbeitrag fällt nicht an, sofern kein Insolvenzverwalter bestellt worden ist, bzw. das Grundstück freihändig veräußert wird[277].

2. 6. Fazit

Die Beteiligung der Grundpfandgläubiger an den Kosten des Insolvenzverfahrens weist nur in geringem Maße Übereinstimmungen auf. Allerdings ist keiner der Rechtsordnungen eine Kostenbeteiligung gänzlich fremd. Kosten fallen aber teilweise nur dann an, wenn die Verwertung durch den Verwalter innerhalb des Insolvenzverfahrens erfolgt, wie beispielsweise im englischen *winding-up* oder wie dies die spanische Literatur für das Liquidationsverfahren der Kaufleute vertritt.

Es lässt sich jedoch feststellen, dass eine Kostenbeteiligung, sofern sie überhaupt vorgesehen ist, überwiegend[278] nach dem Prinzip der Kostenverursachung erfolgt, d. h. die Kosten gerade für die Grundpfandgläubiger angefallen und diesen nützlich gewesen sein müssen. Von den allgemeinen Verfahrenskosten, die keinen direkten Bezug zu den Grundpfandrechten aufweisen, werden sie daher regelmäßig nicht betroffen.

Nicht ganz einfach ist in diesem Zusammenhang die Einordnung der im deutschen Recht vorgesehenen speziellen Kostenpauschale in Höhe von 4 % des Wertes der beweglichen Gegenstände, auf die sich die Versteigerung erstreckt.

---

von auszugehen, dass § 10 I Nr. 1a ZVG den Anspruch selbst begründet, vgl. auch Beckers, WM 1990, S. 1177, (1179); Marotzke, ZZP 109 (1996) S. 429, 459 f.

[275] Der erstmals durch den Kommissionsbericht von 1985 festgelegte Wert in Höhe von 10 % des Wertes des Grundstückszubehörs als Ausgleich für die Kosten der Prüfung von Zubehöreigenschaft und Vorliegen der Voraussetzungen des § 1120 BGB durch den Insolvenzverwalter war in der Literatur kritisiert worden, vgl.: Nachweise bei Landfermann, KTS 1987, S. 381 (389, 408), der eine Pauschale von 5 % vorschlug. Zu den Schwierigkeiten einer Feststellung des Zubehörwertes, vgl.: Morbutter, ZIP 1985, 1461 (1462 f.)

[276] Bezüglich der Sicherungsrechte am Grundstück selbst entstehen regelmäßig keine Feststellungskosten, da diese im Grundbuch unschwer erkennbar sind.

[277] Vgl.: BT-Drs. 12/3803, S. 69

[278] Dem spanischen Recht lässt sich das nicht eindeutig entnehmen und auch die spanische Literatur geht hierauf nicht explizit ein.

Da es sich insoweit um einen Pauschalbetrag handelt, orientiert sich dieser zwar nicht streng am Kostenverursachungsprinzip, denn er kann im Einzelfall tatsächlich höher oder niedriger als der Pauschalwert sein. Andererseits weisen diese Feststellungskosten einen unmittelbaren Zusammenhang mit der Grundstücksverwertung auf, da sie sich auf bewegliche Gegenstände im Haftungsverband der Grundpfandrechte beziehen. Somit handelt es sich bei dem pauschalen Kostenbeitrag um eine Besonderheit, die das deutsche Recht zusätzlich zu den normalen Verfahrens- und Verwertungskosten vorgesehen hat, um die Insolvenzmasse nicht mit den im Rahmen der Grundstücksversteigerung anfallenden Feststellungskosten zu belasten. Selbst wenn sich jedoch eine vergleichbare Regelung in den anderen Rechtsordnungen in dieser Gestalt nicht findet, erscheint es nicht ausgeschlossen, dass dort dennoch derartige Feststellungskosten von den gewöhnlichen Verwertungs- und Verfahrenskosten mit umfasst werden. So gehören zu den *frais de justice* im französischen Recht auch die Kosten für die Feststellung der Insolvenzmasse[279], was im Prinzip auch Feststellungen bezüglich der zum Haftungsverband des belasteten Grundstücks gehörenden beweglichen Gegenstände beinhalten kann. Auch weisen die im englischen Individualkonkurs vom Grundpfandgläubiger vorrangig aus dem Erlös zu entrichtenden Kosten, welche durch eine gerichtlich angeordnete Rechnungslegung in Bezug auf Erträge, Früchte oder Mieten des Grundstücks entstehen können, gewisse Ähnlichkeiten mit den in § 10 Abs. 1 a ZVG aufgeführten Feststellungskosten auf.

2. 7. Insolvenzrechtliche Auswirkungen auf den Rang der Grundpfandrechte

Eingriffe in den Bestand eines Grundpfandrechtes können sich insbesondere durch die Rangstelle ergeben, die ihnen durch ein Insolvenzverfahren im Falle der Liquidation des Schuldnervermögens eingeräumt wird. Im Einzelfall kann das Insolvenzrecht Modifikationen in der Rangfolge vornehmen, welche die Befriedigungschancen des Grundpfandgläubigers aus dem Erlös des Grundstücks verkürzen. Häufig werden daher an diesen Modifikationen die gesetzgeberischen Ziele des jeweiligen Insolvenzverfahrens erkennbar, d. h. beispielsweise ob eine Sanierung des Schuldners oder aber die Gläubigerbefriedigung im Vordergrund des Verfahrens steht.

Im deutschen Insolvenzrecht wird die allgemein im ZVG festgelegte Rangfolge[280] nur durch einen neu eingeführten Feststellungskostenbeitrag[281], welcher das Grundstückszubehör betrifft, zu Lasten der Grundpfandrechte modifiziert. Im Übrigen bleibt es bei der allgemeinen Rangfolge, insbesondere richtet sich

[279] Vgl.: Soinne, RPC 1992, S. 326 (242)
[280] Vgl.: § 10 Nr. 1-3; § 109 ZVG für die Verfahrenskosten
[281] Siehe oben: 2. Teil, 2. 5. Ausführungen zum deutschen Recht

der Rang mehrerer Grundpfandrechte an einem Grundstück nach ihrem materiellen Rangverhältnis[282]. Sofern sich ein Überschuss aus dem Erlös des Grundstücks ergibt, ist dieser der Insolvenzmasse zuzuführen.

Auch im englischen Insolvenzrecht werden die Grundpfandrechte nicht in die vom Insolvency Act aufgestellte Rangfolge der Erlösverteilung einbezogen und somit unbehelligt von bevorrechtigten Konkursforderungen (*preferential debts*) befriedigt[283]. Somit bestimmt sich die Rangfolge untereinander nach den allgemeinen Vorschriften und erfährt durch das Insolvenzrecht keine Einschränkungen. Sofern der Grundpfandgläubiger im *winding-up* die Verwertung des belasteten Grundstücks dem Insolvenzverwalter überlässt, kann dieser von dem Erlös allein die im Hinblick auf die Verwertung des Grundstücks entstandenen Kosten vorrangig der Grundpfandrechte begleichen[284]. Ebenso sind im *bankruptcy*-Verfahren lediglich gewisse, im Zusammenhang mit dem Grundpfandrecht stehende Verwaltungs- und Feststellungskosten vorrangig aus dem Erlös des Grundstücks zu entrichten[285].

§ 11 Abs. 1 der österreichischen KO legt fest, dass Absonderungsrechte durch die Konkurseröffnung nicht berührt werden. Da die Grundstücke, an denen ein Grundpfand besteht, grundsätzlich zur Konkursmasse gehören, bilden diese im Konkurs eine sog. Sondermasse[286]. Die Grundpfandgläubiger schließen, soweit ihre Forderungen reichen, die gewöhnlichen Konkursgläubiger von Zahlungen aus dieser Sondermasse aus. Vorrangig der Grundpfandrechte werden aus dem Erlös nur bestimmte Verfahrenskosten befriedigt[287]. Die Rangfolge unter mehreren Grundpfandgläubigern bestimmt sich nach der allgemein geltenden Rangfolge[288]. Bleibt nach Befriedigung der bevorrechtigten Grundpfandgläubiger noch ein Erlös übrig, so kommt dieser der gemeinschaftlichen Konkursmasse zugute[289].

Zwar kann der Grundpfandgläubiger, wie bereits dargestellt, im schweizerischen Konkursverfahren nicht mehr gesondert von diesem zur Verwertung des Grundstücks schreiten, seine rechtliche Position ist jedoch insoweit gesichert, als der Erlös des Grundstücks zunächst ausschließlich dem Grundpfandgläubiger zu-

---

[282] Vgl.: § 11 ZVG i. V. m. § 879 Abs. 1 BGB
[283] Vgl.: Snaith, Rz. 19.01; Fletcher, S. 607; Milman/Durrant, S. 73
[284] Vgl.: Gore-Browne, § 34. 20, S. 34.091; Snaith, Rz. 19.11; Re Regents Canal Ironwork Co (1876) 3 Ch. D. 411 (427)
[285] Vgl.: Rs. 6. 199, 6.197 IR
[286] Vgl.: § 48 Abs. 1 KO; Chalupsky/Ennöckl/Holzapfel, Handbuch, S. 83
[287] Holzhammer, S. 64
[288] Vgl.: Bartsch/Heil, Rz. 208
[289] Vgl.: § 48 Abs. 2 KO

steht, d.h. hat die Verwertung des Grundstücks durch die Konkursverwaltung stattgefunden, so werden aus dem Erlös vorrangig die Grundpfandrechte befriedigt[290]. Bestehen mehrere Pfandrechte an einem Grundstück, so erfolgt die Befriedigung eines zeitlich später entstandenen Pfandrechts erst nach vollständiger Befriedigung des diesem vorgehenden Grundpfandes[291]. Kommt den Grundpfandgläubigern aus dem Verwertungserlös keine vollständige Befriedigung zu, so werden sie mit der Restforderung gemäß der festgelegten Rangfolge in der letzten Klasse gemeinsam mit den gewöhnlichen Gläubigern befriedigt[292]. Verbleibt nach vollständiger Befriedigung aller Grundpfandgläubiger ein Erlös, geht dieser an die Konkursmasse[293].

Einen anderen Ansatz wählt demgegenüber das französische Recht. Beschließt das Gericht mangels Sanierungschancen die Liquidation des Unternehmens[294], bei der es zur Verwertung des Grundstücks kommt, so werden die Grundpfandgläubiger nach dem Rang ihrer Sicherheit befriedigt. Die hierfür geltende Rangfolge ergibt sich aus dem Zusammenwirken der Regeln des Code civil und speziellen Vorschriften des Insolvenzverfahrens. Danach sind vor den Grundpfandrechten aus dem Erlös zunächst einige Privilegien zu befriedigen. An erster Stelle steht das Arbeitnehmer-Superprivileg, für Gehaltsforderungen der letzten 60 Tage vor Eröffnung des Verfahrens[295]. Anschließend folgt das Immobiliargeneralprivileg der Rechtsverfolgungskosten (*frais de justice*)[296]. An dritter Stelle kommt sodann das allgemeine Arbeitnehmerprivileg, welches Lohnforderungen für die letzten sechs Monate erfasst[297]. Ebenfalls vorrangig an vierter Stelle ist schließlich das Generalprivileg der Ansprüche von Urhebern, Autoren und Komponisten zu befriedigen[298].

Neben den aufgezählten Generalprivilegien können den Hypotheken auch noch bestimmte Spezialprivilegien vorgehen, sofern diese ordnungsgemäß eingetra-

---

290 Vgl.: Art. 219 Abs. 1 SchKG

291 Vgl.: Art. 219 Abs. 3 SchKG i. V. m. Art. 813 ff.; 972 ZGB; SchKG-Peter, Art. 219 Rz. 17, 20

292 Vgl.: Art. 219 Abs. 4; dabei ist zu beachten, dass dies nur für Grundpfandverschreibung und Schuldbrief gilt, da gemäß Art. 847 ZGB für die Gült eine reine Sachhaftung vorgesehen ist, vgl.: Fritsche/Walder-Bohner, II. § 43, Rz. 4

293 Vgl.: Gilliéron, § 13 C

294 Vgl.: Art. 1 Abs. 3; 8 Abs. 1 S. 2; Art. 69 L 85

295 Vgl.: Art. L. 143-10; L. 143-11; L.742-6; L. 751-15 Code du travail

296 Vgl.: Art. 2104 Nr. 1 Cciv.; Art. 40, 166 L 85

297 Vgl.: Art. 2101 Nr. 4, 2 Cciv.

298 Vgl.: Art. 58 Loi n° 57-298 v. 11. 03. 1957 sur la propriété littéraire et artistique, i. V. m. 2104 Cciv.

gen sind[299]. Bis zur Reform von 1994 waren schließlich auch noch die sog. Neugläubiger vor den Grundpfandrechten zu befriedigen, deren Forderungen nach Eröffnung des Verfahrens entstanden waren. Dieser in Art. 40 L 85 a. F festgelegte Vorrang wurde jedoch für die Liquidation wieder abgeschafft, da eine Bevorzugung der Neugläubiger im Falle des Scheiterns der Sanierung nicht weiter gerechtfertigt erschien[300].

Im geltenden spanischen Recht werden die Grundpfandgläubiger vor den Generalprivilegien und den gewöhnlichen Konkursgläubigern aus dem Erlös des Grundstückes befriedigt[301]. Allerdings ist zu beachten, dass im Laufe der Zeit in Spezialgesetzen Privilegien entstanden sind, die, anders als die gewöhnlichen Generalprivilegien, auch den Grundpfandrechten vorgehen[302]. Es handelt sich hierbei um Gehaltsforderungen von Arbeitern für die letzten 30 Arbeitstage, Geldforderungen aus Abtretungen eines Nutzungsrechtes an Urheberrechten und bestimmte Forderungen der Eigentümergemeinschaft hinsichtlich Wohnungseigentums[303].

Im Privatkonkurs gehen den Grundpfandrechten bestimmte Steuerforderungen des Staates bezüglich des Grundstücks und die Versicherungsforderungen für Prämien der letzten zwei Jahre vor[304]. Bestehen an einem Grundstück mehrere Grundpfandrechte, entscheidet auch hier das jeweilige Eintragungsdatum über den Vorrang[305].

Während die PALC auch noch das Superprivileg für Gehaltsforderungen der letzten drei Monate vorsah, welches auch den Grundpfandrechten als Spezial-

[299] Zu beachten ist, dass die Eintragung nicht den Rang festlegt, so dass ein fristgerecht eingetragenes Spezialprivileg, auch bei einem späteren Eintrag einer Hypothek noch vorgehen kann, vgl.: Ferid/Sonnenberger, II. 3 D 413

[300] Vgl.: Art. 40 Abs. 2 L 85; auch bei einer fehlgeschlagenen Sanierung, welche in einer Liquidation endet, verlieren die Neugläubiger ihre privilegierte Stellung, Soinne, Rz. 1161. Ausführlich zu dieser Neuregelung und ihren Auswirkungen auf die gesicherten Gläubiger: Derrida/Sortais, D. chron. 1994, S. 267 (282 f.); Cabrillac/Petel, D. chron. 1994, S. 243 (244 f.); Mestre/Putman/Billan, Rz. 610 ff.; Bouaziz Torron/Amiguez, DPCI 1995, S. 65 f.

[301] Vgl. Art. 914, i. V. m. 912 Ccom. Das gleiche gilt im Privatkonkurs, vgl.: Art. 1924 CC.; Puig Brutau, S. 499; Diez-Picazo, Instituciones 18 IV D

[302] Vgl.: Beltrán Sanchez, Tratado, S. 257 (260); Soto Vázquez, S.77

[303] Vgl.: Art. 32 I, II Estatuto de los Trabajadores; Art. 54 Ley de la Propiedad Intelectual; Art. 9 I quinta. II Ley de la Propiedad Horizontal

[304] Vgl.: Art. 1923 Nr. 1, 2 CC

[305] Vgl.: Art. 916 Ccom.; Art. 1927 Nr. 2 CC

privilegien vorging[306], ist dies in den Gesetzesentwürfen von 2000 und 2001 und auch im neuen Insolvenzgesetz von 2003 nicht mehr vorgesehen[307].

2. 8. Fazit

Bei rechtsvergleichender Betrachtung der dargestellten Einschränkungen finden sich zwei gegensätzliche Grundpositionen mit unterschiedlicher Eingriffsintensität. Überwiegend bleibt für die Grundpfandgläubiger die nach allgemein zivilrechtlichen Prinzipien (Prioritätsprinzip) zustande gekommene Rangfolge ohne größere Modifikationen auf Kosten der Grundpfandgläubiger auch in der Liquidation erhalten, so dass aus dem Erlös regelmäßig nur die Verfahrens- bzw. Verwertungskosten vorrangig zu befriedigen sind.

Demgegenüber nehmen das französische und das geltende spanische Recht, ebenso wie es auch noch der spanische Reformvorschlag von 1995 vorsah, Veränderungen in der Rangfolge zu Lasten der Grundpfandrechte vor, indem sie gewisse (Super)-Privilegien, wie z. B. für Gehaltsforderungen der Arbeitnehmer, den Grundpfandrechten im Rang vorgehen lassen. Hierbei handelt es sich um Regeln, die sich direkt auf die Bestandskraft der Grundpfandrechte in der Insolvenz und somit auf ihr wichtigstes Wesensmerkmal als Kreditsicherheit auswirken.

Nicht eindeutig einer der beiden Positionen lässt sich das deutsche Recht zuordnen. Zwar stellt der vorrangig zu befriedigende pauschale Kostenbeitrag eine insolvenzspezifische Modifikation der Rangordnung dar, diese steht jedoch im engen Zusammenhang mit den belasteten Grundstücken selbst und kommt nicht wie die Superprivilegien im französischen oder spanischen Recht einer anderen Gläubigergruppe zugute.

2. 9. Auswirkungen von Sanierungs- oder Vergleichsverfahren

Einschränkungen der Grundpfandrechte können sich auch durch Vergleichsverträge oder Sanierungspläne ergeben, wenn etwa eine Einbeziehung der Grundpfandgläubiger gegen ihren Willen erfolgt und sie in gleicher Weise wie die gewöhnlichen Insolvenzgläubiger von den im Plan vorgesehenen Stundungen oder Kürzungen betroffen werden.

---

[306] Vgl.: Art. 195 Abs. 2 PALC

[307] Vgl.: Art. 83; 89; 90 i. V. m. 153 Abs. 3; 154; 155 AC 2000; Art. 83; 89; 90 i. V. m. 153 Abs. 3; 154; 155 AC 2001; Art. 84; 90; 91 i. V. m. 154 Abs. 3; 155; 165 LC 2003. Art. 89 Abs. 2 S. 2 LC 2003 legt ausdrücklich fest, dass kein Privileg außerhalb des Insolvenzgesetzes im Verfahren zugelassen wird.

Das englische Recht ordnet sowohl für das CVA als auch für das IVA ausdrücklich an, dass der Vergleichsvorschlag keine Eingriffe in die Rechte der gesicherten Gläubiger enthalten darf, sofern die betroffenen Gläubiger nicht zustimmen[308]. Somit kann es grundsätzlich nicht gegen den Willen der Grundpfandgläubiger zu deren Einbeziehung in den Vergleichsvorschlag kommen[309]. Unklar bleibt jedoch nach den englischen Vorschriften, ob die Grundpfandgläubiger mit ihrer Ausfallforderung am Vergleich teilnehmen und diesbezüglich zur Abstimmung berechtigt sind[310]. Der Wortlaut der einschlägigen Regelungen steht dem jedenfalls nicht entgegen und auch in der Rechtsprechung wurde die Stimme eines gesicherten Gläubigers im Bezug auf die Ausfallforderung zugelassen[311].

In ähnlicher Weise werden die Grundpfandrechte auch im österreichischen Insolvenzrecht nicht durch einen Ausgleichsvorschlag berührt, was ebenso für den Zwangsausgleich gilt[312]. Allerdings sieht das Gesetz es hier ausdrücklich vor, dass die Grundpfandgläubiger mit ihrer Ausfallforderung am Ausgleichsverfahren teilnehmen, wobei sie dann, sofern der tatsächliche Ausfall noch nicht feststeht, mit ihrem voraussichtlichen Ausfall zu berücksichtigen sind[313]. Im Zwangsausgleich sind die Grundpfandgläubiger dagegen grundsätzlich mit der gesamten Forderung, vorbehaltlich der Rückzahlung eines erhaltenen Mehrbetrages, zu berücksichtigen[314].

Der schweizerische ordentliche Nachlassvertrag entfaltet verbindliche Geltung nur für nichtprivilegierte und ungesicherte Gläubiger, d. h. für die gewöhnlichen Konkursgläubiger der letzten Klasse, deren Forderungen vor Bekanntmachung der Stundung oder danach ohne die Zustimmung des Sachwalters entstanden sind[315]. Grundpfandgläubiger werden durch den Nachlassvertrag in Höhe der durch das Pfand gedeckten Forderung nicht berührt, hinsichtlich der Ausfallfor-

---

308 Vgl.: Zum CVA sec. 4 (3) IA 1986; Schedule 1A 31. (4) IA 2000, der diesbezüglich keine Änderung vorsieht; sec. 258 (4) IA 1986 für das IVA; Fletcher, S. 51

309 Kommt es dennoch im Einzelfall zu einem Eingriff durch den Vergleich, ohne dass der Grundpfandgläubiger zugestimmt hat, so kann dieser den Vergleichsbeschluss aufgrund materieller Unregelmäßigkeit anfechten, vgl.: Ss. 6 (1) (b); 262 (1) (b) IA 1986; Brown, Rz. 14. 6 mit Hinweis auf Rechtsprechung.

310 Vgl.: Gore-Brown, § 31. 29, S. 31. 0055 f.

311 Vgl.: R. 1. 19 Abs. 3 b; 5. 18. Abs. 3 b; Grier/Floyd, Rz. 5. 57; Calor Gas Ltd. v. Piercy (1994) BCC 69

312 Vgl.. § 46 Abs. 1 AO; § 149 Abs. 1 KO; Holzhammer, S. 250

313 Vgl.: § 46 Abs. 1 AO; § 132 Abs. 1 KO

314 Vgl.: § 132 Abs. 1 KO; zu dieser unterschiedlichen Behandlung, vgl.: Holzapfel, ecolex 1992, S. 153 f.

315 Vgl.: Art. 310 SchKG

derung sind sie jedoch den gewöhnlichen Gläubigern gleichgestellt[316]. Um die vorläufige Quote und das Stimmrecht der Grundpfandgläubiger bestimmen zu können, hat der Sachwalter den Pfanderlös zu schätzen, um so den theoretischen Pfandausfall zu errechnen. Hierfür ist der Verkehrswert des Grundstücks im Zeitpunkt der Schätzung maßgeblich[317]. Hat der Gläubiger schon vor der Verwertung des Grundstücks eine Nachlassquote im Hinblick auf die voraussichtliche Ausfallforderung erhalten und ergibt sich später, dass der tatsächliche Ausfall geringer war, so besteht eine Rückerstattungspflicht für den Gläubiger in der Höhe, in welcher Verwertungserlös und die ausgezahlte Nachlassquote die ursprüngliche Forderung übersteigen[318].

Kommt es jedoch zu einem Nachlassvertrag mit Vermögensabtretung, kann eine Abtretung des Vermögens an einen Dritten unter Umständen tiefgreifendere Auswirkungen auf die Grundpfandrechte hervorrufen, als wenn das Vermögen den Gläubigern zur Liquidation abgetreten wurde. So wird im letzteren Fall bei einem freihändigen Verkauf der belasteten Grundstücke grundsätzlich die Zustimmung jener Grundpfandgläubiger vorausgesetzt, deren Forderungen durch den Verkaufserlös nicht gedeckt werden[319]. Aus der gesetzlichen Formulierung wird im Umkehrschluss gefolgert, dass die Grundpfandgläubiger bei der Abtretung an einen Dritten, auch wenn der Verkaufserlös nicht ihre Forderung deckt, ihr Recht auf Durchführung einer öffentlichen Zwangsversteigerung verlieren[320]. Aus dem Gesetz geht nicht eindeutig hervor, ob ungedeckte Grundpfandforderungen einer Abtretung an einen Dritten entgegenstehen. Die Rechtsprechung hat sich dazu bislang noch nicht geäußert, in der Literatur werden hierfür zwei Auslegungsmöglichkeiten vorgeschlagen[321]. Da in einem solchen Fall Sinn und Zweck darin liege, die Fortführung des Unternehmens durch seine Übertragung als Ganzes zu fördern, könnte die gesetzliche Regelung so zu verstehen sein, dass der Kaufvertrag zur Ablösung auch der nicht gedeckten Grundpfandforderungen führt. Da dies jedoch zu einer stärkeren Benachteiligung der Grundpfandgläubiger führen würde, deren Grundstück in die Nachlassmasse fällt, wird vorgeschlagen, dass stattdessen die nicht gedeckten Grundpfandrechte an den Dritten überbunden werden. Ist dies aufgrund einer zu hohen Belastung des Grundstücks nicht möglich, so ist dieser Auffassung zufolge keine direkte Ab-

[316] Vgl.: Hunkeler, S. 17 Rz. 63
[317] Vgl.: BGE 107 III 41; BGE 49 III, 110; Art. 299 SchKG. Die Schätzung kann von den betroffenen Gläubigern angefochten werden, vgl. Bünzli, S. 161
[318] Vgl.: SchKG-Hardmeier, Art. 310 Rz. 10; BGE 61 III 200
[319] Vgl.: Art. 323 SchKG
[320] Vgl.: SchKG-Winkelmann u. a. Art. 322 Rz. 7, Art. 323 Rz. 5
[321] Vgl.: SchKG-Winkelmann u. a. Art. 323 Rz. 6

tretung an den Dritten möglich. Das Grundstück muss vielmehr separat durch die Liquidatoren verwertet werden.

Das geltende spanische Recht sieht sowohl im Zwangsvergleich als auch im Vergleichsverfahren (*suspensión de pagos*) keine Möglichkeit vor, die Grundpfandgläubiger gegen ihren Willen in den Vergleichsvertrag mit einzubeziehen[322]. Es steht ihnen jedoch frei, sich am Vergleichsverfahren zu beteiligen. In diesem Fall sind sie den übrigen Vergleichsgläubigern gleichgestellt und müssen dann aber auf ihre Sicherheit verzichten. Nicht eindeutig ergibt sich aus dem Wortlaut des Gesetzes, ob die Grundpfandgläubiger auch nur mit der Ausfallforderung am Vergleichsverfahren teilnehmen können. Während Art. 919 Ccom. dies im Fall der Liquidation ausdrücklich vorsieht, fehlt eine entsprechende Regelung für den Zwangsvergleich und das Vergleichsverfahren.

In dieser Hinsicht sehen auch die Reformvorschläge und das neue Insolvenzgesetz LC 2003 keine Veränderung vor. Vielmehr soll es auch im künftigen Insolvenzrecht den Grundpfandgläubigern freigestellt bleiben, ob und in welchem Umfang sie am Vergleich teilnehmen wollen[323].

Einen etwas anderen Ansatzpunkt wählt die deutsche InsO: Nach dieser besteht grundsätzlich die Möglichkeit, die absonderungsberechtigten Grundpfandgläubiger, im Einzelfall auch gegen ihren Willen, in den Insolvenzplan mit einzubeziehen[324]. Dies muss jedoch ausdrücklich erfolgen, enthält der Plan keine entsprechenden Angaben, so bleiben die Grundpfandrechte im Zweifel unberührt.

Sollen die Grundpfandrechte in den Plan integriert werden, so ist in dessen gestaltendem Teil aufzuführen, welche Eingriffe im Bezug auf die Grundpfand-

---

[322] Vgl.: Art. 900 Ccom. für den Zwangsvergleich im Konkurs der Kaufleute; Art. 1927 i. V. m. Art. 1923 Nr. 3 CC für den Privatkonkurs; Art. 15 Abs. 3 LSP; Mascarell Navarro, S. 122 f.

[323] Während sich dies aus Art. 172 PALC, der den subjektiven Geltungsbereich des Vergleichs festlegt, nur im Umkehrschluss ableiten lässt, weil er die Grundpfandgläubiger nicht ausdrücklich aufführt, enthalten Art. 133 i. V. m. 122 AC 2000; Art. 133 i. V. m. 122 AC 2001; Art. 123 i. V. m. 134 LC 2003 diesbezüglich eine ausdrückliche Regelung.

[324] Vgl.: §§ 223; 217 InsO, welche eine Veränderung gegenüber dem früheren Recht darstellt, §§ 27 VerglO; 173 dKO; § 16 Abs. 3 GesO. Dementsprechend sah der Kommissionsvorschlag eine Beteiligung der Grundpfandgläubiger am Sanierungsverfahren noch nicht vor, was in der Literatur stark kritisiert wurde, vgl.: Drobnig, ZGR 1986, S. 252 (S. 264, S. 269 f., S. 274); Paulus, ZIP 1985, S. 1449 (1459 f.); schon früher zu diesem Problem, Stürner, ZIP 1982, S. 761 (768); Dorndorf/Frank, ZIP 1985, S. 65 (69 f.)

rechte vorgesehen sind[325]. Dabei hat der Planinitiator ein großes Maß an Freiheit, wie er die Eingriffe in die Sicherheiten ausgestaltet, solange den Grundpfandgläubigern der Liquidationswert ihrer Sicherheiten gewährleistet wird[326].

Der Insolvenzplan kann beispielsweise vorsehen, dass die Verwertung des Grundstücks auf bestimmte Zeit hinausgeschoben wird. Ist der Grundpfandgläubiger gleichzeitig Inhaber der persönlichen Forderung gegen den Schuldner, kann ein gänzlicher oder teilweiser Verzicht auf die Forderung vorgesehen werden[327]. Außerdem kann der Plan auch einen Verzicht auf das Absonderungsrecht selbst enthalten. Eine andere Möglichkeit besteht darin, die Sicherheiten gegen die Stellung einer Ersatzsicherheit auszutauschen, oder aber die Umwandlung von Fremdkapital in Eigenkapital, was insbesondere bei der Fortführung des Unternehmens vorteilhaft sein kann[328].

Damit die Grundpfandgläubiger erkennen können, ob ihnen durch den Insolvenzplan tatsächlich eine bessere oder zumindest dieselbe Befriedigungschance wie bei einer Verwertung des Grundstücks ohne Plan gewährleistet wird, muss der darstellende Teil des Planes eine Vergleichsrechnung enthalten, in welcher die Befriedigungsquote bei Durchführung des Planverfahrens dem Schätzwert bei einer Verwertung ohne Insolvenzplan gegenüberzustellen ist[329].

An der Abstimmung über den Plan können die Grundpfandgläubiger, sofern der Gemeinschuldner ihnen auch persönlich haftet, sowohl in der Gruppe der Insolvenzgläubiger als auch in der Gruppe der Absonderungsgläubiger teilnehmen[330].

Wird der von den Gläubigern angenommene Plan rechtskräftig, so ersetzt der Plan bei Eingriffen in die Grundpfandrechte jedoch nur die für die Änderung, Aufhebung oder Übertragung notwendigen Willenserklärungen[331]. Sofern weitere Rechtshandlungen, wie beispielsweise eine Eintragung in das Grundbuch bei einer Löschung oder Herabsetzung einer Grundschuld vorausgesetzt sind, müs-

[325] Vgl.: § 223 Abs. 2; zu dessen klarstellender Funktion, vgl.: Flessner, in: HK-InsO, § 223 Rz. 2, 5, 6
[326] Vgl.: BT-Drs. 12/2443, S. 200 f.
[327] Dies setzt jedoch eine nicht vollständig durch das Grundpfand gedeckte Forderung voraus, da sonst der Liquidationswert nicht gewahrt würde.
[328] Vgl.: Hierzu Beispiel bei Kübler/Prütting/Otte, InsO, § 223 Rz. 10. Zu weiteren Gestaltungsmöglichkeiten, vgl.: Flessner, in: HK-InsO, § 223 Rz. 4
[329] Vgl.: § 220 Abs. 2 InsO; Hess/Obermüller, Insolvenzplan, Rz. 72; Flessner, in: HK-InsO, § 220 Rz. 4; Burger/Schellberg, DB 1994, S. 1833 (1834)
[330] Vgl.: Obermüller, WM 1998, S. 483 (487)
[331] Vgl.: § 254 Abs. 1 InsO

sen diese vorgenommen werden und können nicht durch den Plan ersetzt werden[332].

Dass im deutschen Insolvenzrecht, anders als in den oben dargestellten Rechtsordnungen, eine Einbeziehung der Grundpfandgläubiger in den Plan auch gegen deren Willen erfolgen kann, ergibt sich insbesondere aus dem sog. Obstruktionsverbot [333]. Erhält der Insolvenzplan in einer oder in mehreren Abstimmungsgruppen nicht die erforderliche Mehrheit, so eröffnet § 245 InsO unter bestimmten Voraussetzungen die Möglichkeit einer Zustimmungsfiktion. Die Regelung findet Anwendung, wenn sich die Zustimmungsverweigerung als ein Missbrauch (Obstruktion) darstellt, weil die widersprechenden Gläubiger durch den Plan weder schlechter gestellt noch unangemessen beteiligt werden. Der Regelung liegt folgendes Prinzip zugrunde: Grundsätzlich soll der Plan der bestmöglichen Haftungsverwirklichung dienen. Deshalb ist ein Insolvenzplan nur dann der gesetzlichen Insolvenzabwicklung überlegen, wenn er für die Gläubiger eine besseren bzw. zumindest aber keinen geringeren als den Liquidationswert garantiert. Daher müssen die Gläubiger eine Schlechterstellung nicht dulden und können in einem solchen Fall ihre Zustimmung versagen. Wird jedoch die Ablehnung eines Plans aus taktischen Gründen gleichsam zur Blockade eingesetzt, so greift das Obstruktionsverbot mit seiner Zustimmungsfiktion und schränkt auf diese Weise die Gläubigerautonomie zugunsten einer effektiven Plandurchsetzung ein.

Die gesamte Regelung ist aus mehreren Gründen stark kritisiert worden[334], insbesondere dabei das in § 245 Abs. 1 Nr. 1 InsO enthaltene Kriterium der Schlechterstellung[335], da sich das Gericht hierfür allein auf wirtschaftliche Prognosen stützen könne. Es müsse den hypothetisch zu erwartenden Erlös bei Zerschlagung des Unternehmens mit dem Wert vergleichen, welcher den Sicherheiten in der durch den Plan veränderten Gestalt bei Fortführung des Unternehmens zukommt. Das Gericht habe es dabei, statt wie gewohnt mit gegebenen Tatsachen der Gegenwart oder Vergangenheit, mit den Unsicherheiten einer wirtschaftlichen Prognoseentscheidung[336] zu tun, was im Hinblick auf die in der Regel fehlende betriebswirtschaftliche Qualifikation der Insolvenzrichter auf

---

[332] Vgl.: FK-InsO/Jaffé, § 254 Rz. 16; Hess/Obermüller, Insolvenzplan, Rz. 370

[333] Vgl.: § 245 InsO, welcher zwar keine ausschließlich die Grundpfandrechte betreffende Regelung enthält, sich jedoch auch für diese als Einschränkung auswirken kann. Die Darstellung dieser nicht unproblematischen Regelung kann im Rahmen dieser Untersuchung nur skizziert werden, ausführlicher hierzu: Smid/Rattunde, Insolvenzplan, Kap. 8, Rz. 505 ff.

[334] Vgl.: Hierzu die ausführliche Zusammenfassung bei Schiessler, S. 168 ff.

[335] Vgl.: Haarmeyer/Wutzke/Förster, Rz. 9.20

[336] Zu den im Gesetz enthaltenen Anhaltspunkten für die Vergleichsrechnung, vgl.: Flessner, in: HK-InsO, § 245 Rz. 10 ff.

erhebliche Schwierigkeiten stoßen kann. Die damit häufig notwendig werdende Bestellung betriebswirtschaftlicher Sachverständiger könnte zu Verzögerungen und zu erhöhten Kosten des Verfahrens führen[337]. Dieser durchaus berechtigten Kritik wird jedoch die mit dem Obstruktionsverbot verbundene verhaltenssteuernde Wirkung gegenübergestellt[338].

Schließlich kann es auch im Verbraucherinsolvenzverfahren zur Einbeziehung der Grundpfandrechte in den Schuldenbereinigungsplan und demzufolge auch zu Eingriffen gegen den Willen der Grundpfandgläubiger aufgrund von Mehrheitsentscheidungen kommen[339]. Die Abstimmung über den Schuldenbereinigungsplan erfolgt schriftlich, sofern keine fristgerechte Stellungnahme seitens der betroffenen Gläubiger eingeht, so gilt das Schweigen als Zustimmung[340]. Hat die Mehrheit der Gläubiger den Plan angenommen, so kann das Gericht die Verweigerung eines widersprechenden Gläubigers ersetzen, sofern dieser im Verhältnis zu den anderen Gläubigern angemessen beteiligt und durch den Schuldenbereinigungsplan nicht schlechter gestellt ist, als er bei Durchführung des Insolvenzverfahrens und Erteilung einer Restschuldbefreiung stünde[341]. Hierfür hat der Gläubiger zunächst die Gründe für eine Schlechterstellung glaubhaft zu machen, sodann muss das Gericht ermitteln, was der Gläubiger bei Verwertung des Schuldnervermögens im vereinfachten Insolvenzverfahren mit anschließender Restschuldbefreiung erhalten haben würde[342]. Eine angemessene Beteiligung liegt z. B. dann vor, wenn durch den Plan zwischen gesicherten und ungesicherten Gläubigern und dem wirtschaftlichen Wert der Sicherheit unterschieden wird[343].

Während die Einschränkungen, welche nach der deutsche InsO im Insolvenzplanverfahren möglich sind, darauf ausgerichtet sind, den wirtschaftlichen Wert des Grundpfandrechts unangetastet zu lassen, kann es im französischen Sanierungsverfahren auch zu Eingriffen in die Wertsubstanz kommen.

---

337 Vgl.: Schiessler, S. 171

338 Vgl.: Schiessler, S. 171; Kübler/Prütting/Otte, InsO, § 245 Rz. 63; da die Gläubiger mit der Anwendung des Obstruktionsverbotes rechnen müssten und es den Verhandlungsspielraum begrenze, würden sich die Gläubiger schon im Verhandlungs- und Abstimmungsverfahren kompromissbereiter zeigen.

339 Vgl.: § 305 Abs. 1 Nr. 4

340 Vgl.: § 307 InsO; Hess/Obermüller, Insolvenzplan, Rz. 965

341 Vgl.: § 309 Abs. 1 Nr. 2 InsO

342 Vgl.: § 309 Abs. 2 InsO; Landfermann, in: HK-InsO, § 309 Rz. 10, 12; Kübler/Prütting/Wenzel, InsO, § 309 Rz. 6 ff.

343 Vgl.: Obermüller, WM 1998, S. 483 (493)

Wird nach der Beobachtungsphase die Unternehmensfortsetzung beschlossen, hat der Gläubigervertreter zuvor die Gläubiger über die im Plan vorgesehenen Forderungskürzungen bzw. Aufschübe zu unterrichten und ihre Zustimmung einzuholen[344]. Die Antwort der Gläubiger hat innerhalb von 30 Tagen ab Zugang der Benachrichtigung zu erfolgen: Stimmt der Gläubiger einer Kürzung seiner Forderung zu, so kann das Gericht den Plan beschließen, die Zustimmung bindet insoweit den Gläubiger[345]. Verweigert der Gläubiger seine Zustimmung zu einer Forderungskürzung, so kann das Gericht sie nicht gegen seinen Willen durchsetzen[346]. Ähnlich wie im deutschen Verbraucherinsolvenzverfahren sieht auch das französische Recht eine Fiktion für den Fall vor, dass der Gläubiger innerhalb der 30-Tage-Frist nicht antwortet: Das Schweigen wird sodann als Zustimmung zu den Planvorschlägen gewertet, an die der Gläubiger gebunden ist[347].

Während der Fortführungsplan für die Gläubiger Forderungskürzungen nur bei ausdrücklicher oder fingierter Zustimmung des Gläubigers vorsehen kann, ist das Gericht berechtigt, Zahlungsaufschübe anzuordnen, deren Dauer es frei bestimmt und welche darüber hinaus die maximale Plandauer von 10 bzw. 15 Jahren für landwirtschaftliche Unternehmen überschreiten können[348]. Prinzipiell hat das Gericht allen Gläubigern gleiche Zahlungsfristen aufzuerlegen[349] Den Gläubigern wird jedoch ein Wahlrecht gewährt, durch das sie bei Annahme einer proportionalen Kürzung ihrer Forderung eine vorzeitige Zahlung erhalten können[350].

Wird ein Vermögensgegenstand nicht zur Fortführung des Unternehmens benötigt, kann der Plan auch dessen Veräußerung vorsehen[351]. Handelt es sich dabei um ein belastetes Grundstück, so können die Grundpfandgläubiger entweder vorzeitig ihrem Rang nach aus dem Verwertungserlös befriedigt werden, wobei

---

344 Vgl.: Art. 24 Abs. 1 S. 1 L 85

345 Vgl.: Art. 74 Abs. 1 S. 1 L 85, das Gericht hat jedoch die Möglichkeit, die akzeptierten Kürzungen und Fristen zugunsten des Gläubigers zu reduzieren.

346 Vgl.: Versailles, 5. 1. 1988, JCP 1988, 2, 21002 mit Anm. Martin-Serf, in welcher es jedoch um die Kürzung nichtprivilegierter Forderungen geht; Nancy 10. 6. 1987, RPC 1988, S. 316

347 Vgl.: Art. 24 Abs. 1 S. 2 L 85

348 Vgl.: Art. 74 Abs. 2 L 85; die erste Zahlung hat jedoch spätestens nach einem Jahr zu erfolgen. Vgl.: zur durchschnittlichen Dauer des Zahlungsaufschubes bei einzelnen Gerichten: Derrida/Godé/Sortais, Rz. 429, 436 Fn. 1881 mit weiterer Rechtsprechung

349 Vgl.: C A Versailles, v. 19. 5. 1988, D. 1988, S. 572; RJC 1988; 314 mit Anm. Gallet

350 Vgl.: Art. 75 Abs. 1 L 85; in diesem Fall dürfen die Zahlungsfristen nicht mehr die Plandauer überschreiten, Art. 75 Abs. 2 L 85

351 Vgl.: Art. 69 Abs. 2 L 85

sie sich unter Umständen eine Forderungskürzung gefallen lassen müssen[352], oder ihnen wird durch eine Anordnung des Gerichts eine Ersatzsicherheit zur Verfügung gestellt[353].

Ein beschlossener Sanierungsplan ist grundsätzlich für diejenigen Gläubiger bindend, deren Forderungen vor der Verfahrenseröffnung entstanden sind, unabhängig davon, ob sie Inhaber einer Sicherheit, eines Konkursprivilegs oder gewöhnliche Insolvenzgläubiger sind[354]. Somit ist den Grundpfandgläubigern eine Teilnahme am Sanierungsverfahren nicht freigestellt, vielmehr sind sie regelmäßig in den Sanierungsplan integriert und haben nur einen geringen Handlungsspielraum, um auf die Art der sie betreffenden Eingriffe einzuwirken.

Sieht der Sanierungsplan demgegenüber die Übertragung des Unternehmens vor, erlöschen die an einem Grundstück bestehenden Belastungen in der Regel durch die vollständige Zahlung des Erwerbspreises und das Befriedigungsrecht der Grundpfandgläubiger setzt sich an diesem fort. Nur im Falle einer Weiterveräußerung durch den Erwerber vor vollständiger Zahlung des Übernahmepreises bleibt das Verfolgungsrecht der Grundpfandgläubiger bestehen[355].

Eine weitere Ausnahme besteht zugunsten jener Grundpfandrechte, die Kredite sichern, die für die Finanzierung des belasteten Grundstücks gewährt wurden[356]. In einem solchen Fall erlöschen die Sicherheiten nicht, sondern gehen auf den Erwerber über, der sodann direkt an die Grundpfandgläubiger die nach dem Übergang fällig werdenden Raten zu bezahlen hat. Da hiervon die vor dem Übernahmezeitpunkt fällig gewordenen Raten nicht erfasst werden, ist überwiegend

[352] Das ist der Fall, wenn die Zahlung früher erfolgt als im Sanierungsplan vorgesehen, vgl.: Art. 78 Abs. 1, 2 L 85; auch hier sind vorrangig das Arbeitnehmersuperprivileg des Code du travail und die Forderungen der Neugläubiger gemäß Art. 40 Abs. 1 L 85 zu berücksichtigen. Das Wahlrecht aus Art. 75 L 85 können die Gläubiger in diesem Fall nicht ausüben, vgl.: Guyon, T 2, Rz. 1270

[353] Vgl.: Art. 78 Abs. 3 L 85; Derrida/Godé/Sortais, Rz. 539

[354] Vgl.: Art. 64 L 85 Ripert/Roblot, T 2 , Rz. 3177. Demgegenüber sind die Gläubiger von Forderungen, die erst nach Eröffnungsbeschluss entstanden sind, nicht durch den Planinhalt betroffen. Diese Forderungen werden i. d. R. nach ihrer Fälligkeit beglichen oder sofern dies nicht möglich ist, vorrangig aller anderen Forderungen mit Ausnahme des Superprivilegs der Arbeitnehmer befriedigt, Art. 40 Abs. 1 L 85

[355] Vgl.: Art. 93 Abs. 1, 2, 4 L 85; das Gericht legt einen Bruchteil des Erwerbspreises fest, der dann den Gläubigern gemäß ihrer Rangfolge zur Befriedigung dient, wobei auch hier der Vorrang der Neugläubiger gemäß Art. 40 Abs. 1 L 85 zu beachten ist. Zum Erlöschen und der Möglichkeit einer *radiation* der Grundpfandrechte in diesem Fall, vgl.: Chercheve, GP 1992, doctr. S. 109 ff.

[356] Vgl.: Art. 93 Abs. 3 L 85 n. F.

anerkannt, dass die Gläubiger mit diesem Teil der Forderung am Bruchteil des Erwerbspreises beteiligt bleiben[357].

2. 10. Fazit

Gegensätzliche Strukturen fallen bei einem Vergleich der Eingriffe auf, welche durch Insolvenzpläne oder Vergleichsverträge auf die Grundpfandrechte einwirken können.

Auf der einen Seite stehen die Rechtsordnungen, in denen eine Einbeziehung in den Insolvenzplan oder Vergleichsvorschlag nicht gegen den Willen der Grundpfandgläubiger erfolgen darf. Ohne ihre Zustimmung können sie somit von vorgesehenen Stundungen oder Kürzungen nicht betroffen werden, vielmehr bleiben sie berechtigt, wenn auch zum Teil eingeschränkt durch einen zeitweiligen Verwertungsstopp, sich durch Verwertung des Grundstücks unabhängig vom übrigen Verfahren zu befriedigen. Sie haben weiterhin regelmäßig das Recht, sei es unter Verzicht auf die Sicherheit, sei es nur mit der verbleibenden Ausfallforderung am Insolvenzplan- oder Vergleichsverfahren teilzunehmen. In diesem Fall sind sie den gewöhnlichen Insolvenzgläubigern gleichgestellt.

Auf der anderen Seite stehen die Rechtsordnungen, in denen eine Einbeziehung bzw. Eingriffe auch gegen den Willen der Grundpfandgläubiger möglich sind. Allerdings fällt innerhalb dieser Position eine unterschiedliche Intensität der Einbeziehung auf: So kann es im französischen Recht zu erheblichen Eingriffen in den Bestand der Grundpfandrechte kommen, beispielsweise weil bei einem Fortführungsplan Stundungen auch gegen den Willen der Grundpfandgläubiger durchsetzbar sind. Auch die übertragende Sanierung kann bei einem geringen Übernahmepreis zu sehr hohen Werteinbußen für die Grundpfandgläubiger führen.

Weniger stark wirken sich demgegenüber die Eingriffe des deutschen Rechts aus, welches somit eine Mittelstellung zwischen den beiden gegensätzlichen Standpunkten einnimmt, da eine Einbeziehung in den Insolvenzplan auch gegen den Willen der Grundpfandgläubiger zumindest dann erfolgen kann, wenn ihnen der Liquidationswert ihrer Sicherheit gewährleistet wird. Ungeachtet der möglichen praktischen Schwierigkeiten, die mit der Berechnung des potentiellen Liquidationswertes zusammenhängen, stellt die deutsche InsO durch diese Konstruktion ein Kompromiss dar zwischen dem Interesse an einer Unternehmens-

[357] Vgl.: Cabrillac/Petel, D. 1994, chron. S. 243 (249); die darauf hinweisen, dass sich eine Übernahme der Sicherheit durch den Erwerber auf die Höhe des Übernahmepreises insofern auswirkt, als der für das belastete Grundstück festgelegte Bruchteil entsprechend herabzusetzen ist.

fortführung und dem der gesicherten Gläubiger an einer möglichst vollständigen Befriedigung.

Eine gewisse Übereinstimmung des deutschen Rechts mit den Rechtsordnungen, deren Sanierungsverfahren Grundpfandrechte unberührt lassen, deutet sich aber bei einer ergebnisorientierten Betrachtung an.
Jedenfalls dann, wenn in den Vergleichsvorschlägen den Grundpfandgläubigern mindestens der Liquidationswert oder ein höherer Erlös ihrer Sicherheit garantiert ist und ihnen durch die Teilnahme auch sonst keine Schlechterstellung droht, werden diese sich regelmäßig freiwillig am Sanierungsverfahren beteiligen. Insofern ist es möglich, dass sich auf diese Weise gleiche Ergebnisse im deutschen Recht und in den sog. eingriffsfreien Rechtsordnungen ergeben. Dabei bleibt als Unterschied jedoch der im deutschen Recht aufgrund des Obstruktionsverbotes enthaltene Eingriff in die Gläubigerautonomie, demzufolge in diesem Fall eine Teilnahme auch erzwungen werden kann.

3. Teil: Die Stellung der Grundpfandrechte in der internationalen Insolvenz

1. Einführung

Das internationale Insolvenzrecht (IIR) ist von den gegensätzlichen Prinzipien der Universalität und der Territorialität geprägt, deren Wechselwirkung den meisten Problemen des IIR zugrunde liegt[1]. Während ein Insolvenzverfahren mit einem universellen Geltungsanspruch das gesamte Vermögen des Schuldners erfasst, gleichgültig, wo sich dieses befindet, erstreckt sich ein Verfahren, welches auf dem Territorialitätsprinzip beruht, allein auf das im Verfahrensstaat belegene Vermögen. Das Universalitätsprinzip fördert in erster Linie die Gläubigergleichbehandlung, mittels eines territorial begrenzten Insolvenzverfahrens wird es möglich, besonders schutzwürdige Interessen und Rechtsverhältnisse innerhalb des Verfahrensstaates zu wahren.

Auch bei der hier zu behandelnden Problematik der Grundpfandrechte in grenzüberschreitenden Insolvenzverfahren kommt der Gegensatz dieser Prinzipien zum Ausdruck. Bevor jedoch auf die Behandlung von Grundpfandrechten in grenzüberschreitenden Insolvenzen näher eingegangen wird, erfolgt zunächst ein Überblick über den Zustand des autonomen IIR der Rechtsordnungen.

1. 1. Deutschland

Vor Einführung der neuen InsO fanden sich lediglich fragmentarische Regelungen zu Teilfragen des IIR in §§ 237, 238 dKO und § 22 GesO, überwiegend wurden die Grundsätze des deutschen IIR von Rechtsprechung und Lehre fortentwickelt. So begründete dann auch der BGH in seiner berühmten Entscheidung[2] die Hinwendung zum Universalitätsprinzip, nachdem das deutsche IIR bis zu diesem Zeitpunkt von einem streng territorialistischen Verständnis des Konkurses geprägt war. Art. 102 EGInsO a. F., welcher statt der ursprünglich im Regierungsentwurf (RegE) vorgesehenen §§ 379-399 seit dem Inkrafttreten der InsO am 1. 1. 1999 als einzige Vorschrift das IIR regelte[3], stimmte inhaltlich überwiegend mit der bestehenden Rechtsprechung und § 22 GesO überein und legt somit die Universalität des Konkurses als Grundprinzip gesetzlich fest.

---

[1] Vgl.: Ausführlich zu diesen Grundprinzipien: Hanisch, LJZ 1982, S. 65 ff.; ders.: ZIP 1994, S. 1 (4); Flessner, in: FS Heinsius, S. 111 (112 f.); Calvo Caravaca, Cuadernos, S. 11 (20 ff.)

[2] Vgl.: BGHZ 95, 256 ff.; angedeutet in: BGHZ 68, 16 (18); 88, 147 (157); OLG Zweibrücken, IPRspr. 1989 Nr. 255; OLG Karlsruhe, RIW 1992, S. 940; dass. ZIP 1990, S. 665; BGH ZIP 1988, S. 1200; OLG Stuttgart, IPRax 1990, S. 233; BGH ZIP 1992, S. 781

[3] Vgl.: Bericht des Rechtsausschusses, BT-Drs. 12/7303, S. 117; Flessner, IPRax 1997, S. 1 (1 f.) Im Hinblick auf die Vorbereitungen des EUIÜ, dessen Regelungen man für Deutschland auch im Verhältnis zu Drittstaaten zu übernehmen gedachte, wurden alle 21 im RegE enthaltenen Paragraphen zum IIR gestrichen.

Schließlich fand sich auch in § 35 InsO ein indirekter Hinweis auf den universellen Geltungsanspruch der InsO.

In der Literatur wurde die Regelung des Art. 102 EGInsO a. F. für nicht ausreichend erachtet, um der komplexen Problematik von grenzüberschreitenden Insolvenzen gerecht zu werden, da zu viele Teilbereiche ungeregelt geblieben waren[4]. Mit den neuen §§ 335 ff. InsO ist
für Deutschland am 20. 3. 2003 erstmals eine detaillierte spezialgesetzliche Regelung zum IIR in Kraft getretenen.

1. 2. England[5]

Das englische IIR enthält aufgrund der im nationalen Insolvenzrecht traditionell bestehenden Trennung zwischen Individual- und Gesellschaftskonkurs auch jeweils getrennte Kollisionsregeln für den Individual- und Gesellschaftskonkurs. Vereinzelt finden sich Bestimmungen zum IIR im Insolvency Act von 1986, insbesondere sind dies die ss. 220- 229, sec. 265, sec. 426, daneben sind die meisten Regeln von der Rechtsprechung gebildet worden. Der neue Insolvency Act 2000 enthält eine Ermächtigung an den zuständigen Minister (*Secretary of State*), durch Ausführungsvorschriften und die dazu notwendigen Änderungen des Insolvenzrechtes das UNICITRAL-Modellgesetz in das englische Recht umzusetzen[6].

Das englische IIR tendiert zu einem universellen Verständnis des Konkurses. So geht es prinzipiell davon aus, dass das gesamte im In- und Ausland befindliche Vermögen durch die Eröffnung eines Konkursverfahrens erfasst wird. Es sieht aber auch die Möglichkeit der Gerichte vor, in bestimmten Fällen von einer Verfahrenseröffnung abzusehen, oder das Verfahren auf das in England und Wales befindliche Vermögen des Gemeinschuldners zu beschränken und ein sog. Hilfs- oder Sekundärverfahren durchzuführen[7].

---

[4] Vgl.: Lüer, in: Kölner Schrift zur InsO, S. 1218 Rz. 2; S. 1238 Rz. 49 f.; Leipold, in: FS Henckel, S. 533 (548*);* Flessner, EBLR 1999, S. 2; Prütting, ZIP 1996, S. 1277 (1279)

[5] Eine ausführliche Darstellung in deutscher Sprache zum englischen IIR, findet sich bei Florian, Das englische internationale Insolvenzrecht, Heidelberg, 1989

[6] Vgl.: Sec. 14 IA 2000; zu den UNICITRAL-Modellbestimmungen, vgl.: Wimmer, ZIP 1997, S. 2220 ff.; Herrmann, IBL 1996, S. 218 ff.

[7] Vgl.: Goode, Principles, S. 496

1. 3. Frankreich[8]

Das französische IIR ist nicht in Spezialgesetzen[9] geregelt; so finden sich insbesondere im Insolvenzgesetz vom 25. 1. 1985 (L 85) keine Kollisionsnormen für internationale Konkurse, ebenso wies das alte Insolvenzgesetz vom 13. 7. 1967 keine derartigen Regelungen auf. Durch Rechtsprechung und Lehre sind jedoch mit Hilfe der allgemeinen Vorschriften und Prinzipien des internationalen Privatrechts Regeln für die internationale Zuständigkeit der französischen Gerichte zum anwendbaren Recht und zur Anerkennung von Auslandskonkurse entwickelt worden.

Das französische IIR lässt sich nicht ausschließlich einem der Grundprinzipien von Universalität und Territorialität zuordnen, es wird überwiegend als Mischsystem (*système mixte*) bezeichnet, welches eine Kombination beider Prinzipien beinhaltet[10].

1. 4. Österreich

Das autonome österreichische IIR leitet sich von vereinzelten Normen der KO, AO und der EO ab, auf welche für die Anerkennung von ausländischen Konkursen verwiesen wird. Daneben kommen Vorschriften der Jurisdiktionsnormen bzw. des öIPRG zur Anwendung. Auf dem Gebiet des IIR hat Österreich mehrere bilaterale Staatsverträge[11] abgeschlossen, deren Sinn und Zweck besonders darin liegen, das IIR im Wege bilateraler Abkommen zu regeln (sog. Netz zweiseitiger Abkommen)[12].

Während vor der Reform durch das IRÄG von 1982 das österreichische IIR von einer eingeschränkten Universalität ausging, wonach der Konkurs sich auf das gesamte bewegliche und das im Inland gelegene unbewegliche Vermögen des

---

[8] Ausführliche Darstellungen in deutscher Sprache zum französischen IIR, finden sich bei Heyers, Das französische internationale Insolvenzrecht, Düsseldorf 1997; Theus Simoni, S. 215- 249

[9] Vgl.: Coviaux, JCL 10, Fasc. 3130, Rz. 4; Witz/Zierau, RIW 1989, S. 929. Lediglich Art. 1 Décret n° 85-1388 v. 27. 12. 1985 enthält eine Regelung zur internationalen Zuständigkeit.

[10] Vgl.: Mayer, Rz. 659; Soinne, Rz. 347; Reméry, D. 1988, S. 565 Anm. zu Cass. com. v. 19. 1. 1988

[11] Dies sind u. a. die Staatsverträge mit dem Königreich Belgien vom 16. 7. 1969; der Bundesrepublik Deutschland vom 25. 5. 1979; der Französischen Republik vom 27. 2. 1979; der italienischen Republik vom 12. 7. 1977; daneben gibt es ein allgemeines Anerkennungs- und Vollstreckungsabkommen mit dem Vereinigten Königreich und Nordirland vom 14. 7. 1961, das auch konkursrechtliche Probleme mit regelt. Eine Zusammenstellung der wichtigsten Staatsverträge findet sich bei: Wiesbauer, Internationales Insolvenzrecht, Wien 1986

[12] Vgl.: Loewe, in: Jelinek, Insolvenz- und Wirtschaftsstrafrecht, S. 15 (20); Wiesbauer, RZ 1983, S. 266; kritisch hierzu: Hanisch, ZZP 101 (1988), S. 353 (355 f.)

Gemeinschuldners erstreckte[13], ist der Geltungsanspruch in der neuen Gesetzesfassung nicht klar zum Ausdruck gekommen und wird daher von Literatur und Rechtsprechung unterschiedlich interpretiert. Durch das IRÄG wurden die §§ 66, 67 KO a. F. ersatzlos gestrichen und dafür in den §§ 180 KO, 78 AO, die auf §§ 79-82, 84 EO verweisen, die Voraussetzungen für die Anerkennung ausländischer Konkurse geregelt, § 1 KO blieb jedoch unverändert bestehen[14]. Zum Teil wird in der Literatur daher vertreten, durch die Neuregelung habe sich das österreichische IIR der Territorialität zugewandt[15]. Als Begründung hierfür wird auf § 1 KO abgestellt, der vom „gesamten der Exekution unterworfene Vermögen" spricht. Der Exekution unterworfen sei allein das inländische Vermögen. Weiterhin deuteten auch die Materialien[16] bzw. der darin zum Ausdruck kommende Wille des Gesetzgebers auf eine territoriale Begrenzung des Konkurses hin. Es finden sich jedoch auch Meinungen, die in dem geänderten Rechtszustand eine Hinwendung zum universalen Geltungswillen sehen[17], da mit der Streichung der §§ 66, 67 KO a. F. nunmehr die Begrenzungen der in § 1 KO zum Ausdruck kommenden Universalität weggefallen seien. Weiterhin sei aus den Materialien nicht klar ersichtlich, ob der Gesetzgeber neben der Anpassung der Gesetzesfassung an den bestehenden Rechtszustand tatsächlich eine universelle Geltung habe beseitigen wollen. Dazu sei zumindest die Einschränkung von § 1 KO, der laut Materialien vom Universalitätsgrundsatz ausgeht, notwendig gewesen[18]. Schließlich nimmt auch die Rechtsprechung keine eindeutige Position ein, so wird teilweise eine universelle Geltung nicht in Frage gestellt[19], in einer anderen Entscheidung[20] wird jedoch von der Beschränkung des inländischen Insolvenz-

---

[13] Vgl.: §§ 1, i. V. m. 66, 67 KO a. F.; Wiesbauer, ZIP 1982, S. 1285 (1287)

[14] Vgl.: BGBl 1982/ Nr. 370

[15] Vgl.: Matscher, JBl 1983, S. 505 (506, Fn. 8); Schumacher, RdW 1991, 36 (37) der daher eine Rechtsfortbildung zur Universalität durch den OGH für notwendig erachtet; ders. in: ZZP 103 (1990), S. 418 (463); Aderhold, S. 170; Holzhammer, S. 12, S. 123

[16] Vgl.: Ausschnitt der Materialien zitiert mit Fundstelle bei Keppelmüller, S. 36 Rz. 54; Schumacher, RdW 1991, S. 36 (37). Mit der Beseitigung der §§ 66, 67 KO habe man die Gesetzeslage der damals bestehenden insolvenzrechtlichen Situation, in welcher es mangels Vorliegens der Gegenseitigkeit weder zum Einbezug ausländischen Vermögens noch zur Auslieferung inländischen Vermögens gekommen sei, angleichen wollen.

[17] Vgl.: Keppelmüller, S. 35 ff. Rz. 52 ff.; Boll, S. 5 f., 35; Leitner, S. 184 f., S. 204 f.; Wiesbauer, Internationales Insolvenzrecht, Anm. 1 zu § 1 KO; Schoibl in: Schumacher/Gruber, S. 301 (312 f.)

[18] Ausführlich dargelegt bei: Keppelmüller, S. 36 ff. Rz. 54 ff.

[19] Nur sehr unklar diesbezüglich, vgl.: OGH RdW 1994, S. 247; auch die Entscheidung OGH EvBl 152= ÖJZ 1988, S. 761 gibt nur einen schwachen Hinweis, da sie davon spricht, dass *auch* in der BRD die Ansicht vorherrsche, im Ausland belegenes Vermögen des Gemeinschuldners zähle nur dann zur Konkursmasse, wenn es „einer Zwangsvollsteckung" unterliege. Ein vager Rückschluss auf das österreichische Recht lässt sich somit aus dem Wort *auch* und dem Hinweis auf die Zwangsvollstreckung (vgl.: § 1 KO) entnehmen.

[20] Vgl.: OGH IPRE 3/5

verfahrens auf das Inlandsvermögen ausgegangen, soweit nicht ein Staatsvertrag besteht.

Im Ergebnis ist daher festzuhalten, dass die Rechtslage in Bezug auf eine universelle Geltung des österreichischen Konkurses offen ist[21]. Darüber hinaus bewirkt ein territoriales Verständnis des österreichischen Konkurses Unstimmigkeiten innerhalb der gesetzlichen Regelungen, indem § 180 KO i. V. m. §§ 79 ff. EO für die Anerkennung des Auslandskonkurses die Gegenseitigkeit voraussetzt. Dieses Erfordernis wird bedeutungslos, wenn der österreichische Konkurs selbst gar keine universelle Wirkung beansprucht[22]. Schließlich verhindert ein streng territorialer Geltungswille die Verwirklichung der Gläubigergleichbehandlung im eigenen Insolvenzverfahren, da einer Einzelzwangsvollstreckung der Gläubiger ins ausländische Schuldnervermögen nicht einmal der österreichische Konkurs entgegenstünde[23].

Für die später folgende Darstellung der österreichischen Rechtslage wird ein universeller Geltungsanspruch des österreichischen Konkurses zugrunde gelegt, da sich überhaupt nur in diesem Fall die Problematik der Grundpfandrechte in grenzüberschreitenden Insolvenzen stellt.

1. 5. Schweiz

Das schweizerische Recht hat als einzige der hier untersuchten Rechtsordnungen einen Teil des IIR spezialgesetzlich im elften Kapitel des Bundesgesetzes über das internationale Privatrecht von 1987 (schwIPRG) geregelt[24]. Vor Inkrafttreten dieses Gesetzes wurde das IIR teilweise aus vereinzelten Normen abgeleitet und überwiegend durch die Rechtsprechung fortgebildet[25]. Diese ging seinerzeit vom Grundsatz der Territorialität aus, wobei jedoch einem in der Schweiz eröffneten Konkurs gemäß Art. 197 Abs. 1 SchKG universelle Geltung zugemessen wurde[26].

[21] Vgl.: Boll, S. 29
[22] Vgl.: Burgstaller/Keppelmüller, JBl 1996, S. 285 (294 f.)
[23] Vgl.: Keppelmüller, S. 44 Rz. 71
[24] Vgl.: Art. 166- 175 schwIPRG
[25] Vgl.: Nussbaum, de lege lata et ferenda, S. 44 f. mit Verweis auf Art. 50, 54, 197 Abs. 1, 221 Abs. 2, 222 Abs. 1 SchKG, Art. 27 Abs. 1 KVO; BGE 23 II 1285; 32 I 774 (778); 35 I 811; 37 II 587 (595 f.);40 III 365; 95 III 83; kritisch zum Territorialprinzip und mit Forderung nach einer Hinwendung zum Universalitätsprinzip, vgl.: BGE 102 III 71 (74 ff.); Schaub, ZSR 101 (1982), S. 21 ff. (34 ff.); ausführlich zur Entwicklung des schweizerischen IIR vgl.: Gilliéron, ZSR 111 (1992), S. 259 (262 ff.)
[26] Vgl.: BGE 42 III 467 (474); Junod, S. 3 ff.; Dallèves, Sem. Jud. 1978, S. 337 (339 ff.)

Mit der Neuregelung im schwIPRG wird dem Bedürfnis nach Auflockerung des Territorialprinzips dadurch Rechnung getragen, dass es die Anerkennung eines ausländischen Hauptkonkurses mit der Folge eines schweizerischen Hilfs- bzw. Sekundärkonkurses regelt. Die Regelung des schwIPRG ist jedoch nur fragmentarisch, so enthält sie weder ausdrückliche Regeln zum anwendbaren Recht noch zur internationalen Zuständigkeit schweizerischer Gerichte zur Eröffnung eines Hauptkonkurses[27].

1. 6. Spanien[28]

Auch das geltende spanische IIR ist nicht spezialgesetzlich geregelt, sondern setzt sich aus einer sehr kargen, unübersichtlichen Rechtsprechung zusammen, welche die bestehenden Gesetzeslücken nur unzureichend ausfüllt[29]. Es ist weitgehend im Wege der Auslegung allgemeiner Vorschriften des internationalen Privat- und Prozessrechts durch Lehre und Rechtsprechung entstanden. Dieser Zustand wird aber überwiegend[30] als unbefriedigend angesehen und ist auch dem Gesetzgeber nicht verborgen geblieben. Daher enthalten die Reformvorhaben von 1983, 1995, 2000 und 2001 jeweils ausführliche Regeln zum IIR[31]. Mit der Verabschiedung des neuen Insolvenzgesetzes LC 2003 wird es daher im künftigen IIR erstmals spezialgesetzliche Regelungen geben.

1. 7. Fazit

Schon aus diesem kurzen Überblick lassen sich gewisse Gemeinsamkeiten im Hinblick auf Entwicklung und Zustand des geltenden IIR der sechs Rechtsordnungen erkennen. Bis in die jüngste Zeit hatte keine Rechtsordnung umfassende spezialgesetzliche Regelungen für alle Bereiche des IIR, obwohl dies jedenfalls für das deutsche Recht im Hinblick auf die im RegE enthaltenen Vorschriften durchaus mögliche gewesen wäre. Selbst das schweizerische Recht hat nur die Anerkennung eines ausländischen Insolvenzverfahrens, diese jedoch sehr ausführlich, geregelt. Kürzlich hat nun Deutschland mit den §§ 335 ff. InsO eine

---

[27] Vgl.: Hinweis bei Siehr, SJZ 95 (1999), S. 85

[28] Eine ausführliche Darstellung der Geschichte und Entwicklung des spanischen IIR findet sich bei Turck, S. 20 ff. (26 ff., 70 ff.)

[29] Vgl.: Esplugues Mota, in: Fernández Rozas, Kap. XVI, Rz. 724

[30] Vgl.: Esplugues Mota, S. 201; Calvo Caravaca/Carrascosa González, II. S. 699

[31] Das mit der Reform bezweckte Ziel, gerade auch die bestehende Gesetzeslücken im IIR zu schließen, fand bereits im letzten Abschnitt der Motive zum Reformvorschlag, Exposición de motivos del Anteproyecto 1983, abgedruckt in: La Reforma del Derecho concursal, S. 215 (220) ausdrückliche Erwähnung. Dies betont auch die Begründung zum neuen Insolvenzgesetz LC 2003, wonach sich die Vorschriften zum IIR an die Regelungen der EG-Ratsverordnung 1346/2000 anlehnen und durch die UNCITRAL-Modellbestimmungen beeinflusst sind, vgl.: Exposición de motivos LC 2003 XI, ebenso bereits für den Gesetzesvorschlag AC 2001: Exposición de motivos AC 2001 XI.

detaillierte Regelung des IIR erhalten und auch mit Inkrafttreten des neuen spanischen Insolvenzgesetzes LC 2003 zum 1. September 2004 werden dort erstmals spezialgesetzliche Vorschriften zum IIR Geltung erlangen. Ob im Zuge dieser Entwicklungen und im Hinblick auf die EG-Ratsverordnung über Insolvenzverfahren Nr. 1346/2000 auch die übrigen Rechtsordnungen spezialgesetzliche Regelungen für ihr autonomes IIR erlassen, beispielsweise England die Umsetzung des UNICITRAL-Modellgesetzes vornimmt, bleibt abzuwarten.

Überwiegend zeichnet sich in den Rechtsordnungen eine Abwendung vom strengen Territorialprinzip hin zu einem universellen Verständnis des Konkurses bzw. zu Mischsystemen ab. Es sind Prinzipien oder gesetzliche Regelungen entwickelt worden, nach denen ein ausländisches Insolvenzverfahren anerkannt werden kann, um auf diese Weise den Erfordernissen eines grenzüberschreitenden Wirtschaftsverkehrs Rechnung zu tragen. Insbesondere aus diesem Grund erscheint eine Interpretation, die von einer streng territorialen Wirkung des österreichischen Konkurses ausgeht, nicht mehr zeitgemäß[32].

2. Das Internationale Insolvenzrecht in Grundzügen

2. 1. Internationale Zuständigkeit

Zu der Frage, welches Gericht für eine Verfahrenseröffnung in einem grenzüberschreitenden Insolvenzverfahren zuständig ist, finden sich zwar teilweise in den modernen Gesetzen bzw. Gesetzesvorschlägen ausdrückliche Regelungen[33]. Im geltenden Recht wird die internationale Zuständigkeit von Rechtsprechung und Lehre jedoch weitgehend aus allgemeinen Zuständigkeitsvorschriften abgeleitet[34] bzw. indizieren die Regeln über die örtliche Zuständigkeit auch die internationale Zuständigkeit[35].

---

[32] Vgl.: Boll, S. 29

[33] Vgl.: Art. 382 ALC 1983; 258 PALC 1995; Art. 9 AC 2000; Art. 9 AC 2001; Art. 10 LC 2003

[34] Vgl.: Calvo Caravaca/Carrascosas Gonzàlez, II. S. 679: Für eine Ableitung aus Art. 21. 1 und 22. 2 LOPJ

[35] Vgl.: Begr. zu § 384 RegE, BR-Drs. 1/92 v. 3. 1. 1992, S. 241; Lüer, in: Uhlenbruck, InsO-Kommentar, Art. 102 Rz. 64 ff.; OLG Düsseldorf IPRspr. 1977 Nr. 194; Coviaux, JCL 10, Fasc. 3130, Nr. 28; Mayer, Rz. 659 Fn. 8; Loewe, in: Jelinek, Insolvenz- und Wirtschaftsstrafrecht, S. 15 (16); Siehr, SJZ 95 (1999) S. 90; Breitenstein, S. 134; Schwander, SZIER 1997, S. 467 (474); Esplugues Mota, S. 184; so wohl auch: Ramirez, III S. 2515

Im englischen Recht liegt es, auch wenn die formellen Voraussetzungen[36] für die Begründung der internationalen Zuständigkeit gegeben sind, darüber hinaus im Ermessen des Gerichts, ob es seine Kompetenz wahrnimmt und das Verfahren eröffnet[37]. Erscheint ein Verfahren in England unangemessen, so kann das Gericht die Eröffnung des Verfahrens ablehnen[38].

2. 1. 1. Gerichtsstand des Wohn- und Geschäftssitzes

Regelmäßig wird die internationale Zuständigkeit begründet, wenn der Schuldner im Verfahrensstaat seinen Wohn- bzw. Geschäftssitz (*domicile*) hat[39]. Ein am Wohnsitz des Schuldners eröffnetes Insolvenzverfahren beansprucht sodann universelle Geltung[40]. Teilweise wird alternativ zum Wohnsitz auf den Interessenschwerpunkt des Schuldners abgestellt, wenn dieser nicht mit dem Wohnsitz übereinstimmt[41].

---

[36] Über in England und Wales registrierte Gesellschaften kann jederzeit ein Insolvenzverfahren eröffnet werden, vgl.: Sec. 117 IA 1986; auch hinsichtlich ausländischer Gesellschaften kann ein Verfahren eingeleitet werden. Es finden die Vorschriften über nichtregistrierte Gesellschaften der ss. 220 ff. IA 1986 Anwendung, vgl.: Fletcher, Insolvency in Private International Law, S. 126 ff.

[37] Vgl.: Dicey/Morris, I. rule 160, Rz. 31-010; Fletcher, in: Fletcher, Cross-border Insolvency, S. 217 (227); teilweise wird daher vertreten, dass auch bei der Eröffnung eines Insolvenzverfahrens die Lehre vom forum non conveniens zu beachten sei, vgl.: Smart, S. 33 ff.; ausführlich zur *forum non convenius doctrine* im Hinblick auf das englische IIR, vgl.: Fletcher, Insolvency in Private International Law, S. 46 ff.

[38] Dies ist z. B. der Fall, wenn sich in England keine Vermögenswerte des Schuldners befinden, vgl.: Re Robinson (1883) 22 Ch. D. 816

[39] Vgl.: § 3 InsO; ausführlich zum Begriff des *domicile* in diesem Zusammenhang vgl.: Fletcher, Insolvency in Private International Law, S. 29 ff.; allgemein: Clarkson/Hill, S. 23 ff.; Art. 1 Décret v. 27. 12. 1985; Audit, Rz. 769; Soinne, Rz. 352; § 63 Abs. 1 KO, der über § 1 AO auch im Ausgleichsverfahren Anwendung findet; Art. 46 i. V. m. 39 SchKG dabei ist umstritten, ob die Bestimmung des Wohnsitzes nach den Art. 23-36 ZGB oder nach Art. 20 IPRG zu erfolgen hat, vgl.: Breitenstein, S. 135; Schwander, SZIER 1997, S. 467 (474 f.); BGE 120 III 7 (8); im geltenden spanischen Recht ist umstritten, ob sich die internationale Zuständigkeit am *domicilio* aus Art. 21 Nr. 1; 22. Nr. 2 LOPJ oder aus Art. 63 Nr. 8, 9 LEC ableitet; in den Gesetzesvorschlägen ist diese Zuständigkeit ausdrücklich in den Art.: 382 Nr. 1 ACL 1983; Art. 258 Nr. 1; Art. 9 Abs. 1 AC 2000 und Art. 9 Abs. 1 AC 2001 geregelt. Wie bereits der AC 2001 stellt auch das neue Insolvenzgesetz LC 2003 in Art. 10 Abs. 1 vorrangig auf den Interessenschwerpunkt ab.

[40] Vgl.: Flessner, IPRax 1997, S. 1 (2); Smart S. 110; Goode, Principles, S. 507; Mayer, Rz. 659; Corviaux, JCl 10, Fasc. 3130, Nr. 28 f.; zur Problematik der universellen Wirkung der österreichischen Insolvenzverfahren siehe oben: 3. Teil, 1. 4.; Kren Kostkiewicz BlSchK 1993, S. 1 (2); Hanisch, IPRax 1993, S. 299 f.; BGE 41 III, 315 (319); 42 III 467 (474); Esplugues Mota, in: Fernández Rozas, Kap. XVI, Rz. 728; ausdrücklich erwähnt in Art. 9 Abs. 1 AC 2000; Art. 9 Abs.1 AC 2001; Art. 10 Abs.1 LC 2003 (*alcance universal*)

[41] Vgl.: Art. 1 Decrét v. 27. 12. 1985; Martin- Serf, JDI 1995, S. 31 (38); § 3 Abs. 1 S. 2 InsO stellt zusätzlich auf den *Mittelpunkt einer selbständigen wirtschaftlichen Tätigkeit des*

Schließlich findet sich im österreichischen Recht in § 63 Abs. 1 KO hilfsweise das Merkmal des gewöhnlichen Aufenthaltes. Auch im englischen Recht kann sich eine Zuständigkeit ergeben, wenn der Schuldner innerhalb der letzten drei Jahre vor Antragstellung einen Aufenthaltsort in England oder Wales gehabt hat[42].

2. 1. 2. Gerichtsstand der Geschäftsniederlassung

Neben dem Wohnsitzgerichtsstand, der sich in allen Rechtsordnungen findet, wird häufig eine internationale Zuständigkeit auch dann begründet, wenn der Schuldner eine Geschäftsniederlassung am Verfahrensort betreibt[43]. Während dieser Gerichtsstand überwiegend nur zu einem Sekundärverfahren führt, welches auf das Vermögen des Schuldners im Niederlassungsstaat begrenzt ist und das im Ausland belegene Vermögen nicht einbezieht[44], soll nach österreichischer Literatur auch für den Niederlassungskonkurs eine universelle Geltung in Frage kommen[45].

2. 1. 3. Gerichtsstand des Vermögens

In einigen Rechtsordnungen wird auch die Belegenheit von Vermögen zur Begründung einer Zuständigkeit als ausreichend angesehen, welche häufig alternativ neben den Niederlassungsgerichtsstand tritt und in der Regel nur zu einem lokal begrenzten Verfahren führt[46].

Schuldners ab. Art. 9 Abs. 1 AC 2000; Art. 9 Abs. 1 AC 2001; Art. 10 Abs. 1 LC 2003 stellen sogar anstatt auf den Wohnsitz vorrangig auf den Interessenschwerpunkt ab.

42 Vgl.: Dicey/Morris, II. rule 160 (3), Rz. 31- 007

43 Vgl.: § 63 Abs. 2 KO; Art. 50 Abs. 1 SchKG; BGE 107 III 53, 59 f.; Esplugues Mota, in: Fernández Rozas, Kap. XVI, Rz. 728; Art. 258 Nr. 1 PALC 1995; Art. 9 Abs. 2 AC 2000; Art. 9 Abs. 3 AC 2001; Art. 10 Abs. 3 LC 2003. Für das deutsche Recht ergab sich dies nur indirekt durch Auslegung des Art. 102 Abs. 3 S. 1 EGInsO a. F.; FK-InsO/Wimmer, Anhang I Art. 102 EGInsO, Rz 392 ff.; Nunmehr ausdrücklich in § 354 Abs. 1 InsO geregelt. C. app. Paris v. 8. 7. 1992, D. 1992, S. 476 (477) mit Anm.: Vasseur; Vallens, PA v. 28. 10. 1998, Nr.129, S. 4 (6)

44 Vgl.: BGE 107 III 53, 59 f; BGE 40 III 123 ff. (127), wonach nur die auf Rechnung der Zweigniederlassung eingegangenen Verbindlichkeiten verfolgt werden können; Esplugues Mota, in: Fernández Rozas, Kap. XVI, Rz. 728; Art. 9 Abs. 2 AC 2000; Art. 9 Abs. 3 AC 2001; Art. 10 Abs. 3 LC 2003 sprechen vom *concurso territorial.*

45 Vgl.: Keppelmüller, S. 47 ff. Rz. 77 ff. (80)

46 Vgl.: FK-InsO/Wimmer, Anhang I Art. 102 EGInsO Rz. 392 ff.; für das neue deutsche IIR ist dies neben der *Niederlassung* als weiteres zuständigkeitsbegründendes Merkmal in § 354 Abs. 1 InsO ausdrücklich aufgeführt (*sonstiges Vermögen).* Dafür auch ein großer Teil der spanischen Literatur: Ramirez, III S. 2515; Calvo Caravaca/Carrascosas González, II. S. 679; Esplugues Mota, in: Fernández Rozas, Kap. XVI, Rz. 728; § 63 Abs. 2 KO; demgegenüber ist das Vermögen als zusätzliches zuständigkeitsbegründendes Merkmal in Art. 10 LC 2003 nicht mehr vorgesehen. Kritisch zu diesem Gerichtsstand: Leitner, S. 199; Schumacher ZZP 103 (1990), S. 418 (447*).* Für das französische Recht wird dies nur teilweise bejaht, vgl.:

Für den englischen Gesellschaftskonkurs hat die Rechtsprechung die Vermögensbelegenheit teilweise als zusätzliches Kriterium für eine Zuständigkeitsbegründung im Rahmen ihrer Ermessensausübung angeführt. Der Begriff des Vermögens wurde jedoch im Laufe der Zeit immer stärker ausgedehnt und schließlich teilweise gar nicht mehr für notwendig erachtet[47].

2. 1. 4. Weitere Gerichtsstände

Schließlich wird vereinzelt eine Zuständigkeit auch durch die Staatsangehörigkeit[48] des Schuldners oder Gläubigers oder aber durch Geschäftstätigkeit[49] des Schuldners im Verfahrensstaat begründet.

2. 2. Anwendbares Recht

Mit Ausnahme von Art. 102 EGInsO a. F., der eine Kollisionsvorschrift für die Anfechtung enthielt, sind bis heute in den meisten der untersuchten Rechtsordnungen keine gesetzlichen Kollisionsnormen für das anwendbare Recht bei grenzüberschreitenden Insolvenzverfahren vorhanden. Auch in den Art. 166 ff. schwIPRG ist das anwendbare Recht nicht geregelt worden. Demgegenüber sahen bereits der deutsche RegE und die spanischen Gesetzesvorschläge ebenso wie nunmehr das neue deutsche IIR und das künftige spanische IIR auch Kollisionsnormen zum anwendbaren Recht vor[50]. Soweit keine ausdrücklichen Kollisionsnormen vorhanden sind, gehen auch hier die geltenden Regeln zum anwendbaren Recht überwiegend auf die Lehre, teilweise auch auf Rechtsprechung zurück.

Rechtsprechungshinweise bei: Coviaux, JCL 10 Fasc. 3130, Nr. 35.; dagegen: Rémery, DPCI 1994, S. 553 (575 f.)

[47] Vgl.: Banques de Marchands de Moscou v. Kindersley (1951) Ch. D. 112, 126 (C.A.); Re Azoff-Don Commercial Bank (1954) Ch. D. 315; Re Eloc Electro-Optieck and Communicate B.V. (1982) Ch. D. 43; International Westminster Bank Plc v. Okeanos Maritime Corporation = Re A Company (No. 00359 of 1987) (1988) Ch. D. 210 ausführliche Darstellung dieser Entwicklung, vgl.: Fletcher, Insolvency in Privat International Law, S: 135 ff.

[48] Vgl.: Art. 14, 15 Cciv., die einen sog. exorbitanten Gerichtsstand begründen und deren Anwendung in der französischen Literatur kritisiert wird, vgl.: Soinne, Rz. 352; Martin-Serf, JDI 1995, S. 31 (39 ff.). Ausführlich zur Problematik dieser Gerichtsstände, vgl.: Witz/Zierau, RIW 1989, S. 929 (930 f.); Heyers, S. 10 ff.

[49] Vgl.: Dicey/Morris, II. rule 160 (4), (5), Rz. 31-008; nicht eindeutig in dieser Hinsicht: Cass. civ. 12.7.1962, JDI 1963, S. 1056=Bull. civ. II, n° 584; Colmar v. 10. 5. 1932, JDI 1934, S. 98; dagegen: Heyers, S. 14

[50] Vgl.: §§ 379-382 RegE; Art. 386 ff. ALC 1983; Art. 260 f. PALC 1995; Art. 199-209 AC 2000; Art. 200- 210 AC 2001; Art. 200-209 LC 2003; §§ 335-342 InsO

Übereinstimmend wird als Grundregel davon ausgegangen, dass die lex fori concursus als Konkursstatut über alle verfahrensrechtlichen Fragen bestimmt[51]. Sie regelt die Eröffnung und den Ablauf des Insolvenzverfahrens, häufig sind ihr die Wirkungen des Konkurses auf den Gemeinschuldner und die Gläubiger und die Vorschriften über die Zusammensetzung und Verwaltung der Insolvenzmasse zu entnehmen. Daneben wird jedoch in bestimmten Fällen, sofern nicht lediglich verfahrensrechtliche Fragen betroffen sind, auch die Notwendigkeit von Sonderanknüpfungen allgemein anerkannt, um auf diese Weise schutzwürdige Interessen zu wahren und mit etwaigen gegenläufigen Zielen des Insolvenzverfahrens in Ausgleich zu bringen. So sollen beispielsweise die Auswirkungen auf bestimmte Schuldverträge, wie Miet- oder Arbeitsverträge, dem für sie geltenden allgemeinen Vertragsstatut entnommen werden[52]. Auch für die Anfechtung[53] und für die Behandlung von Sicherheiten[54] werden von der lex fori concursus abweichende oder aber kumulativ zu dieser hinzutretende Anknüpfungen vertreten.

2. 3. Anerkennung[55] ausländischer Insolvenzverfahren

Bis zu den jüngsten Änderungen im spanischen und deutschen Recht hatte einzig das schweizerische Recht in den Art. 166 ff. schwIPRG ein abgeschlossenes

---

[51] Vgl.: Trunk, IIR, S. 369 f.; Kübler/Prütting/Kemper, InsO, Anhang II Art. 102 EGInsO, Rz. 181 f.; Fletcher, Insolvency in Private International Law, S. 72 f.; Dicey/Morris, II. rule 163, Rz. 31-040; Ex p. Melbourn (1870) L.R. 6 Ch. App. 64; Ex. p. Holthausen (1874) L.R. 9 Ch. App. 722; Pardo v. Bingham (1868) L.R. 6 Eq. 485; Re Suidair International Airways (1950) 2 All E. R. 920; Re Kloebe (1884) 28 Ch. D. 175; Rémery TCFDIP 1992/93, S. 227 (236); Moreau, in: Fletcher, Cross-border Insolvency, S. 95 (99); Soinne, Rz. 354; Rintelen, S. 489; Burgstaller/Keppelmüller, JBl 1996, S. 285 (298); Leitner, S. 201; Siehr, SJZ 95 (1999), S. 85; Calvo Caravaca, DdN 1994, S. 1 (6); Esplugues Mota, in: Fernández Rozas, Kap. XVI, Rz. 731; indirekt, als einseitige Kollisionsnorm formuliert: Art. 199 AC 2000. Ausdrücklich (*regla general*) in: Art. 200 AC 2001; Art. 200 LC 2003; ebenso nunmehr auch: § 335 InsO.

[52] Vgl.: Flessner, IPRax 1997, S. 1 (8); a. M.: Gottwald/Arnold, § 122 Rz. 110 ff.; Trunk KTS 1994, S. 33 (36, 47) mit Bezugnahme auf die Vorschriften des RegE; Dicey/Morris, II. rule 163, Rz. 31-040; Re Bonacina (1912) 2 Ch. 394 (402); Corviaux, JCL 10 Fasc 3130 Nr. 79 f.; ausdrücklich vorgesehen in den spanischen Gesetzesvorschlägen und im künftigen spanischen IIR: Art. 389 ALC 1983; Art. 261 Nr. 2 PALC 1995; Art. 207 AC 2000; Art. 208 AC 2001; Art. 207 LC 2003. Ebenso nunmehr ausdrücklich geregelt in: § 337 InsO.

[53] Vgl.: Früher Art. 102 EGInsO a. F., nunmehr geregelt in: § 339 InsO; Keppelmüller, S. 57; Art. 208 AC 2000; Art. 209 AC 2001; Art. 208 LC 2003.

[54] Siehe unten: 3. Teil, 3. 2.

[55] Ausführliche Darstellungen zur Anerkennung ausländischer Insolvenzverfahren in den jeweiligen Rechtsordnungen: FK-InsO/Wimmer, Anhang I Art. 102, Rz. 279 ff; Florian, S. 55 ff.; Fletcher, Insolvency in Private International Law, S. 92 ff., S. 165 ff.; Heyers, S. 61 ff.; Theus Simoni, S. 146 ff., 233 ff.; Leitner, 211 ff.; Boll, S. 21 ff. Staehelin, Die Anerkennung ausländischer Konkurse und Nachlassverträge in der Schweiz, Basel, Frankfurt 1989; Turck, S. 166 ff.

Regelwerk für die Anerkennung von ausländischen Insolvenzverfahren geschaffen, welche im Wege eines den ausländischen Hauptkonkurs ergänzenden Neben- oder Parallelkonkurses durchgeführt wird. Eine erfolgreiche Anerkennung führt somit nicht zu einer unmittelbaren Zugriffsbefugnis der ausländischen Konkursorgane, sondern bewirkt die Eröffnung eines verkürzten Teilkonkurses[56] nach den Vorschriften des SchKG vorbehaltlich einiger Sonderregeln.

Daneben waren bereits im deutschen Recht die wesentlichen Voraussetzungen für eine Anerkennung in Art. 102 EGInsO a. F. geregelt worden. In dieser Vorschrift wurden die von der Rechtsprechung entwickelten Grundsätze zur Anerkennung von Auslandskonkursen aufgegriffen. Aus dem Wortlaut von Art. 102 EGInsO a. F. ergab sich, dass das deutsche Recht im Grundsatz von einer Anerkennung ausging, sofern nicht die Negativvoraussetzungen der Nr. 1 und 2 vorlagen[57]. Im neuen IIR findet sich diese Regelung inhaltlich unverändert in § 343 Abs. 1 InsO.

Im österreichischen[58] und im noch geltenden spanischen[59] Recht erfolgt die Anerkennung nach den allgemeinen Vorschriften über die Urteilsanerkennung, während im französischen Recht die Voraussetzungen für eine Anerkennung von der Rechtsprechung entwickelt wurden[60].

Das englische Recht sieht Besonderheiten vor für Entscheidungen aus dem Vereinten Königreich, welche ohne weitere Voraussetzungen anerkannt und vollstreckt werden müssen[61]. Daneben ist für bestimmte weitere Länder im Rahmen

---

[56] Siehe unten: 3. Teil, 2. 3. 4. 5.

[57] Vgl.: FK-InsO/Wimmer, Anhang I Art. 102, Rz. 279; BGHZ 95, 256 (269 f.), wonach die Anerkennung „in das Gesamtgefüge der deutschen konkursrechtlichen Vorschriften und Rechtsgrundsätze eingebettet sein muss."

[58] Vgl.: § 180 KO; § 78 AO, die eine Verweisung auf die §§ 79- 86 EO vorsehen. Vor der Reform durch das IRÄG 1982 war die Anerkennung in den §§ 66, 67 KO a. F. mit geregelt, bezog sich jedoch nur auf das inländischen beweglichen Vermögen, vgl.: Zehetner in: Wiesbauer, Neuerungen, S. 9 (12 ff.); Leitner, S. 186

[59] Vgl.: Esplugues Mota, in: Fernández Rozas, Kap. XVI, Rz. 735; Calvo Caravaca/Carrascosas González, II. S. 696; STS vom 29. 5. 1894, Jur. civ. Bd. 75, Nr. 154, S. 693 ff.; STS vom 15. 11. 1898, Jur. civ. Bd. 85, Nr. 69, S. 306 ff. Diese Regelungen befinden sich in Art. 951- 954 LEC. Allgemein zur Urteilsanerkennung: Karl, Die Anerkennung von ausländischen Entscheidungen in Spanien. Autonomes Recht und Staatsverträge, Tübingen 1993. Im künftigen spanischen IIR ist die Anerkennung in den Art. 220 ff. LC 2003 spezialgesetzlich geregelt.

[60] Vgl.: Entscheidung Munzer, Cass. civ. v. 7. 1. 1964, Rev. crit. DIP 1964, S. 344 ff.; diese Rechtsprechung wurde in nachfolgenden Entscheidungen bestätigt: C. app. Paris v. 25. 3. 1994, Rev crit. DIP 1996, S. 119

[61] Vgl.: Sec. 426 IA 1986

einer internationalen Rechtshilfe nach sec. 426 (4) IA 1986 eine erleichterte Anerkennung vorgesehen[62]. Außerdem setzt das englische Recht auch bei den Anerkennungsvoraussetzungen die Trennung zwischen Individual- und Gesellschaftskonkurs fort. Wenngleich die Anerkennungsvoraussetzungen zum Teil übereinstimmen, so sind sie jedoch für den Gesellschaftskonkurs teilweise enger, darüber hinaus ergeben sich Einschränkungen im Hinblick auf die Wirkung des anerkannten Verfahrens[63].

2. 3. 1. Gemeinsame Voraussetzungen
Bei den Voraussetzungen, die ein Auslandskonkurs erfüllen muss, um anerkannt zu werden, finden sich Übereinstimmungen, da sie häufig den allgemeinen Grundsätzen zur Urteilsanerkennung entnommen sind[64].

2. 3. 1. 1. Internationale Zuständigkeit des Verfahrensstaates
Überwiegend wird für die Anerkennung eines ausländischen Insolvenzverfahrens vorausgesetzt, dass der Staat, in dem das Verfahren eröffnet wurde, dazu die gerichtliche Kompetenz besitzt.

Eine Ausnahme macht diesbezüglich allein das geltende spanische Recht, da Art. 954 LEC eine derartige Anerkennungsvoraussetzung jedenfalls nicht ausdrücklich nennt. Allerdings haben sämtliche spanische Reformvorschläge und nunmehr auch das neue Insolvenzgesetz LC 2003 das Merkmal der internationalen Zuständigkeit als Voraussetzung für die Anerkennung aufgegriffen[65].

Teilweise wird jedoch nicht nur allgemein auf das Merkmal der internationalen Zuständigkeit abgestellt, sondern im engeren Sinne verlangt, dass das anzuerkennende Verfahren am Wohnsitz (*domicile*) des Schuldners, welcher regelmäßig die internationale Zuständigkeit begründet, eröffnet wurde[66].

---

[62] Jeweils mit einer Auflistung der Länder, vgl.: Fletcher, Insolvency in Private International Law, S. 101; Wood, Principles, S. 255
[63] Vgl.: Fletcher, Insolvency in Private International Law, S. 165 f. siehe unten: 3. Teil, 2. 3. 4. 2.
[64] Nachfolgend wird jedoch nur näher auf die Merkmale eingegangen, die sich in mehreren Rechtsordnungen finden, eine umfassende Darstellung aller Voraussetzungen ist den Literaturhinweisen: 3. Teil, Fn. 55 zu entnehmen.
[65] Vgl. Art. 393 Nr. 1 ALC 1983; Art. 264 Nr. 1 PALC 1995; Art. 220 Abs. 3 AC 2000; Art. 221 Abs. 1 Nr. 3 AC 2001; Art. 220 Abs. 1 Nr. 3 LC 2003
[66] Vgl.: Art. 166 schwIPRG; Art. 393 Nr. 1 ALC 1983; Art. 264 Nr. 1 PALC 1995; Bank of Ethiopia v. National Bank of Egypt (1937) 1 Ch. D. 513; Re Blithman (1866) 2 L.R. Eq. 23; Re Hayward (1897) 1 Ch. 905

Während das englische Recht für die Anerkennung eines ausländischen Individualkonkurses jedoch auch andere Merkmale für die Begründung der Zuständigkeit zulassen will, wie den gewöhnlichen Wohnsitz des Schuldners oder die Geschäftstätigkeit im Eröffnungsstaat[67], wird für die Anerkennung eines Gesellschaftskonkurses grundsätzlich vorausgesetzt, dass dieser am *domicile* der Gesellschaft eröffnet wurde[68].

Andere Rechtsordnungen haben bestimmte Methoden entwickelt, wie eine internationale Zuständigkeit im Rahmen der Anerkennung zu prüfen ist. So muss sich im deutschen und österreichischen Recht die Zuständigkeit des Verfahrensstaates aus einer spiegelbildlichen Anwendung der Zuständigkeitsvorschriften des Anerkennungsstaates ergeben[69]. Demgegenüber liegt nach der französischen Rechtsprechung[70] die internationale Zuständigkeit dann vor, wenn keine ausschließliche Zuständigkeit der französischen Gerichte besteht und eine charakteristische Bindung zum Urteilsstaat vorhanden ist.

Die großzügigste Regelung sieht in dieser Hinsicht das künftige spanische IIR vor, nach dem wahlweise für die Zuständigkeit eine Begründung über die spiegelbildliche Anwendung der spanischen Vorschriften oder aber über das Merkmal einer gleichwertigen, vernünftigen Verbindung („*una conexión razonable de naturaleza equivalente*“) möglich ist[71].

2. 3. 1. 2. Ordre public-Verstoß/Verbot des missbräuchlichen Verhaltens

Der Auslandskonkurs darf weiterhin nicht gegen den ordre public, d. h. gegen die wesentlichen Grundsätze des Rechtes im Anerkennungsstaat verstoßen[72].

[67] Vgl.: Fletcher, in: Fletcher, Cross-border Insolvency, S. 217 (232 f.); Smart, S. 86, S. 95 f.; Dicey/Morris, II. rule 165 (2) (b), Rz. 31-055; für die Anerkennungszuständigkeit müssen nicht notwendig die Voraussetzungen vorliegen, nach denen sich die englischen Gerichte für zuständig erklären. Die Zuständigkeit kann sich auch aus freiwilliger Unterwerfung des Schuldners unter die ausländische Gerichtsbarkeit ergeben.

[68] Auch für den Gesellschaftskonkurs wird jedoch in der Literatur eine Erweiterung der Zuständigkeitsbegründungen vorgeschlagen, eine ausdrückliche Bestätigung seitens der Rechtsprechung hat jedoch nicht stattgefunden, vgl.: Fletcher, in: Fletcher, Cross-border Insolvency, S. 234; Smart, S. 104 ff.; kritisch zu der engen Anerkennungsvoraussetzung im Gesellschaftskonkurs, Florian, S. 60 ff. (66)

[69] Vgl.: Früher Art. 102 EGInsO a. F.; nunmehr in § 343 Abs. 1 Nr. 1 InsO geregelt; § 80 Nr. 1 EO

[70] Vgl.: Cass. civ. v. 6. 2. 1985, Rev. crit. DIP 1985, S. 369, Witz/Zierau, RIW 1989, S. 929 (933); Soinne, Rz. 374; Heyers, S. 70 ff.

[71] Vgl.: Art. 220 Ans. 1 Nr. 3 LC 2003. Ebenso bereits die Reformvorschläge in: Art. 220 Abs. 1 Nr. 3 AC 2000; Art. 221 Abs. 1 Nr. 3 AC 2001

[72] Vgl.: Früher Art. 102 EGInsO a. F., jetzt in § 343 Abs. 1 Nr. 2 InsO geregelt; Wood, Principles, S. 250; Begerem v. Marsh (1921) 91 L. J. K. B. 80; Entscheidung Munzer, Cass. civ.

Häufig findet die ordre public-Prüfung getrennt nach formellen und materiellen Gesichtspunkten statt[73]. In formeller Hinsicht wird sodann vorausgesetzt, dass dem Schuldner rechtliches Gehör gewährt wurde, die Entscheidung nicht infolge Säumnis des Schuldners ergangen ist oder dass die Durchführung des Verfahrens insgesamt ordnungsgemäß erfolgte.

In engem Zusammenhang mit dem ordre public bzw. als dessen spezielle Ausprägung kann schließlich das Verbot des missbräuchlichen oder betrügerischen Parteiverhaltens gesehen werden, was sich als weitere Voraussetzung im englischen und französischen Anerkennungsrecht findet[74].

2. 3. 2. Spezielle Voraussetzungen

Neben den soeben dargestellten überall geforderten Voraussetzungen sehen die einzelnen Rechtsordnungen für die Anerkennung oftmals weitere Bedingungen vor.

2. 3. 2. 1. Rechtskraft und Vollstreckbarkeit

Teilweise wird zusätzlich die (formelle) Rechtskraft der ausländischen Eröffnungsentscheidung vorausgesetzt[75]. Demgegenüber fordert Art. 166 schwIPRG nur die Vollstreckbarkeit, worin eine Abweichung zur allgemeinen Urteilsanerkennung liegt, um auf diese Weise der Notwendigkeit von Sicherungsmaßnahmen Rechnung zu tragen[76].

---

v. 7. 1. 1964, Rev. crit. DIP 1964, S. 344 ff. Theus Simoni, S 242 ff.; Heyers, S. 74 ff.; § 81 Nr. 3 EO; Art. 166 i. V. m. Art. 27 schwIPRG; Art. 954. 3 LEC der jedoch nicht ausdrücklich von ordre public spricht, sondern eine in Spanien zulässige Verpflichtung voraussetzt; Art. 393 Nr. 4 ALC 1983; Art. 264 Abs. 1 Nr. 4 PALC 1995; Art. 220 Abs. 1 Nr. 5 AC 2000; Art. 221 Abs. 1 Nr. 5 AC 2001. Für das künftige spanische IIR: Art. 220 Abs. 1 Nr. 5 LC 2003

[73] Vgl.: Re Anderson (1911) 1 K. B. 919; Begerem v. Marsh (1921) 91 L. J. K. B. 80; Entscheidung Munzer, Cass. civ. v. 7. 1. 1964, Rev. crit. DIP 1964, S. 344 ff.; C. app. Paris v. 25. 3. 1994, Rev crit. DIP 1996, S. 119; Theus Simoni, S. 242 f. mit weiteren Nachweisen; §§ 80 Nr. 2; 81 Nr. 1 EO; Art. 954. 2 LEC; Art. 393 Nr. 3; ALC 1983; Art. 264 Abs. 1 Nr. 3 PALC 1995; Art. 220 Abs. 1 Nr. 4 AC 2000; Art. 221 Abs. 1 Nr. 4 AC 2001; Art. 220 Abs. 1 Nr. 4 LC 2003

[74] Vgl.: Smart, S. 118 ff.; Wood, Principles, S. 250; Entscheidung Munzer, Cass. civ. v. 7. 1. 1964, Rev. crit. DIP 1964; hierbei handelt es sich im Grunde um spezielle Ausprägungen des ordre public.

[75] Vgl.: § 80 Abs. 3 EO; Art. 393 Nr. 2 ALC 1983; Art. 264 Abs.1 Nr. 2 PALC 1995, welcher jedoch auch die Vollstreckbarkeit ausreichen lässt; demgegenüber setzt Art. 220 Abs. 1 Nr.2 LC 2003, wie auch schon Art. 220 Abs. 1 Nr. 2 AC 2000 und Art. 221 Abs. 1 Nr. 2 AC 2001, nur noch eine endgültige Entscheidung voraus (die Formulierung *firme* wurde ersetzt durch *definitiva*).

[76] Vgl.: Kren Kostkiewicz, BlSchK 1993, S. 1 (8 f.); Gilliéron, BlSchK 1988, S. 161 (170)

2. 3. 2. 2. Gegenseitigkeit

Einige Anerkennungsregelungen setzen schließlich noch das Merkmal der Gegenseitigkeit voraus[77]. Während das geltende spanische Recht an die faktische Gegenseitigkeit eine erleichterte und vorrangige Anerkennung knüpft[78], die sodann unabhängig von den Voraussetzungen des Art. 954 LEC erfolgt, ist dem Wortlaut des Art. 166 schwIPRG zufolge die Einhaltung des Gegenrechtes durch den Eröffnungsstaat notwendige Voraussetzung, um die Anerkennung im Wege des Hilfskonkurses zu erreichen. In der schweizerischen Literatur wird die gesetzliche Verankerung des Gegenseitigkeitsprinzips jedoch kritisiert und daher vorgeschlagen, dass hierfür eine Vollstreckungsbereitschaft des Erststaates und die Gleichwertigkeit des ausländischen Rechts im Grundsatz und in seinen Wirkungen ausreichen solle[79].

Bemerkenswerterweise hat man für das künftige spanische IIR das einschränkende Erfordernis der Gegenseitigkeit wieder aufgegriffen: Danach finden die Vorschriften des 3. und 4. Kapitels über die Anerkennung ausländischer Insolvenzverfahren und über die Koordination von parallelen Verfahren keine Anwendung, sofern in dem betreffenden ausländischen Staat eine Gegenseitigkeit nicht verbürgt ist[80].

Besonders problematisch und demzufolge erheblicher Kritik ausgesetzt[81] ist die Voraussetzung der formalisierten Gegenseitigkeit im österreichischen Recht. Da diese nur durch Staatsvertrag oder Verordnung verbürgt werden kann, verhindert diese Voraussetzung im Ergebnis eine Anerkennung außerhalb von Staatsverträgen und beraubt folglich die autonome Insolvenzanerkennung ihrer eigenständige Funktion[82]: Sofern nämlich die Gegenseitigkeit durch Staatsvertrag geregelt ist, findet eine Anerkennung nach dessen vorrangig anzuwendenden Vorschriften statt. Eine Gegenseitigkeit über Verordnungen zu regeln, erscheint zwar grundsätzlich möglich, für das Insolvenzrecht existieren diese jedoch bisher

[77] Vgl.: § 79 Abs. 2 EO; Art. 952; 953 LEC; Art. 166 schwIPRG

[78] Das spanische Recht sieht eine dreistufige Anerkennung vor, die Voraussetzungen des Art. 954 LEC sind nur dann zu prüfen, wenn eine Anerkennung nicht über Staatsverträge oder aufgrund von Gegenseitigkeit erfolgen kann, vgl.: Karl, Anerkennung, S. 50, S. 55 f.

[79] Vgl.: Walder, in: FS 100 Jahre SchKG, S. 325 (330); Breitenstein, S. 121 f., S. 166 ff., der bei der systematischen Einordnung des Merkmals von einem Irrtum des Gesetzgebers ausgeht; Schnyder, in: Herausforderungen, S. 120 (124)

[80] Vgl.: Art. 199 LC 2003. Eine entsprechende Regelung war demgegenüber in den Gesetzesentwürfe AC 2000 und AC 2001 nicht vorgesehen.

[81] Vgl.: Boll, S. 26 ff.; Leitner, S. 216; Schumacher, ZZP 103 (1990), S. 418 (463); Keppelmüller, S. 118 f., Rz. 259; weniger ablehnend: Loewe, ÖJZ 1982, S. 197 (199)

[82] Vgl.: Keppelmüller, S. 99 Rz. 210

nicht[83]. Auf diese Weise macht die Gegenseitigkeit als allgemeines Prinzip der Urteilsanerkennung die autonome Anerkennung von Auslandskonkursen in Österreich unmöglich.

2. 3. 3. Verfahren

Einige Rechtsordnungen setzen für die Anerkennung ein förmliches Verfahren voraus, damit das ausländische Insolvenzverfahren seine vollständige Wirkung entfalten kann[84].

Demgegenüber sehen das deutsche und das englische Recht grundsätzlich kein förmliches Anerkennungsverfahren vor. Sie gehen von einer automatischen Anerkennung aus, wenn nach erfolgter Inzidentprüfung die Anerkennungsvoraussetzungen vorliegen, wobei nach englischem Verständnis der ausländische Verwalter schon ab dem ausländischen Eröffnungsbeschluss seine Befugnisse hinsichtlich des in England befindlichen beweglichen Vermögens ausüben kann[85]. Um seiner Berechtigung absolute Geltung zu kommen zu lassen, kann der ausländische Verwalter im englischen Recht darüber hinaus per Beschluss die Anerkennung seiner Stellung feststellen lassen[86]. Für das neue deutsche IIR bestimmt § 353 InsO allerdings, dass aus ausländischen Entscheidungen eine Vollstreckung nur stattfindet, wenn deren Zulässigkeit durch ein Vollstreckungsurteil nach §§ 722 Abs. 2, 723 Abs. 1 ZPO ausgesprochen ist[87].

---

[83] Zu der Möglichkeit einer Anerkennung durch Regierungserklärung als Verordnung im Sinne von § 79 EO, vgl.: Boll, S. 30 f.; Bedenken hinsichtlich der Verfassungsmäßigkeit einer Regierungserklärung in diesem Zusammenhang äußert: Leitner, S. 231

[84] Vgl.: Entscheidung Munzer, Cass. civ. v. 7. 1. 1964, Rev. crit. DIP 1964, S. 344 ff.; C. app. Paris v. 25. 3. 1994, Rev. crit. DIP 1996, S. 119; Art. 167 schwIPRG; IPRG-Berti, Art. 167, Rz. 9; Art. 955 f. LEC; auch die spanischen Reformvorschläge sehen ein förmliches Exequaturverfahren vor, Art. 393 ff. ALC 1983; Art. 264 ff. PALC 1995; Art. 220 Abs. 1 AC 2000; Art. 221 Abs. 1 AC 2001; Art. 220 Abs. 1 LC 2003 weisen sogar ausdrücklich auf die Durchführung eines *procedimiento de exequatur* nach den allgemeinen Vorschriften der LEC hin. Kritisch zur Übernahme des Exequaturverfahrens im Reformvorschlag von 1995: Esplugues Mota, RDBB 1997, S. 1121 (1131 ff.)

[85] Vgl.: Begründung zum autonomen deutschen Internationalen Insolvenzrecht BT- Drs. 15/16 zu § 343. Dies war auch im RegE so vorgesehen, vgl.: Begr. RegE zum neunten Teil, abgedruckt bei: Hess, Kommentar zur InsO, 2. Bd. Art. 102 EGInsO, Rz. 26 ff. (45); Reinhart, Int. Insolv. Rev. 1993, S. 187 (203); Hanisch, ZIP 1992, S. 1125 (1126); Kübler/Prütting/Kemper, InsO, Anhang II Art. 102 EGInsO, Rz. 61; FK-InsO/Wimmer, Anhang I Art. 102 EGInsO, Rz. 275, 290; Smart, S. 140; Wood, Principles, S. 245; Araya v. Coghill 1921 S. C. 462

[86] Vgl.: Florian, S. 67; in diese Richtung geht wohl auch Smart, S. 140; Begerem v. Marsh (1921) 91 L. J. K. B. 80

[87] Hierunter kann auch die Eröffnungsentscheidung fallen, sofern sie nach dem Recht des Eröffnungsstaates einen vollstreckbaren Titel darstellt, vgl.: Begründung zum autonomen deutschen Internationalen Insolvenzrecht BT- Drs. 15/16 zu § 353

Die österreichischen Anerkennungsvorschriften lassen weitgehend unklar, ob und wie das Anerkennungsverfahren eines ausländischen Insolvenzverfahrens im autonomen IIR zu verlaufen hat[88]. Es wird daher eine Orientierung an der allgemeinen Urteilsanerkennung vorgeschlagen, welche im Wege der Inzidentprüfung erfolgt und auch in § 180 2. Variante KO angedeutet ist[89].

2. 3. 4. Wirkung

Hat ein ausländisches Insolvenzverfahren die Anerkennungsvoraussetzungen im Anerkennungsstaat erfüllt, stellt sich als nächstes die Frage, welche Wirkungen mit der Anerkennung eintreten und ob in den Rechtsordnungen, die ein förmliches Anerkennungsverfahren voraussetzen, auch ohne dieses gewisse Wirkungen des ausländischen Insolvenzverfahrens eintreten können.

Da in den meisten Rechtsordnungen wenig Klarheit besteht über das Ausmaß der Wirkung, welche ein anerkanntes ausländisches Insolvenzverfahren entfaltet, erfolgt aus Gründen der Übersichtlichkeit die Darstellung hierzu getrennt nach den einzelnen Ländern.

2. 3. 4. 1. Deutsches Recht

Wenngleich auch der Wortlaut des Art. 102 Abs. 1 EGInsO a. F. nicht ausdrücklich die Wirkungen des ausländischen Verfahrens erwähnte, so war auch bisher davon auszugehen, dass mit einer Anerkennung der ausländischen Eröffnungsentscheidung grundsätzlich deren Wirkungen unmittelbar in Deutschland gelten (Theorie der Wirkungserstreckung)[90]. Der neue § 335 InsO hat dies mit seinem Wortlaut eindeutig zum Ausdruck gebracht. Allerdings sind einer vollständigen Wirkungserstreckung auch im deutschen Recht Grenzen gesetzt, wobei Art. 102 EGInsO a. F. lediglich für die Anfechtung eine Abweichung von der Grundregel normierte, so dass die Gerichte jeweils im Einzelfall feststellen mussten, ob eine spezielle Wirkung der ausländischen Entscheidung auf das in Deutschland befindliche Schuldnervermögen erstreckt werden konnte[91]. Das neue IIR sieht demgegenüber explizit einige Ausnahmen von der grundsätzlich geltenden Wirkungserstreckung vor[92].

---

[88] Vgl.: Boll, S. 47 mit Hinweis auf die Materialien.

[89] Vgl.: Boll, S. 48, der daneben auf die Möglichkeit der Anerkennung im Wege einer Feststellungsklage hinweist.

[90] Vgl.: BGH ZIP 1997, S. 39 (42); FK-InsO/Wimmer, Anhang I Art. 102 EGInsO, Rz. 289, 291; Reinhart, Int. Insolv. Rev. 1993, S. 187 (204)

[91] Vgl.: BGHZ 95, 256 (273); Gottwald/Arnold, § 122 Rz. 15; Hanisch, in: Fletcher, Crossborder Insolvency, S. 104 (114)

[92] Vgl.: Z. B. §§ 349, 351 InsO

2. 3. 4. 2. Englisches Recht

Im englischen Recht unterscheiden sich die Wirkungen des anerkannten Insolvenzverfahrens danach, ob es eine natürliche Person oder eine Gesellschaft betrifft. Die Eröffnung eines ausländischen Insolvenzverfahrens über das Vermögen einer natürlichen Person hat zur Folge, dass das gesamte in England befindliche bewegliche Vermögen auf den ausländischen Verwalter übergeht[93]. Die Anerkennung des ausländischen Verfahrens bewirkt daher die Anerkennung der Stellung des ausländischen Verwalters. Er kann die Befugnisse ausüben, die ihm nach der ausländischen lex fori concursus zustehen, sofern er diese nachgewiesen hat[94], kann Prozesse führen und über das bewegliches Vermögen verfügen[95].

Die ausländische Verfahrenseröffnung führt aber nach der Anerkennung nicht automatisch zu einem Verfahrensstopp der in England anhängigen Klagen gegen den Schuldner, die englischen Gerichte können jedoch im Rahmen ihres Ermessens englische Verfahren aussetzen, wenn durch sie die Gläubigergemeinschaft gefährdet ist[96].

Das unbewegliche Vermögen geht nicht automatisch durch den ausländischen Eröffnungsbeschluss auf den Verwalter über, vielmehr muss dieser zunächst seine Einsetzung als *receiver* für das betroffene Grundstück beantragen[97].

Betrifft das ausländische Insolvenzverfahren eine Gesellschaft, so findet keine automatische Wirkungserstreckung statt. Allerdings kann ein ausländischer Verwalter, wie beim Individualkonkurs im Hinblick auf das unbewegliche Vermögen, die Einsetzung als Liquidator beantragen, wodurch ihm die Verfügungsberechtigung hinsichtlich des gesamten beweglichen und unbeweglichen Vermögens der Gesellschaft zu Teil wird[98]. Auch hier treten die Wirkungen erst mit dem Einsetzungsbeschluss ein, so dass es in der Zwischenzeit zu Vollstre-

---

[93] Vgl.: Dicey/Morris, II. rule 167, Rz.31-064; Galbraith v. Grimshaw (1910) A.C. 508 (HL); Wood, Principles, S. 256 f., demzufolge es weitgehend unerheblich ist, ob ein solcher Eigentumsübergang auch von der ausländischen lex fori concursus vorgesehen ist oder diese nur eine Einschränkung der Verfügungsbefugnis des Schuldners zugunsten des Verwalters vorsieht.

[94] Vgl.: Smart, S. 139

[95] Vgl.: Wood, Principles, S. 256

[96] In der Regel wird hierfür auf den Zeitpunkt der Verfahrenseröffnung abgestellt und Beschlagnahmen *(attachments)*, die danach erlangt worden sind, werden nicht mehr als beständig angesehen, vgl.: Galbraith v. Grimshaw (1910) A.C. 508 (HL); Smart, S. 146 ff. (151)

[97] Vgl.: Dicey/Morris, II. rule 168, Rz.: 31-071 ff.; Fletcher, Insolvency in Private International Law, S. 99

[98] Vgl.: Fletcher, Insolvency in Private International Law, S. 170: Er kann dann das Vermögen veräußern und den Erlös unter den Voraussetzungen der ausländischen lex fori concursus verwerten.

ckungsmaßnahmen von Gläubigern kommen kann. Aus diesem Grund wird in der Literatur vorgeschlagen, in Abweichung zum geltenden Recht eine gewisse Rückwirkung des Anerkennungsbeschlusses zuzulassen[99]. Ob ein laufendes gerichtliches Verfahren gegen den Schuldner aufgrund des ausländischen Insolvenzverfahrens eingestellt wird, liegt auch hier im Ermessen der englischen Gerichte[100].

2. 3. 4. 3. Französisches Recht

Auch im französischen Recht entfaltet das ausländische Insolvenzverfahren mit Erhalt des Exequaturs volle Wirkung, insbesondere kommt ihm erst durch dieses auch eine sog. Vollstreckungswirkung zu[101]. Im Grundsatz geht das französische Recht nach erfolgter Anerkennung von einer Wirkungserstreckung aus, d. h. nach der Exequaturerteilung bleibt die ausländische Entscheidung dem ausländischen Insolvenzrecht unterstellt, aber auch hier kann es im Einzelfall zu einem Zusammenspiel mit anderen Rechtsordnungen, insbesondere zu Begrenzung durch die französische lex rei sitae kommen[102].

In der Regel entfaltet die ausländische Entscheidung ihre Wirkungen erst ab dem Zeitpunkt der Exequaturerteilung[103], so dass bis dahin vollständig entstandene Rechtspositionen nicht mehr rückwirkend durch die Exequaturerteilung wegfallen können. Zwischenzeitlich hat die französische Rechtsprechung jedoch zugelassen, dass bestimmte Wirkungen einer ausländischen Konkursentscheidung schon vor dem Exequatur zu berücksichtigen sind, wenn sie mit dem französischen ordre public übereinstimmen und der Entscheidung überhaupt einmal das Exequatur erteilt werde[104]. Auf diese Weise hat das Gericht in begrenztem Umfang eine Rückwirkung des Exequaturs zugestanden, eine automatische Rückwirkung des Exequaturs ist mit der Entscheidung jedoch nicht gewährt worden[105].

---

[99] Vgl.: Flecher, Insolvency in Private International Law, S. 170 f.

[100] Vgl.: Felixstowe Dock and Railway Co. v. United States Lines Inc. (1989) Q.B. 360; Goode, Principles, S. 506

[101] Vgl.: Entscheidung Sté Kléber c. Sté Hansen, Cass. civ. v. 25. 2. 1986, Rev. crit. 1987, S. 589; Martin-Serf, JDI 1995, S. 31 (45); Daunizeaud, BANQUE, 1995, S. 58 (59); Loussouarn, Anm zu: Cass. civ. v. 29. 6. 1971, JDI 1973, S. 343 (347)

[102] Vgl.: Coviaux, JCL 10 Fasc. 3130, Nr. 128; Theus Simoni, S. 245

[103] Vgl.: Synvet, Anm. zu Cass. civ. v. 25. 2. 1986, Rev. crit. DIP 1987, S. 596 (600)

[104] Vgl.: Entscheidung Sté Kléber c. Sté Hansen, Cass. civ. v. 25. 2. 1986, Rev. crit. 1987, S. 589. Das Gericht zählt hierunter die Unzulässigkeit von Zahlungsklagen und die Untersagung von Vollstreckungs- und Sicherungsmaßnahmen. Ausführliche Besprechung der Entscheidung bei Witz/Zierau RIW 1989, S. 929 (932 ff.); Heyers, S. 79 ff.

[105] Vgl.: Synvet, Anm. zu Cass. civ. v. 25. 2. 1986, Rev. crit. DIP 1987, S. 596 (601)

Weiterhin finden sich im französischen IIR Hinweise darauf, dass gewisse Wirkungen des ausländischen Verfahrens auch ohne Exequatur eintreten können, sofern sie unbestritten sind. Hierbei handelt es sich in erster Linie um Beweis- oder Tatsachenwirkung, welche die ausländische Eröffnungsentscheidung entfaltet; danach kann ein Insolvenzverwalter vor Gericht auftreten, um das Exequatur zu beantragen oder um für den Gemeinschuldner Prozesse zu führen, ebenso kann er gewisse Sicherheitsmaßnahmen ergreifen[106].

2. 3. 4. 4. Österreichisches Recht

Die §§ 79 ff. der österreichischen EO geben keine Auskunft darüber, welche Wirkung ein ausländisches Insolvenzverfahren in Österreich entfaltet. In Anbetracht dessen, dass es aufgrund der strengen Anerkennungsvoraussetzungen im autonomen IIR faktisch zu keiner Anerkennung ausländischer Konkurse kommt[107], hat auch die Rechtsprechung bisher keine Position zur Wirkungsreichweite bezogen[108]. In der österreichischen Literatur wird somit auf die Grundsätze und Theorien zur allgemeinen Urteilsanerkennung zurückgriffen, für die auch hier im Wesentlichen die Theorie der Wirkungserstreckung und die Gleichstellungstheorie vertreten werden[109].

Für die Anerkennung im IIR wird teilweise eine Wirkungserstreckung der ausländischen lex fori concursus bejaht, allerdings begrenzt durch das Recht des Anerkennungsstaates[110]. Nach einer anderen Auffassung ist zunächst zwischen Anerkennungs- und Vollstreckungswirkung zu unterscheiden[111]. Hinsichtlich der Anerkennungswirkung soll demnach eine Wirkungserstreckung begrenzt durch den ordre public gelten, während sich die Vollstreckungswirkungen nach inländischem (österreichischem) Recht richten, wobei das Recht des ausländischen Eröffnungsstaates die Obergrenze für die Zulässigkeit der Maßnahmen bilden muss.

Daneben wird auch in Österreich die Möglichkeit sog. Tatbestands- und Nebenwirkungen diskutiert, wonach ein ausländischer Konkurs auch ohne vorheri-

---

106 Vgl.: Coviaux, JCL 10, Fasc. 3130, Nr. 98 ff.; Moreau, in Fletcher, Cross-border Insolvency, S. 95 (100); Soinne, Rz. 369 jeweils mit weiteren Hinweisen auf Rechtsprechung; C. app. Poitiers v. 20. 12. 1972, Rev. crit. DIP 1974, S. 118

107 Vgl.: Keppelmüller, S. 113 Rz. 249

108 Vielmehr hat diese nur die grundsätzliche Wirkungslosigkeit ausländischer Insolvenzmaßnahmen bestätigt, vgl.: OGH IPRE 3/5

109 Vgl.: Boll, S. 42 ff. mit weiteren Literaturnachweisen. Daneben werden Kombinationen aus beiden Theorien vertreten, angedeutet bei: Matscher, ZZP 103 (1990), S. 308 f.; Leitner, S. 219

110 Vgl.: Boll, S. 43 ff.

111 Vgl.: Keppelmüller, S. 111 ff. Rz. 243 ff.

ge Anerkennung bestimmte Wirkungen inländischer Normen hervorrufen kann. Übereinstimmend wird jedoch davon ausgegangen, dass es sich hierbei nicht um konkursspezifische Wirkungen handelt[112].

2. 3. 4. 5. Schweizerisches Recht

Das schweizerische IIR hat in den Art. 166 schwIPRG ausdrücklich die Wirkungen des ausländischen Insolvenzverfahrens geregelt und festgelegt, dass einer ausländischen Entscheidung in der Schweiz keine unmittelbare Wirkung zukommt, d. h. eine Wirkungserstreckung nicht erfolgt. Erfüllt eine ausländische Eröffnungsentscheidung jedoch die förmlichen Anerkennungsvoraussetzungen, so treten für das in der Schweiz belegene Vermögen die konkursrechtlichen[113] Folgen des schweizerischen Rechts nach den Art. 197 ff. SchKG ein, soweit nicht das schwIPRG Sonderregeln vorsieht[114]. Gewisse vorläufige Sicherungsmaßnahmen können jedoch schon mit dem Antrag auf Anerkennung verbunden werden und treten somit vor der förmlichen Anerkennung ein[115].

Anders als im Konkursverfahren nach dem SchKG werden im Nebenkonkurs keine Gläubigerversammlung und kein Gläubigerausschuss bestimmt, konkursrechtlich relevante Fristen beginnen erst mit Veröffentlichung der Anerkennungsentscheidung zu laufen[116].

---

[112] Vgl.: Zehetner in: Wiesbauer, Neuerungen, S. 9 (18); Leitner, S. 220; Keppelmüller, S. 113 ff. Rz. 249 ff., der dies ausführlich für die Wirkungen eines Konkurses auf eine Gesellschaft darstellt.

[113] Darunter fallen nur die sog. konkursrechtlichen Folgen, z. B. Verfügungsbeschränkung des Gemeinschuldners, Ausschluss von Vollstreckungshandlungen. Allerdings werden einige sog. materiellrechtliche Wirkungen (Tatbestandswirkungen) des Konkurses anerkannt, wenn zivilrechtliche Normen in ihrem Tatbestand an das Merkmal des Konkurses anknüpfen, angedeutet in: BGE 36 I 794 (797), Staehelin, Anerkennung, S. 16 ff.; Kren Kostkiewicz, BlSchK 1993, S. 1 (16 f.)

[114] Vgl.: Art. 170 Abs. 1 IPRG; die Norm wird z. T. als eine Ausnahme dazu gesehen, dass sich Umfang und Inhalt der Wirkungen einer ausländischen Konkursentscheidung grundsätzlich nach der lex fori concursus richten, vgl.: Breitenstein, S. 173 f.; a. M.: IPRG-Komm/Volken, Rz. 5 zu Art. 170 IPRG, wonach es sich bei den Regelungen in Kapitel 11 des IPRG um eine zwischenstaatliche Rechtshilfe handelt und die Anerkennung der ausländischen Entscheidung nur die Durchführung des Parallelkonkurses auslöst.

[115] Vgl.: Art. 168 IPRG, der bezüglich der Sicherungsmaßnahmen auf die Art. 162-165, 170 SchKG verweist. Ob darunter auch die Einstellung laufender Zwangsvollstreckungsmaßnahmen fällt, ist in der Literatur umstritten, dagegen: IPRG-Berti, Art. 168 Rz. 9; Staehelin, Anerkennung, S. 111; Theus Simoni S. 348; a. M.: Nussbaum SSIR 1989, S. 24; Hanisch, JZ 1988, S. 737, (741); Breitenstein, S. 169, 212; in diese Richtung geht wohl auch: BGE 94 III 46 (49)

[116] Vgl.: Art. 170 Abs. 2 und 3 schwIPRG

Eine weitere wichtige Besonderheit besteht hinsichtlich der Aufstellung des Kollokationsplanes, da in diesen nur die pfandgesicherten Forderungen nach Art. 219 Abs. 1–3 SchKG, unabhängig vom Wohnsitz, sowie die privilegierten Forderungen nach Art. 219 Abs. 4 SchKG von Gläubigern mit Wohnsitz in der Schweiz aufgenommen werden[117]. Daraus ergibt sich, dass die Erlösverteilung des schweizerischen Nebenkonkurses in erster Linie den aufgeführten Gläubigern zur Deckung ihrer Forderungen dienen soll. Verbleibt nach deren Befriedigung ein Überschuss des Erlöses, so wird dieser an die ausländischen Konkursgläubiger überwiesen, vorausgesetzt der ausländische Kollokationsplan ist in der Schweiz anerkannt worden[118].

Umstritten ist in der schweizerischen Literatur, ob neben der Durchführung des förmlichen Anerkennungsverfahrens auch eine sog. vorfrageweise Anerkennung ohne Exequatur erfolgen kann[119], bei der die Entscheidung nur eine Wirkung inter partes entfaltet. Ebenfalls ungeklärt bleibt in diesem Zusammenhang, ob es bei einer vorfrageweisen Anerkennung zu einer Wirkungserstreckung kommt oder ob ein solcher Konkurs dieselben Wirkungen wie ein schweizerischer Konkurs entfaltet[120].

2. 3. 4. 6. Spanisches Recht

Auch im spanischen Recht kann die ausländische Eröffnungsentscheidung grundsätzlich nur nach Erteilung des Exequaturs auf das in Spanien belegene Vermögen des Gemeinschuldners Wirkungen entfalten. Allerdings hat auch die spanische Rechtsprechung angedeutet, dass für einzelne konkursrechtliche Wirkungen Ausnahmen vom förmlichen Exequaturverfahren zulässig sein kön-

[117] Vgl.: Art. 172 Abs. 1 lit. a.), b.) schwIPRG. Nicht berücksichtigt werden die allgemeinen Konkursgläubiger der 5. Klasse, die insoweit auf den ausländischen Hauptkonkurs verwiesen sind. Zu den weiteren Abweichungen, vgl.: Fritsche/ Walder-Bohner, II. § 55, Rz. 19 ff.

[118] Vgl.: Art. 173 schwIPRG. Zur Anerkennung des ausländischen Kollokationsplans, vgl.: IPRG-Komm/Volken, Art. 173 Rz. 14.; Kren Kostkiewicz, BlSchK 1993, S. 1 (20); es erfolgt kein erneutes förmliches Anerkennungsverfahren (Exequatur), vielmehr wird der ausländische Kollokationsplan am schweizerischen ordre public gemessen und ob Forderungen von Gläubigern mit Wohnsitz in der Schweiz angemessen berücksichtigt werden, vgl.: Staehelin, Anerkennung, S. 169

[119] Vgl.: Dagegen: Staehelin, Anerkennung, S. 12 f.; IPRG-Berti, Art. 167 Rz. 10; Habscheid, KTS 1989, S. 253 (259), welche dies aus der Verweisung in Art. 167 Abs.1 auf Art. 29 Abs. 1 IPRG ableiten.

[120] Zu dieser Problematik, insbesondere hinsichtlich der Befugnisse des ausländischen Konkursverwalters, vgl.: Theus Simoni, S. 262 ff., nach deren Auffassung nur die im schweizerischen Recht vorgesehenen Wirkungen eintreten können.

nen[121]. Es handelt sich hierbei um die Anerkennung des Insolvenzverwalters als gesetzlichen Vertreter des Gemeinschuldners und der Insolvenzmasse und um seine Befugnis, Sicherungsmaßnahmen zu ergreifen.

Die wenigen spanischen Urteile, die eine Anerkennung ausländischer Konkursverfahren behandeln, gehen nicht auf die Frage der Wirkungsreichweite ein, so dass im geltenden spanischen Recht unklar ist, welchem Recht die Wirkungen des ausländischem Verfahren zu entnehmen sind[122].

Demgegenüber sind im künftigen IIR auch die Wirkungen geregelt, die einem ausländischen anerkannten Verfahren in Spanien zukommen. Während die Entwürfe aus den Jahren 1983 und 1995 die Wirkungen dem spanischen Recht unterstellen wollten[123], enthält Art. 223 LC 2003 insoweit eine Modifikation, als er eine durch die Sonderanknüpfungen in den Art. 201 bis 209 begrenzte Wirkungserstreckung anordnet[124].

[121] Vgl.: STS vom 29. 5. 1894, Jur. civ. Bd. 75, Nr. 154, S. 693 ff.; STS vom 12. 5. 1885, Jur. civ. Bd. 57, Nr. 209, S. 739 ff.; Marcos González Lecouna, RGD 1998, S. 4155 (4189); Esplugues Mota, S. 414 ff.

[122] Vgl.: Esplugues Mota, RDBB 1997, S. 1121 (1127), der den existierenden Urteilen keine ausreichende Aussagekraft beimisst, um aus ihnen allgemeine Vorgehensweisen für die Anerkennung von ausländischen Insolvenzentscheidungen abzuleiten.

[123] Vgl.: Art. 396 ALC 1983; Art. 268 Nr. 1 PALC 1995

[124] Dies sahen bereits die Reformvorschläge in den Art. 223 AC 2000 und Art. 224 AC 2001 vor.

3. Stellung der Grundpfandrechte bei grenzüberschreitenden Insolvenzen

3. 1. Allgemeines

Wie bereits festgestellt wurde, glich sich das autonome IIR der Rechtsordnungen bis zu den kürzlich erfolgten Reformen im deutschen und spanischen Recht insbesondere darin, dass es sich mit Ausnahme der Schweiz in einem nichtkodifizierten Zustand befand und überwiegend von der Lehre und Rechtsprechung entwickelt wurde. Demzufolge war auch die Behandlung von Grundpfandrechten in grenzüberschreitenden Insolvenzverfahren in den meisten Rechtsordnungen überwiegend nicht spezialgesetzlich geregelt.

Dabei hatte der deutsche RegE in § 390 Abs. 2 eine ausdrückliche Regelung für die Rechte an unbeweglichen Gegenständen vorgesehen, diese wurde jedoch nicht in Art. 102 EGInsO a. F. übernommen. Mit Inkrafttreten des neuen deutschen IIR wurde nunmehr erstmals in § 351 InsO eine Vorschrift zur Behandlung von dinglichen Sicherheiten aufgenommen. Das künftige spanische IIR hat die bereits in den Gesetzesvorschlägen enthaltene Kollisionsnorm für die Behandlung dinglicher Rechte übernommen[125].

In einigen Rechtsordnungen findet sich, wenn auch nur sehr spärlich gesät, Rechtsprechung, die sich mit der Problematik von Sicherheiten in grenzüberschreitenden Insolvenzen auseinandergesetzt hat[126].

Im Folgenden wird nun die Behandlung der Grundpfandrechte im autonomen IIR der Rechtsordnungen anhand der vorhandenen Literaturauffassungen und Rechtsprechung skizziert[127]. Insbesondere steht hierbei die Frage im Vordergrund, ob sich insolvenzspezifische Einschränkungen, welche den Gegenstand

---

[125] Während die Vorschläge von 1983 in Art. 388 ALC und die neuen Gesetzesentwürfe in Art. 200 AC 2000 bzw. Art. 201 AC 2001 eine ausdrückliche Kollisionsnorm für dingliche Sicherheiten vorsehen, fehlt allerdings eine entsprechende Regelung in der PALC 1995. Künftig richtet sich die Behandlung von dinglichen Sicherheiten nach Art. 201 Abs. 1 LC 2003.

[126] Vgl.: Die vereinzelten Stellungnahmen zur Behandlung der Absonderung in der deutschen Rechtsprechung: RGZ 1, 322; OLG Hamburg, IPRspr. 1933, Nr. 28; zur Behandlung einer *mortgage*, vgl.: Moore v. Anglo-Italian Bank (1879) 10 Ch. D. 681; Die wichtigste französische Rechtsprechung in diesem Zusammenhang ist wohl die Entscheidung Sté Kléber c. Sté Hansen, Cass. civ. v. 25. 2. 1986, Rev. crit. DIP 1987, 589; aber auch: Cass. civ. 7. 10. 1970, Rev. crit. DIP 1971, S. 79; zur Behandlung eines Eigentumsvorbehaltes, vgl.: Cass. civ. v. 8. 1. 1991, D. 1991, S. 276

[127] Das neue deutsche IIR trat erst nach dem offiziellen Abschluss dieser Arbeit zum 20.3.2001 in Kraft. Die für diese Arbeit wichtigen Neuerungen wurden nachträglich in das Manuskript eingearbeitet, wobei die Ausführungen zum früheren Rechtszustand weiterhin beibehalten wurden.

der Untersuchung in 2. Teil bildeten, auch auf Grundpfandrechte an ausländischen Grundstücken erstrecken bzw. ob auch ein ausländisches Insolvenzverfahren die am Lageort vorgesehenen Einschränkungen, beispielsweise im Hinblick auf die freien Verwertungsbefugnis der Grundpfandgläubiger, auslösen kann.

Die Behandlung von Grundpfandrechten in grenzüberschreitenden Insolvenzverfahren wird anhand zweier Fallkonstellationen dargestellt, denen jeweils die gegensätzliche Betrachtungsweise derselben Problematik zugrunde liegt:

Im Fall 1 kommt es zur Verfahrenseröffnung im Inland am Wohnsitz / Geschäftssitz des Schuldners, dessen Vermögen auch mit Grundpfandrechten belastete Grundstücke im Ausland umfasst.

Fall 2 behandelt sodann die umgekehrte Situation, die Verfahrenseröffnung im Ausland am Wohnsitz/Geschäftssitz des Schuldners, dessen Vermögen auch mit Grundpfandrechten belastete Grundstücke im Inland erfasst.

Bei der sich anschließenden Untersuchung wird davon ausgegangen, dass im Hinblick auf die kollisionsrechtliche Behandlung der Grundpfandrechte ein Renvoi unbeachtlich ist, da ein solcher wohl überwiegend dem Sinn und Zweck einer durch Sonderanknüpfung vorgenommenen Verweisung widersprechen würde[128].

3. 2. Verfahrenseröffnung im Inland am Wohnsitz/Geschäftssitz des Schuldners, dessen Vermögen auch mit Grundpfandrechten belastete Grundstücke im Ausland umfasst (Fall 1)

Bei dieser Fallvariante handelt es sich aus der Sicht des Verfahrenseröffnungsstaates zunächst um ein rein kollisionsrechtliches Problem, denn es geht darum, das anwendbare Recht für die insolvenzspezifischen Eingriffe auf ausländische Grundpfandrechte zu ermitteln. Aus Gründen der Übersichtlichkeit soll nun zunächst die Lösung des Falles getrennt nach den Rechtsordnungen erfolgen.

3. 2. 1. Deutsches Recht

Hat ein Schuldner seinen Wohn- und Geschäftssitz in Deutschland und wird über sein Vermögen ein Insolvenzverfahren eröffnet, so erfasst dieses aufgrund seiner universellen Wirkung[129] auch im Ausland belegene Grundstücke. Sind diese mit Grundpfandrechten belastet, so wurden bisher in der deutschen Lite-

[128] Zum Renvoi im IIR, vgl.: Keppelmüller, S. 54 Rz. 93; Hanisch, in: FS Jahr, 45(467 f.); Trunk, IIR, S. 91 f.

[129] Siehe oben: 3. Teil, 2. 1. 1.

ratur unterschiedliche Meinungen dazu vertreten, nach welcher Rechtsordnung sich die insolvenzspezifischen Eingriffe in diese Sicherheiten bestimmen.

Teilweise wird davon ausgegangen, dass Entstehung und Wirksamkeit einer Sicherheit, hier also eines Grundpfandes, den allgemeinen Kollisionsregeln folgend der lex rei sitae unterliegen, jedoch sollen sich die insolvenzspezifischen Wirkungen auf das Grundpfand, insbesondere ob ein Absonderungsrecht besteht oder ob dieses beschränkt werden kann, nach der lex fori concursus richten[130]. Auf diese Weise werde eine Gleichbehandlung der gesicherten Gläubiger gewährleistet und dem Universalitätsprinzip am besten Rechnung getragen.

Andere Autoren vertreten demgegenüber die Ansicht, dass auch die insolvenzspezifischen Wirkungen dem Recht am Belegenheitsort zu entnehmen sind, womit diese Auffassung in erster Linie den Vertrauensschutz der Sicherungsgläubiger berücksichtigt[131].

Einen anderen Ausgangspunkt wählt *v. Wilmowsky*, der das Insolvenzkollisionsrecht aufspalten und einmal an die Verwertung, im anderen Fall an die Verteilung in der Insolvenz anknüpfen will[132]. Danach gehören auch Absonderungsrechte als Verwertungsrechte oder etwaige Kostenbeiträge der gesicherten Gläubiger zur Insolvenzverwertung, die allein dem Recht des Verfahrensstaates, mithin der lex fori concursus zu unterstellen ist. Das Befriedigungsvorrecht bzw. der Rang der Sicherheit gehört demgegenüber zur Insolvenzverteilung, die jeweils unterschiedlichen Schutzstatuten unterstellt sein kann. Geht es um die Befriedigungsvorrechte eines Grundpfandgläubigers, so richten sich diese nach der Rechtsordnung, welche das Grundpfandrecht entstehen ließ, d. h. letztendlich nach der lex rei sitae.

Schließlich werden als Lösung auch Kumulationen aus lex rei sitae und lex fori concursus vertreten, die jedoch unterschiedlich ausgeprägt sind. Teilweise geht man davon aus, dass sich die Rechtsfolgen zwar grundsätzlich nach der lex fori concursus richten, sie jedoch durch das Recht am Belegenheitsort in ihren Wirkungen begrenzt werden. Im Ergebnis sollen danach nur die Wirkungen eintre-

---

[130] Vgl.: Trunk, IIR, S. 138 ff., 385 ff.; Gottwald/Arnold, § 122 Rz. 95 f.; in diese Richtung tendieren wohl auch: Kirchhof, WM 1993, S. 1364 (1404); Prütting, ZIP 1996, S. 1277 (1284), der jedoch im Hinblick auf Art. 5 EUIÜ eine von der lex rei sitae abweichende Anknüfung nicht für sinnvoll hält.

[131] Vgl.: Aderhold, S. 282; Kübler/Prütting/Kemper, InsO, Anhang II Art. 102 EGInsO, Rz. 218 ff. (220); Münch/Komm-Ebenroth, Nach Art. 10 EGBGB Rz. 360; Schlosser, RIW 1983, S. 473 (479)

[132] Vgl.: v. Wilmowsky, WM 1997, S. 1461 (1464, S. 1466 ff.)

ten, die auch nach der lex rei sitae im Insolvenzfall eintreten würden[133]. Nach einer anderen Auffassung soll eine Kumulation in der Weise erfolgen, dass Ausgangspunkt für die Beurteilung der Sicherheiten das Recht am Belegenheitsort ist. Nach einer Angleichung der Sicherheit an vergleichbare inländische Rechtsinstitute ist sie wie diese nach inländischem Recht zu behandeln[134].

Wendet man die verschiedenen Meinungen auf den Beispielsfall an, so kommt man zu folgenden Lösungen: Nach der ersten Auffassung würden sich Entstehung und Wirksamkeit des Grundpfandes nach dem ausländischen Recht als Recht am Belegenheitsort richten. Die insolvenztypischen Eingriffe, z. B. in die Verwertungsbefugnis der Grundpfandgläubiger, sind jedoch dem deutschen Recht als lex fori concursus zu entnehmen.

Nach der zweiten Auffassung wären auch die insolvenztypischen Eingriffe der lex rei sitae unterstellt, so dass im deutschen Insolvenzverfahren nur die Eingriffe zulässig und vorzunehmen sind, welche das Recht am Belegenheitsort vorsieht.

Legt man den Ansatz *v. Wilmowskys* zugrunde, so wäre in Bezug auf Eingriffe in die Verwertungsbefugnis der Grundpfandgläubiger allein das deutsche Recht als lex fori concursus maßgeblich, für die Frage nach deren Rang im Insolvenzverfahren wäre jedoch eine Verweisung auf das Recht am Belegenheitsort des Grundstücks als Schutzstatut vorzunehmen.

Nach der einen Kumulationslösung würden sich die Eingriffe grundsätzlich nach deutschem Recht als lex fori concursus richten, es könnten jedoch nur die Eingriffe zur Anwendung kommen, die nach dem Recht am Belegenheitsort eine Entsprechung finden, bzw. nicht über dieses hinausgehen.

Schließlich wären der zuletzt genannten Auffassung zufolge die ausländischen Grundpfandrechte nach erfolgreicher Angleichung an inländische Grundpfandrechte sodann nach deutschem Recht zu behandeln.

Fraglich ist, ob sich nun an dem bisherigen Rechtszustand aufgrund der neuen Regelung in § 351 InsO etwas geändert hat. Hierfür ist zunächst die Regelungsaussage von § 351 zu klären. In seinem wesentlichen Inhalt stimmt § 351 InsO

---

[133] Vgl.: Drobnig, in: Fletcher, the Aberystwyth Papers, S. 216 (218 f.); ders. in: Stoll, Stellungnahmen und Gutachten, S. 177 (180 f.)
[134] Vgl.: Baur/Stürner, II. Insolvenzrecht, Rz. 37.11 ff.

mit Art. 5[135] der EG-Ratsverordnung über Insolvenzverfahren 1346/2000 überein, da auch er anordnet:

„das Recht eines Dritten an einem Gegenstand der Insolvenzmasse, der zur Zeit der Eröffnung des ausländischen Insolvenzverfahrens im Inland belegen war, und das nach inländischem Recht einen Anspruch auf Aussonderung oder auf abgesonderte Befriedigung gewährt, wird von der Eröffnung des ausländischen Insolvenzverfahrens nicht berührt."

Aus diesem Wortlaut zusammen mit der Gesetzesbegründung[136] ergibt sich, dass man hier bewusst eine Übereinstimmung der beiden Vorschriften hergestellt hat. Versteht man Art. 5 als eine Verweisung auf die lex rei sitae[137], so ergeben sich für das autonome IIR unter der Geltung von § 351 InsO keine Besonderheiten, da auch bisher schon von Teilen der Literatur die alleinige Geltung der lex rei sitae vertreten wurde.

Auffällig ist jedoch, dass § 351 InsO systematisch eine andere Stellung einnimmt als Art. 5. Während letzterer aufgrund seiner Einordnung innerhalb der Verordnung sowohl als Anerkennungsvorschrift[138] als auch als Kollisionsnorm[139] betrachtet werden kann, so könnte man bezüglich § 351 InsO die Auffassung vertreten, dieser sei aufgrund seiner Einordnung im Zweiten Abschnitt des elften Teils der InsO (Ausländische Insolvenzverfahren) nur als Anerkennungsvorschrift zu verstehen.

Selbst wenn dies der Fall ist, ließe sich dennoch auch nach neuem autonomen IIR im vorliegenden Fall im Ergebnis die Anwendbarkeit der lex rei sitae für die Behandlung von ausländischen Grundpfandrechten vertreten: Da das neue Gesetz dann keine spezielle Sondervorschrift enthält, vielmehr gar keine spezielle Kollisionsnorm für die Behandlung ausländischer dingliche Sicherheiten im inländischen Insolvenzverfahren eingeführt wurde, gilt auch im autonomen IIR insoweit das allgemeine Kollisionsrecht, welches für die Begründung, Gültigkeit und Tragweite der Sicherheit grundsätzlich auf das Recht am Lageort[140] verweist.

[135] Siehe hierzu die Ausführungen unten im 4. Teil.
[136] Vgl.: Begründung zum autonomen deutschen Internationalen Insolvenzrecht BT- Drs. 15/16 zu § 351.
[137] Siehe hierzu die Ausführungen unten im 4. Teil, 4. 3. 2.
[138] Siehe Ausführungen unten im 4. Teil, 4. 3. 2.
[139] Siehe Ausführungen unten im 4. Teil, 4. 3. 2.
[140] Vgl.: Art. 43 Abs. 1 EGBGB; Kegel, S. 662 f.

3. 2. 2. Englisches Recht[141]

Um den eigentlichen Zweck einer Sicherheit, ihre Durchsetzbarkeit im Falle der Insolvenz des Schuldners, erfüllen zu können, müssen nach englischer Auffassung prinzipiell auch bei einem grenzüberschreitenden Konkurs ausländische Sicherheiten vom Eröffnungsstaat anerkannt werden[142]. Auf die Behandlung von Belastungen, die an im Ausland befindlichen Vermögen des Schuldners, hier also an ausländischen Grundstücken, bestehen, wird im englischen Recht im Wesentlichen unter zwei Gesichtspunkten eingegangen: Zum einen in Bezug auf ihre Handhabung im englischen Insolvenzverfahren, wenn eine Befriedigung seitens der Grundpfandgläubiger noch nicht oder nur teilweise erfolgt ist, zum anderen sofern es um die ungehinderte Verwertung durch die Grundpfandgläubiger im Ausland geht.

Überwiegend geht man davon aus, dass für die Frage der Behandlung ausländischer Sicherheiten in einem englischen Insolvenzverfahren, soweit es um deren wirksame Errichtung geht, allein das Recht am Belegenheitsort der Sache einschlägig ist[143]. Liegt nach den Vorschriften der lex rei sitae eine wirksame Sicherheit vor, ist weiterhin fraglich, welche Rechtsordnung über die Beständigkeit und Durchsetzbarkeit der Sicherheit im englischen Konkursverfahren entscheidet. Für Immobiliarsicherheiten wird diesbezüglich teilweise eine ausschließliche Anknüpfung an die lex rei sitae vertreten[144].

Daneben findet sich jedoch in der Literatur hierzu der Hinweis, dass bei einer nach den Vorschriften des Belegenheitsortes wirksam errichteten Sicherheit sodann für bestimmte Fragen die lex fori concursus zur Anwendung kommt[145].

Inwieweit auch Rechtsbehelfe zur Durchsetzung der Sicherheit allein aus dem Recht am Verfahrensstaat Anwendung finden, oder ob zusätzlich eine Orientierung an der lex rei sitae zu erfolgen hat, lässt sich der Rechtsprechung und Lehre nicht eindeutig entnehmen. Es wird in dieser Hinsicht teilweise ohne weitere Ausführungen festgestellt, dass Rechtsbehelfe gegen den Schuldner oder Ver-

---

[141] Soweit es sich im Folgenden um Fragen des anwendbaren Rechts handelt, ist von einer Übereinstimmung der Vorschriften für Gesellschafts- und Individualkonkurs auszugehen, vgl.: Fletcher, Insolvency in Private International Law, S. 155

[142] Vgl.: Fletcher, Insolvency in Private International Law, S. 79

[143] Vgl.: Dicey/Morris, II. rule 163, Rz. 31-041; Fletcher, Insolvency in Private International Law, S. 79 f.; so wohl auch: Smart, S. 194 Hinweis in Fn. 15; Minna Craig Steamship Co. v. Chatered Mercantile Bank (1897) 1. Q.B. 460 (C.A.); Re West Cumberland Iron and Steel Co. (1893)1 Ch. 713 (721)

[144] Vgl.: Wood, Comparative Law, S. 185, allerdings im Rahmen einer rechtsvergleichenden Betrachtung.

[145] Vgl.: Fletcher, Insolvency in Private International Law, S. 80

walter in Bezug auf im Ausland erworbene Rechte ebenso wie die Rangfolge der Gläubiger bei der Erlösverteilung der lex fori concursus unterstehen[146]. Dies ließe die Annahme zu, dass die Rechtsbehelfe, welche der Sicherheit an ihrem Belegenheitsort zustehen, in diesem Fall unbeachtet blieben. Dem steht jedoch die Auffassung in der englischen Literatur und Rechtsprechung entgegen, dass ein gesicherter Gläubiger, wie der Grundpfandgläubiger, der am Ort der Belegenheit des Grundstücks bereits ein Verwertungsverfahren eingeleitet hat, ein solches Verfahren unbehindert weiterführen kann[147]. Dies wird damit begründet, dass auch in einem nationalen englischen Insolvenzverfahren dem Sicherungsgläubiger regelmäßig die Erlaubnis zuteil wird, seine Sicherheit ungehindert zu verwerten.

Weiterhin lässt sich diese Befugnis indirekt auch aus der sog. *hotchpot-rule*[148] entnehmen, nach der ein ausländischer Sicherungsgläubiger seine Sicherheit im Ausland verwerten und einen möglichen Ausfall der gesicherten Forderung im englischen Verfahren anmelden kann, ohne die Sicherheit aufzugeben bzw. deren Erlös an die Masse abzuführen, vorausgesetzt seine Sicherheit ist vor der Verfahrenseröffnung wirksam begründet worden[149].

Diese ungehinderte Ausübung eines im Ausland bestehenden Verwertungsrechts kann indes nur so zu verstehen sein, dass der Grundpfandgläubiger einen Forderungsausfall nach der Verwertung im inländischen englischen Verfahren verfolgen kann und es dabei nicht zu einer indirekten Sanktion der im Ausland vorgenommenen Verwertung im englischen Verfahren kommt[150]. Somit werden auch die Rechtsbehelfe, die dem Sicherungsgläubiger nach dem Recht des Lageortes

---

[146] Vgl.: Blom-Cooper, Bankruptcy, S. 141 ff. (143); Dicey/Morris, II. rule 163, Rz. 31-040 ff.; wohl auch in diesem Sinne zu verstehen, vgl.: Smart, S. 50; Ex p. Holthausen (1874) L. R. 9 Ch. App. 722

[147] Vgl.: Fletcher, Insolvency in Private International Law, S. 160; Moore v. Anglo-Italien Bank (1879) 10 Ch. D. 681; Re West Cumberland Iron and Steel Co. (1893) 1 Ch. 713; Kayser, Int. Insolv. Rev. 1998, S. 95 (129 f.); z. T. wird jedoch die Einholung einer Erlaubnis gefordert, Smart, S. 181, 187

[148] Nach dieser sind ungesicherte Gläubiger, die der englischen Konkursgerichtsbarkeit unterliegen, verpflichtet, ihren im Ausland erworbenen Erlös in voller Höhe an die Masse abzuführen, sofern sie ihre Forderungen auch im englischen Verfahren anmelden und eine Quote erlangen wollen. Ausführlicher zu den Voraussetzungen der *hotchpot-rule*: Wood, Principles, S. 272 f.; Smart, S. 173 ff.; Banco de Portugal v. Waddell (1880) 5 A.C. 161; Ex parte Wilson, Re Douglas (1872) L.R. 7 Ch. App. 490

[149] Vgl.: Fletcher, S. 713; ders. in: Insolvency in Private International Law, S. 87; der gesicherte Gläubiger muss jedoch seinen Erlös im Hinblick auf die Ausfallforderung angeben. Dieses Verständnis liegt wohl auch zugrunde in: Minna Craig Steamship Co. v. Chatered Mercantile Bank of India, London and China (1897) 1 Q.B. 460 (CA)

[150] Vgl.: Smart, S. 187

zustehen, bei der Behandlung der an ausländischem Vermögen bestehenden Sicherheiten in einem englischen Insolvenzverfahren berücksichtigt.

In ähnlicher Weise erfolgt eine Auslegung der Rechtsprechung bei *Florian*[151]: Danach hat das jeweils am Belegenheitsort bestehende Verfolgungsrecht Auswirkung auf den Rechtsbehelf im Verfahrensstaat. Sofern die lex fori concursus einen dem Recht am Belegenheitsort vergleichbaren Rechtsbehelf enthält, kann dieser vom ausländischen Gläubiger im englischen Insolvenzverfahren beansprucht werden.

Im Ergebnis deckt sich diese Interpretation auch mit den zuerst genannten Aussagen, da auch hier letztendlich die lex fori concursus den Rechtsbehelf bestimmt, allerdings nachdem zuvor eine Untersuchung und ein Vergleich mit dem Rechts am Belegenheitsort stattgefunden hat.

Im Beispielsfall wäre nach englischem IIR in Anwendung der genannten Auffassungen wohl wie folgt zu verfahren: Zunächst wäre die Wirksamkeit des Grundpfandrechts anhand des Rechts des Belegenheitsortes überprüfen. Sofern diese zu bejahen ist, werden die dem Grundpfandgläubiger zustehenden Rechtsbehelfe in einer Insolvenz nach dem Recht des Belegenheitsortes bestimmt und die lex fori concursus auf vergleichbare Rechtsinstitute untersucht. Sofern Entsprechungen bestehen, kann der ausländische Grundpfandgläubiger diese Rechtsbehelfe im englischen Verfahren geltend machen.

Wie sich den Feststellungen des 2. Teils[152] entnehmen lässt, können die Grundpfandgläubiger jedenfalls in den englischen Liquidationsverfahren ihre Sicherheiten weitgehend uneingeschränkt verwerten. Für den Fall, dass eine Verwertung des ausländischen Grundstücks dennoch einmal durch den englischen Insolvenzverwalter erfolgen soll, stünde den Grundpfandgläubigern sodann die nach der englischen lex fori concursus bestehende vorrangige Befriedigung aus dem Erlös des Grundstücks zu.

Insgesamt lässt sich daraus entnehmen, dass das englische Recht die inländischen und ausländischen Sicherheiten, sofern letztere nach dem Recht des Belegenheitsortes wirksam begründet wurden, in einem englischen Insolvenzverfahren im Wesentlichen gleich behandelt, was im Ergebnis einer Anknüpfung an die lex fori concursus gleichkommt.

---

[151] Vgl.: Florian, S. 96 zu Chase Manhattan v. Israel-British-Bank (1981) 33 Ch. 105 (H.L.)
[152] Siehe oben: 2. Teil, 2. 3. 3.

3. 2 . 3. Französisches Recht

Zu der Problematik, die Fall 1 zugrunde liegt, finden sich mehrere Auffassungen in der französischen Literatur. Während vor allem in der älteren Literatur eine ausschließliche Geltung der lex rei sitae bejaht wurde[153] wird heute überwiegend angenommen, dass die Behandlung von Grundpfandrechten als Sicherheiten in einem internationalen Insolvenzverfahren nicht einer Rechtsordnung allein unterstellt werden kann, sondern dass lex fori concursus und lex rei sitae entweder getrennt nebeneinander zu Anwendung kommen (*application distributive*)[154] oder aber miteinander kombiniert werden (*application cumulative)*[155].

Trotz der unterschiedlichen Bezeichnungen scheinen sich die vertretenen Lösungen weitgehend in ihren Ergebnissen anzunähern, so soll in beiden Fällen die lex rei sitae allein über die wirksame Entstehung der Sicherheit, den Umfang, das Erlöschen, die Wirkung und über eine Vorrangstellung außerhalb des Konkursverfahrens bestimmen[156]. Ob das Grundpfandrecht im Konkurs Bestand hat oder nicht, richtet sich dagegen nach der lex fori concursus, da anderenfalls das Gleichgewicht, welches das Insolvenzrecht zwischen den Individualinteressen der Gläubiger und denen des schuldnerischen Unternehmens herzustellen versucht, gestört würde[157]. Somit unterliegt die Behandlung der Grundpfandrechte zwei Rechtsordnungen, die jedoch auch bei einer getrennten Anwendung nicht ganz ohne Zusammenhang nebeneinander stehen. Beide Auffassungen sprechen nämlich dem Konkursstatut die Befugnis ab, der Sicherheit weitergehende Wirkung beizumessen als es vom Recht am Belegenheitsort vorgesehen ist[158]. Man kann daher der lex rei sitae eine negative Funktion zusprechen, denn sie gibt die Grenzen der Konkursbeständigkeit der Sicherheit an. Beide Vorgehensweisen sehen somit ein gewisses Zusammenspiel von lex fori concursus und lex rei sitae vor, nach beiden Auffassungen bestimmt aber in erster Linie das Konkursstatut über die Behandlung des Grundpfandes im Konkurs.

---

[153] Vgl.: Hinweise bei Trochu, S. 185 f.

[154] Vgl.: Martin-Serf, JDI 1995, S. 31 (86 f.); Nachweis bei: Soinne, Rz. 365

[155] Vgl.: Coviaux, JCL 10 Fasc. 3130, Nr. 87; Rémery, TCFDIP 1992/93, S. 227 (238f.); Moreau, in: Fletcher, Cross-border Insolvency, S. 95 (100); Jobard-Bachellier, DPCI 1995, S. 4 (14 f.)

[156] Vgl.: Mayer, Rz. 661

[157] Vgl.: Rémery, TCFDIP 1992/ 93, S. 227 (239); Martin-Serf, JDI 1995, S. 31 (87)

[158] Vgl.: Khairallah, Anm. zu Cass. com. v. 11. 5. 1982, Rev. crit. DIP 1983, S. 450 (454); Coviaux, JCL 10, Fasc. 3130, Nr. 87; dass eine solche Verknüpfung zwischen den Rechtsordnungen zu erfolgen hat, wird z. T. auch der Rechtsprechung in Cass. civ. v. 25. 2. 1986, Rev. crit. DIP 1987, 589 entnommen, vgl.: Rémery TCFDIP 1992/93, S. 227 (238); Soinne, Rz. 365

Für die Lösung des Beispielsfalles wäre wohl nach beiden Meinungen folgendermaßen vorzugehen: Die wirksame Entstehung des Grundpfandes wäre allein der lex rei sitae zu entnehmen, sie bestimmt insbesondere die notwendigen Publizitätserfordernisse, wie Register- oder Grundbucheintragungen. Ob dagegen in einem Insolvenzverfahren auf das Grundpfandrecht zugegriffen werden kann, d. h. ob ein Verwalter oder das Insolvenzgericht eine Verwertung durch den Grundpfandgläubiger aussetzen kann oder inwieweit die Sicherheit ganz in das Verfahren zu integrieren ist, soll nach der lex fori concursus und somit hier nach französischem Recht entschieden werden. Allerdings kann die lex fori concursus nur soweit zur Anwendung kommen, wie sie den Grundpfandgläubigern keine weitergehenden Rechte zugesteht, als es das Recht am Lageort gewährt, was jedoch bei einer französischen lex fori concursus im Hinblick auf die nicht unerheblichen Eingriffe[159], welche grundsätzlich auf die Grundpfandgläubiger zukommen können, wohl selten der Fall sein wird.

3. 2. 4. Spanisches Recht

Welches Recht über die Behandlung von Grundpfandrechten in einem grenzüberschreitenden Konkurs bestimmt, ist schließlich auch in der spanischen Literatur umstritten, es finden sich im Wesentlichen zwei Meinungen: Nach der einen sollen die Wirkungen, welche die Konkurseröffnung auf die Grundpfandrechte ausübt, nicht unter das allgemeine Konkursstatut, die lex fori concursus fallen, sondern allein vom Recht am Lageort der Grundstücke bestimmt werden[160].

Im Fall 1 bestimmt nach dieser Auffassung allein das ausländische Recht des Lageortes der Grundstücke darüber, ob den Grundpfandgläubigern ein separates Verwertungsrecht zusteht oder ob der spanische Konkursverwalter auf die Grundstücke zugreifen kann bzw. das spanisches Konkursgericht die Verwertung aussetzen kann[161]. Anders gesagt, es sollen nur die Eingriffe stattfinden, welche die ausländische lex rei sitae im Falle eines Konkurses hinsichtlich der Grundpfandrechte zulässt.

---

[159] Siehe hierzu: die Ausführungen zum französischen Recht im 2. Teil.

[160] Vgl.: Calvo Caravaca/Carrascosa González, II. S. 682, 691; Sánchez Lorenzo, La Ley 1989, S. 1029 (1034)

[161] Es ist jedoch zu berücksichtigen, dass nach geltendem spanischem Insolvenzrecht, dem Konkursverwalter ein derartiger Zugriff nicht erlaubt ist und sich diese Frage bei spanischer lex fori concursus nicht stellen wird. Aufgrund der Änderungen, welche das künftige spanische Insolvenzgesetz LC 2003 im Hinblick auf die Grundpfandgläubiger vorsieht, kann diese Frage in Zukunft auch im spanischen IIR relevant werden.

Die Gegenmeinung will die insolvenzspezifischen Wirkungen der lex rei sitae und der lex fori concursus kumulativ entnehmen[162]. Unklar bleibt nach den Vertretern dieser Auffassung, wie eine solche kumulative Anwendung der beiden Rechtsordnungen auszusehen hat. Teilweise findet man den Hinweis, bei einer kumulativen Anwendung seinen nur solche Eingriffe oder Wirkungen zulässig, die im Einklang mit beiden Rechtsordnungen stehen[163].

Nach *Pastor Ridruejo* bedeutet eine kumulative Anwendung, dass zunächst die lex rei sitae über die Wirkungen auf das Sicherungsrecht bestimmt, d. h. ob es überhaupt von insolvenzspezifischen Wirkungen erfasst wird und um welche es sich dabei handelt. Diese finden jedoch ihre Grenzen in den Vorschriften der lex fori concursus, sofern diese im Hinblick auf den Schutz der Sicherungsrechte strenger sind[164].

Wendet man diese Auffassung auf Fall 1 an, hätte das Recht am Lageort der Grundstücke zunächst darüber zu bestimmen, ob und in welchem Maß ein Recht zur separaten Verwertung durch die Grundpfandgläubiger besteht, sowie ob ein Konkursverwalter oder das Konkursgericht im Eröffnungsstaat einen Verwertungsstopp beantragen und in die Grundpfandrechte eingreifen darf. Sofern die lex rei sitae einen solchen Eingriff verneint, kann er dieser Meinung zufolge nicht stattfinden, da der Schutz der im Ausland bestehenden Sicherheiten insoweit vorrangig ist.

Werden Eingriffe nach dem Recht am Lageort der Grundstücke zugelassen, so geltend diese grundsätzlich für die an ausländischen Grundstücken bestehenden Grundpfandrechte. Dies soll jedoch dann nicht gelten, wenn das spanische Recht als lex fori concursus im Hinblick auf den Schutz der Grundpfandrechte restriktiver ist als die lex rei sitae. In diesem Fall kommt allein das Recht des Eröffnungsstaates, hier also spanisches Recht, zur Anwendung.

Aufgrund des geltenden spanischen Insolvenzrechtes wird dies wohl die Regel sein, da das spanischen Recht den Grundpfandgläubigern ein uneingeschränktes Verwertungsrecht außerhalb der Insolvenzverfahren gewährt[165]. Änderungen könnten sich jedoch nach Inkrafttreten des neuen Insolvenzgesetzes LC 2003

---

[162] Vgl.: González Campos, in: La reforma de Derecho de la quiebra, S. 329 (372 f.); wohl auch: Esplugues Mota in: Fernández Rozas, Kap. XVI, Rz. 732 f.; weniger aus spanischer, als aus rechtsvergleichender Sicht: Pastor Ridruejo, S. 135 (213 f.; 216 f.)

[163] In diese Richtung geht wohl González Campos in: La reforma de Derecho de la quiebra, S. 329 (373)

[164] Vgl.: Pastor Ridruejo, S. 135 (213 f.; 216 f.) mit weiteren Literaturhinweisen.

[165] Siehe oben: Ausführungen 2. Teil, 2. 3. 6.

ergeben, welches gewisse Eingriffsmöglichkeiten beispielsweise in Bezug auf die Verwertungsbefugnis vorsieht[166].

Wie es bereits die Gesetzesvorschlägen von 1983, 1995, 2000 und 2001 vorsahen, hat das künftige spanische IIR in Art. 201 Abs. 1 LC 2003 nunmehr eine Regelung über die Behandlung ausländischer Sicherheiten getroffen und sich für eine Anknüpfung an die lex rei sitae entschieden[167]. Somit bestimmt dann allein das Recht am Belegenheitsort des Grundstücks, ob und in welchem Umfang insolvenzspezifische Eingriffe in die Grundpfandrechte zulässig sind.

3 .2. 5. Schweizerisches Recht

Zwar hat das schweizerische Recht in den Art. 166 ff. schwIPRG einen großen Bereich des IIR gesetzlich geregelt, die Vorschriften enthalten jedoch keine Kollisionsnormen zum Problem des anwendbaren Rechts im Bezug auf die Behandlung ausländischer Sicherheiten an Grundstücken des Schuldners im Ausland. Es sind daher die allgemeinen Regeln des schweizerischen IPR zur Lösung des Falles heranzuziehen. Im Gegensatz zu den übrigen Rechtsordnungen wird dieses Problem in der schweizerischen Literatur kaum erörtert.

Grundsätzlich richtet sich der in der Schweiz eröffnete Hauptkonkurs nach der schweizerischen lex fori concursus[168]. Zwar beansprucht der schweizerische Hauptkonkurs auch das im Ausland belegene Vermögen, was dem Wortlaut des Art. 197 SchKG und Art. 27 KVO entnommen wird. Ob ein Zugriff auf das ausländische belastete Grundstück erfolgen kann und wie dessen Verwertung zu erfolgen hat, richtet sich der Rechtsprechung zufolge nach dem Recht am Belegenheitsort des Grundstücks[169]. Damit verweist das schweizerische Recht für die Behandlung von Grundpfandrechten an im Ausland belegenen Grundstücken des Schuldners auf die lex rei sitae, welche sodann bestimmt, ob die schweizerische Konkursentscheidung eine Grundpfandverwertung aussetzen kann und welche sonstigen Eingriffe auf die bestehenden Grundpfandrechte möglich sind.

---

[166] Siehe hierzu oben: Die Ausführungen zum spanischen Recht im 2. Teil.

[167] Vgl. zu den Gesetzesvorschlägen: Art. 388 ALC 1983; Art. 200 AC 2000; Art. 201 AC 2001. Bei einem Vergleich dieser Vorschriften mit denen der PALC 1995 fällt auf, dass letztere zwar Sonderanknüpfungen für bestimmte Fragen regelten, nicht jedoch für den wichtigen Bereich der dinglichen Sicherheiten. Hierbei schien es sich wohl um ein Redaktionsversehen gehandelt zu haben, da in den neueren Gesetzesvorschlägen AC 2000 und AC 2001 die Kollisionsnorm wieder eingefügt worden ist.

[168] Vgl.: Meili, Lehrbuch, S. 131 f.; Siehr, SJZ 95 (1999), S. 85 (88)

[169] Vgl.: Meili, Lehrbuch S. 134; SchKG-Handschin/Hunkeler, Art. 198 Rz. 15; Nussbaum, de lege lata et ferenda, S. 94

3. 2. 6. Österreichisches Recht

Etwas schwieriger gestaltet sich die Lösung von Fall 1 nach dem autonomen österreichischen IIR, da sich die Problematik des Falles nur bei Annahme eines universellen Geltungsanspruchs[170] des österreichischen Insolvenzverfahrens ergibt.

Vor der Reform durch das IRÄG 1982 stellte sich das Problem der ausländischen Sicherheiten nicht, da gemäß § 67 a. F. KO der inländische Konkurs ausdrücklich nur das ausländische bewegliche Vermögen erfasste. Mangels gesetzlicher Kollisionsnormen zum anwendbaren Recht bei grenzüberschreitenden Konkursen und aufgrund fehlender Stellungnahmen in der Rechtsprechung sind auch im österreichischen Recht allein die allgemeine Kollisionsregel in § 31 IPRG, die für dingliche Sicherheiten an das Lageortrecht anknüpft, und die relativ spärliche Literatur maßgeblich.

Während *Bartsch/Pollak*[171] die Anknüpfung der Sicherheiten allein an die lex rei sitae vornehmen, findet sich an anderer Stelle[172] der Hinweis, dass neben der grundsätzlichen Geltung der lex fori concursus in Bezug auf die Wirkung des inländischen Konkurses die Gültigkeit eines Pfandrechtes nach den Grundsätzen des internationalen Privatrechts zu beurteilen ist. Mit anderen Worten soll sich die Gültigkeit des Grundpfandes somit nach der lex rei sitae richten.

Weitergedacht findet sich derselbe Grundgedanke bei *Keppelmüller*[173], demzufolge sich konkursrechtliche Eingriffe auf Sicherheiten grundsätzlich nach der lex fori concursus richten. Sofern diese einen Eingriff zulässt, ist im Anschluss anhand der lex rei sitae zu prüfen, ob durch einen derartigen Eingriff nicht der Wesensgehalt der Sicherheit verletzt würde. An dieser Stelle greift somit der Vertrauensschutz der Gläubiger mit im Ausland belegenen Sicherheiten ein, wonach eine Schlechterstellung durch die Verfahrenseröffnung in Österreich auf jeden Fall vermieden werden muss. Andererseits bleibt jedoch das Recht des Konkursstatuts als Grenze der Intensität des Eingriffs maßgeblich, so dass ein schwerwiegenderer Eingriff, als nach ihn die lex fori concursus vorsieht, nicht möglich ist, da das ausländische Recht dem österreichischen Insolvenzverfahren keine weitergehenden Wirkungen beimessen kann, als dieses selbst beansprucht.

---

[170] Zu diesem Streitstand in der österreichischen Literatur, siehe oben: 3. Teil, 1. 4.

[171] Vgl.: Bartsch/Pollak, § 67 Anm. 9; die sich jedoch aufgrund der Regelung in § 67 KO a. F. nur auf Mobiliarsicherheiten beziehen.

[172] Vgl.: Rintelen, S. 490

[173] Vgl.: Keppelmüller, S. 67 ff. Rz. 121 ff.

Wendet man diesen Lösungsvorschlag auf den konkreten Fall an, so richten sich die Eingriffe auf die an ausländischen Grundstücken bestehenden Grundpfandrechte zunächst nach österreichischem Recht als lex fori concursus. Die danach möglichen Eingriffe[174] sind sodann anhand der ausländischen lex rei sitae auf ihre Vereinbarkeit mit dem Wesensgehalt der Grundpfandrechte zu überprüfen. Insbesondere hat ein Vergleich der Funktionen der nach der lex rei sitae zulässigen Eingriffe mit den nach österreichischem Recht zulässigen Eingriffen zu erfolgen. Da es hierbei zu keiner Schlechterstellung kommen darf, sind für den Fall, dass der Lageort keinerlei Eingriffe in Grundpfandrechte gewährt, solche im österreichischen Konkurs ebenfalls unzulässig. Sofern sich die Funktionen gleichen oder die ausländische lex rei sitae weitergehende Eingriffe erlaubt, sind die Eingriffe allein dem österreichischen Recht zu entnehmen.

3. 3. Fazit

Zusammenfassend ergibt sich, dass überwiegend infolge fehlender Kollisionsnormen durch die Rechtsprechung, besonders aber auch durch die Lehre Lösungsmöglichkeiten für die Behandlung ausländischer belasteter Grundstücke im inländischen Insolvenzverfahren entwickelt worden sind.

Einheitlich werden wirksame Errichtung und Gültigkeit einer Sicherheit an die lex rei sitae angeknüpft. Hierbei handelt sich es jedoch streng genommen nicht um eine Frage des IIR im eigentlichen Sinne, sondern um eine Vorfrage, die sich im Rahmen einer internationalen insolvenzrechtlichen Problematik stellt. Zu Recht wird insoweit das allgemeine Kollisionsrecht berufen, welches in allen Rechtsordnungen einheitlich für Grundpfandrechte auf das Recht des Lageortes verweist.

Aber auch zu der Frage, nach welchem Recht sich die insolvenzspezifischen Auswirkungen auf an ausländischen Grundstücken begründete Grundpfandrechte richten, finden sich ähnliche Erwägungen in allen Rechtsordnungen. Regelmäßig wird entweder die alleinige Anknüpfung an die lex rei sitae oder aber deren Kumulation mit der lex fori concursus vertreten. Die Vorschläge, wie eine solche Kumulation von Insolvenzstatut und Recht am Belegenheitsort auszusehen hat, variieren allerdings nicht nur zwischen den Rechtsordnungen, sondern auch innerhalb der einzelnen Rechtsordnungen[175]. Im Ergebnis lässt sich jedoch festhalten, dass überwiegend - vorbehaltlich einer Anerkennung am Lageort - auch ausländische belastete Grundstücke in die Insolvenzverfahren einbezogen werden.

---

[174] Siehe hierzu oben: Ausführungen zum österreichischen Recht im 2. Teil.

[175] Siehe oben: 3. Teil, 3. 2. 1.

Fraglich ist nun, welche Anknüpfung speziell im Hinblick auf die Behandlung der Grundpfandrechte[176] vorzugswürdig erscheint. Bei den Lösungsvorschlägen, die eine Kumulation von lex rei sitae und lex fori concursus vorsehen, werden die Wirkungen regelmäßig einer Rechtsordnung entnommen, jedoch nur insoweit, wie sie mit der anderen Rechtsordnung im Einklang stehen. Grundsätzlich dürfen keine neuen, weitergehenden Rechte entstehen, aber auch keine tiefergreifenden Eingriffe vorgenommen werden als ursprünglich durch die lex rei sitae vorgesehen sind.

Wenngleich eine Kumulation der in Frage kommenden Rechtsordnungen auf den ersten Blick gerechter erscheint, da durch sie ein Kompromiss erreicht werden soll, der beide Rechtsordnungen in Einklang miteinander bringt, so muss man sich doch deren praktische Durchführung besonders bei der Behandlung von Grundpfandrechten als äußerst schwierig und langwierig vorstellen[177]. Im konkreten Fall würde eine Kumulation für das Gericht im Verfahrensstaat bedeuten, dass es vor jedem Zugriff auf ausländische Grundpfandrechte das eigene Recht mit dem Insolvenzrecht am Lageort vergleichen müsste und die eigenen Normen nur in dem Maße heranziehen könnte, wie dies mit der ausländische lex rei sitae vereinbar wäre. Zwar wurde festgestellt, dass die Rechtsordnungen gerade im Hinblick auf einen zeitweiligen Verwertungsstopp ähnliche Regelungswege gefunden haben[178], die Ermittlung, wann im Einzelfall eine Vereinbarkeit angenommen werden kann oder aufgrund zu tiefgreifender Einwirkung abgelehnt werden muss, ist jedoch mit großem Aufwand verbunden und steht der Notwendigkeit, das Verfahren zügig durchzuführen, entgegen.

Günstiger erscheint es daher, die Eingriffe gleich dem Recht am Lageort zu entnehmen. Gerade bei Grundpfandrechten, die anders als Mobiliarsicherheiten ihr Sachstatut regelmäßig nicht ändern und wegen der lokalen Grundbuch- und Registersysteme besonders eng mit der lex rei sitae verbunden sind, erweist sich diese Lösung als die praktikabelste. Zwar bleibt es dem Gericht im Verfahrensstaat auch bei dieser Lösung nicht erspart, die nach dem Lageort zulässigen Eingriffe zu ermitteln. Hierbei handelt es sich jedoch um eine Erschwernis, welche grundsätzlich bei Rechtsproblemen mit Auslandsberührung auftritt.

---

[176] Zu beachten ist, dass die Diskussion in den meisten Rechtsordnungen nur für Sicherheiten im Allgemeinen oder aber im Hinblick auf Mobiliarsicherheiten geführt wird.

[177] Daher wird auch eine Kumulation zweier Rechtsordnungen ganz allgemein im IPR als problematisch empfunden, so etwa die Kumulation im Bezug auf das Anfechtungsstatut, vgl.: Hanisch ZIP 1992, S. 1125 (1138) mit weiteren Nachweisen.

[178] Siehe oben: 2. Teil, 2. 4.

Anders als bei Mobiliarsicherheiten, deren Sicherungsgegenstände nach der Verfahrenseröffnung jedoch auch in den Verfahrensstaat gebracht und dort verwertet werden können, ist bei Sicherheiten an unbeweglichem Vermögen neben der Frage nach deren kollisionsrechtlicher Behandlung immer eine Anerkennung etwaiger insolvenzspezifischen Eingriffe am Lageort verbunden. Im Hinblick darauf, dass eine Verwertung der Grundpfandrechte zwangsläufig im Lageort nach dessen Verfahrensvorschriften vorzunehmen ist und es dort regelmäßig zu einem gesonderten Verwertungsverfahren kommen wird, ist es daher sinnvoll, auch die auf das jeweilige Verwertungsverfahren abgestimmten Eingriffsmöglichkeiten der lex rei sitae zur Anwendung kommen zu lassen.

Selbst wenn bei einer kumulativen Anwendung nur die Eingriffe der lex fori concursus angewendet werden, die als vereinbar mit dem Recht am Lageort angesehen werden, so bedarf es für deren Durchsetzung am Lageort einer Anerkennung, was im jeweiligen Einzelfall mit erheblichen Unsicherheiten verbunden ist[179]. Werden die Eingriffe jedoch der lex rei sitae entnommen, so wird deren Durchsetzung am Lageort leichter möglich sein, da insoweit dessen eigene Vorschriften Anwendung finden und allein geprüft werden muss, ob sie auch durch ein ausländisches Insolvenzverfahren ausgelöst werden können, was sich am Lageort als ein Problem der Tatbestandswirkung von ausländischen Sachverhaltselementen, bzw. als Substitution ausländischer Sachverhaltselemente darstellt[180].

Im Ergebnis erweist sich daher eine Anknüpfung der insolvenzspezifischen Eingriffe an die lex rei sitae bei ausländischen Grundpfandrechten im Hinblick auf die sich notwendig anschließende Anerkennung am Lageort als vorzugswürdige Lösung.

3. 4. Verfahrenseröffnung im Ausland am Wohnsitz/Geschäftssitz des Schuldners, dessen Vermögen auch mit Grundpfandrechten belastete Grundstücke im Inland umfasst (Fall 2)

Zur Lösung dieses Beispielsfalles ist vorab eine gedankliche Unterscheidung danach vorzunehmen, ob der Verfahrensstaat aus seiner Sicht für die Eingriffe auf die ausländischen Grundstücksbelastungen eine Sonderanknüpfung an die lex rei sitae vornimmt oder sie seinem eigenen Recht, d. h. dem Konkursstatut entnimmt[181].

---

[179] Siehe oben: 3. Teil, 3. 4. 2.

[180] Siehe oben: 3. Teil, 3. 4. 3.

[181] Siehe oben: Erörterungen zu Fall 1, was sowohl bei einer alleinigen Anknüpfung an die lex fori concursus oder bei einer kumulativen Anknüpfung der Fall sein kann.

3. 4. 1. Anknüpfung an die lex fori concursus

Nimmt der ausländische Verfahrensstaat keine Sonderanknüpfung an das Recht des Lageortes vor, so handelt es sich aus Sicht des Lageortes der Grundstücke um ein reines Anerkennungsproblem. Es stellt sich sodann die Frage, ob der Lageort die Wirkungen, welche das ausländische Insolvenzverfahren im Hinblick auf die Grundpfandrechte vorsieht, anerkennt.

Im Anschluss soll die Lösung des Beispielsfalles aus Sicht der Rechtsordnungen als Lageort der belasteten Grundstücke erfolgen. Auch hier erfolgt die Darstellung aus Gründen der Übersichtlichkeit zunächst getrennt nach Länderberichten.

3. 4. 1. 1. Deutsches Recht

Wie bereits dargestellt wurde, setzt das deutsche IIR kein förmliches Anerkennungsverfahren voraus, so dass sich allein die Frage stellt, welche Wirkungen ein nach Art. 102 EGInsO a. F. bzw. § 343 Abs. 1 InsO anerkennungsfähiges, ausländisches Insolvenzverfahren im Hinblick auf die an deutschen Grundstücken begründeten Grundpfandrechte hervorruft.

Zwar regelte Art 102 EGInsO a. F. im Grundsatz die Anerkennung eines ausländischen Insolvenzverfahrens und dessen Wirkungen auf das inländische Schuldnervermögen. Ob das ausländische Insolvenzverfahren auch inländische Sicherheiten, insbesondere an deutschen Grundstücken bestellte Grundpfandrechte mit seinen Wirkungen erfasste, war der Vorschrift nicht zu entnehmen.

Da mit Art. 102 EGInsO a. F. keine umfassende Regelung des IIR beabsichtigt war, sondern lediglich dessen wesentliche Grundsätze festgelegt werden sollten[182], konnte das Schweigen nicht im Sinne einer unbegrenzten Wirkungserstreckung interpretiert werden. Im § 390 Abs. 2 RegE[183] fand sich demgegenüber für den hier vorliegenden Fall eine ausdrückliche Vorschrift, nach der die Eröffnung eines ausländischen Insolvenzverfahrens auf die Rechte an unbeweglichen Gegenständen, die im Inland belegen sind, keine Wirkung hat, die im deutschen Recht nicht vorgesehen ist. Somit ging § 390 Abs. 2 RegE im Grunde von einer Kumulation aus, d. h. nur die Wirkungen bzw. Eingriffe des ausländischen Insolvenzverfahrens, welche eine Entsprechung im deutschen Recht finden, können anerkannt werden[184].

---

[182] Vgl.: Bericht des Rechtsausschusses, BT-Drs. 12/7303, S. 117

[183] Kritisch zum Wortlaut der Norm, demzufolge aufgrund der völligen Freistellung von Wirkungen dingliche Rechte an Mobilien stärker geschützt würden, als Grundpfandrechte, vgl.: Trunk, KTS 1994, S. 33 (42 f.)

[184] Vgl.: Hanisch, ZIP 1992, S. 1125 (1129 f.)

Unabhängig von § 390 RegE wurde bisher auch in der Literatur die soeben erwähnte Kumulationslösung[185] vertreten, wobei in diesem Zusammenhang eine dem Wortlaut von § 390 Abs. 1 RegE zu entnehmende gänzliche Freistellung jeglicher Wirkungen, auch derer, die das Recht am Belegenheitsort vorsieht, abgelehnt wird. Dies, so argumentiert man, würde zu einer nicht gerechtfertigten Besserstellung der gesicherten inländischen Gläubiger führen[186]. Daneben wollen einige Autoren die Wirkungen auf Grundpfandrechte allein der lex rei sitae unterstellen[187], andere halten im vorliegenden Fall allein eine Anknüpfung an die lex fori concursus für maßgeblich[188].

Angewandt auf den vorliegenden Fall ergaben sich nach bisherigem Recht unterschiedliche Lösungen, je nachdem, welcher Auffassung man folgte: Unterstellt man die Eingriffe der lex fori concursus, kommt es zu einer Wirkungserstreckung des ausländischen Konkursverfahrens. Danach könnte ein ausländischer Insolvenzverwalter oder ein ausländisches Insolvenzgericht die nach der ausländischen lex fori concursus zulässigen Eingriffe vornehmen. Da ein förmliches Anerkennungsverfahren/Exequatur im deutschen IIR nicht verlangt wird, käme es zu einer unmittelbaren Wirkungserstreckung. Deren alleinige Grenze bildet nach dieser Auffassung der Vorbehalt des ordre public.

Im Falle einer wirtschaftlichen oder rechtlichen Wertlosigkeit des Grundpfandrechts infolge des Eingriffs wäre dann wohl ein Verstoß gegen den ordre public anzunehmen. Demzufolge bliebe für jeden Einzelfall zu prüfen, ob die konkrete Wirkung den wirtschaftlichen Wert des Grundpfandes praktisch entfallen lässt. Im Hinblick auf die strengen Voraussetzungen, die der Annahme eines ordre public Verstoßes zugrunde liegen, wäre ein solcher nur selten zu bejahen.

Läge im Einzelfall ein Verstoß gegen den orde public vor, so käme, sofern vorhanden, eine entsprechende Vorschrift des deutschen Rechts zum Tragen, bzw.

[185] Daneben findet auch die weitere schon zu Fall 1 dargestellte Kumulationslösung auf diesen Fall entsprechende Anwendung, vgl.: Baur/Stürner, II. Insolvenzrecht, Rz. 37.36

[186] Überwiegend wird hierbei nicht zwischen Sicherheiten an beweglichem und unbeweglichem Vermögen unterschieden, wobei sich aus der Systematik des § 390 RegE ergibt, das Abs. 2 Spezialgesetz für Immobiliarsicherheiten ist, vgl.: Flessner, ZIP 1997, S. 1 (7 f.); diesem folgend: FK-InsO/Wimmer, Anhang I Art. 102 EGInsO, Rz. 327; Kübler/Prütting/Kemper, InsO, Anhang II Art. 102 EGInsO, Rz. 144; Gottwald, Grenzüberschreitende Insolvenzen, S. 39; Drobnig, in: Stoll, Stellungnahmen und Gutachten, S. 177 (179 f.)

[187] Vgl.: Trunk, IIR, S. 295; ders. KTS 1994, S. 33 (48); Ebenroth, ZZP 101 (1988), S. 121 (139f.)

[188] Vgl.: Favoccia, S. 86 ff. deren Untersuchung erstreckt sich jedoch ausdrücklich nur auf Mobiliarsicherheiten.

würde eine diesbezügliche Wirkung des ausländischen Insolvenzverfahrens das inländische Grundpfand nicht erfassen.

Zu einem ganz anderen Ergebnis kommt man, wenn man die Wirkungen auf die im Inland belegenen Grundpfandrechte allein dem deutschen Recht als lex rei sitae entnimmt[189]. Danach kommt es nicht zu einer Wirkungserstreckung, die ausländischen Eingriffe sind für das deutsche Grundpfandrecht unbeachtlich. Allerdings kommen dem ausländischen Insolvenzrecht dennoch indirekte Wirkungen über den Tatbestand der inländischen Eingriffsnormen zu.

Da nach dieser Auffassung die inländischen insolvenzspezifischen Eingriffe eintreten sollen, kommt es zu einer Substitution[190] ausländischer Sachverhaltselemente unter eine inländische Norm. Im konkreten Fall bedeutet das beispielsweise, dass auch ein ausländischer Insolvenzverwalter die Verwertungssperre des § 30 d ZVG für drei Monate beantragen kann[191]. Im Ergebnis ruft somit dieser Auffassung zufolge ein anerkennungsfähiges ausländisches Insolvenzverfahren die nach der deutschen InsO, bzw. dem ZVG zulässigen Einschränkungen der Grundpfandrechte hervor, sofern die Auslegung der jeweiligen Normen im Einzelfall nicht etwas anderes ergibt.

Einen anderen Weg schlägt schließlich die Kumulationslösung ein. Danach sind nur die Wirkungen anzuerkennen, die das deutsche Recht als Belegenheitsrecht kennt, nicht jedoch weitergehende Einschränkungen. Dieser Meinung zufolge hat der Wirkungserstreckung eine Art Funktionsvergleich voranzugehen, d. h. die konkrete Wirkung tritt ein, wenn das deutsche Recht einen entsprechenden Eingriff kennt. Will man hierbei dem Grundsatz der Universalität bestmöglich gerecht werden, wird man eine Übereinstimmung in den wesentlichen Funktionen ausreichen lassen müssen. Mit anderen Worten: Die Eingriffe, welche von ihrem Sinn und Zweck her einer im deutschen Recht vorgesehenen Einschränkung entsprechen, werden unter direkter Anwendung der ausländischen lex fori concursus auch auf das deutsche Grundpfandrecht erstreckt. Möglich wäre dies z. B. dort, wo das ausländische Insolvenzrecht einen Kostenbeitrag in derselben Höhe erhebt, bzw. einen zeitweiligen Verwertungsstopp vorsieht.

Fraglich ist nunmehr, ob dieser bisherige Rechtszustand in der neuen Vorschrift des § 351 InsO Anklang gefunden hat. Wie bereits festgestellt wurde, hat § 351

---

[189] In der Literatur findet sich überwiegend nur der Hinweis auf die Notwendigkeit einer Anknüpfung an die lex rei sitae. Es wird jedoch kaum erläutert, wie eine Anknüpfung rechtstechnisch zu erfolgen hat, vgl. dazu aber: Flessner, in: FS Drobnig, S. 277 (284)

[190] Ausführlich zu dieser Problematik, siehe unten: 3. Teil, 3. 4. 3.

[191] Beispiel entnommen aus Flessner, in: FS Drobnig, S. 277 (280)

InsO im Wesentlichen den Wortlaut von Art. 5 der EG-Ratsverordnung übernommen. Während man in Art. 5 aufgrund seiner systematischen Stellung und der Materialien dennoch eine Verweisung auf die lex rei sitae sehen kann[192], könnte dies bei § 351 InsO insofern zweifelhaft sein, als diese Vorschrift nunmehr eindeutig im zweiten Abschnitt des elften Teils bei den Anerkennungsvorschriften geregelt ist. Darüber hinaus hat man den unklaren Wortlaut *„(...) wird (...) nicht berührt."* in Kenntnis der um ihn bestehenden Diskussion, anders als beispielsweise im neuen spanischen IIR[193], unverändert übernommen.

Nach der Gesetzesbegründung[194] hat allerdings der ausländische Insolvenzverwalter die Möglichkeit, ein Sekundärverfahren zu beantragen, in welches die an inländischen Grundstücken begründeten Grundpfandrechte sodann einbezogen werden können. Im Vergleich zu den Regelungen der EG-Ratsverordnung sieht das autonome deutsche IIR durch seinen Wortlaut in § 354 Abs. 1 InsO für diesen Fall eine erweiterte Zugriffsmöglichkeit vor, da ein Partikular- bzw. Sekundärverfahren nicht nur dann eröffnet werden kann, wenn der Schuldner eine Niederlassung im Inland betreibt, sondern auch dann, wenn sich im Inland bloß Vermögen des Schuldners befindet[195]. De facto kommt es somit auch nach neuem deutschen autonomen IIR zu einer Anwendung der Vorschriften des Lageortes, eine gänzliche Freistellung ist auch hier nicht gewollt. Wenngleich im Ergebnis durch § 351 InsO die Geltung der lex rei sitae dennoch nicht ausgeschlossen zu sein scheint, verwundert die Übernahme des Wortlautes. Unklar bleibt, ob die geringfügigen Abweichungen zu EG-Ratsverordnung zur Folge haben, dass die Eingriffsmöglichkeiten auf die Sicherheit ausschließlich im Wege eines Sekundärverfahrens hervorgerufen werden können. Die Gesetzesbegründung schweigt hierzu.

3. 4. 1. 2. Englisches Recht

Wird durch den Eröffnungsbeschluss im Verfahrensstaat nach dessen Insolvenzrecht auch eine die Verwertung der Grundpfandrechte gestoppt oder kann der Konkursverwalter die Aussetzung einer Verwertung durch das Gericht beantragen, so stellt sich auch für das englische Recht die Frage, ob diese Wirkungen auch die englischen Grundpfandrechte betreffen.

---

[192] Siehe unten: 4. Teil, 4.3.2.

[193] Vgl.: Art. 223 Abs. 1 i. V. m. 201 Abs. 1 LC 2003

[194] Vgl.: Begründung zum autonomen deutschen Internationalen Insolvenzrecht BT- Drs. 15/16 zu § 351.

[195] Unklar zur Zuständigkeit infolge einer Vermögensbelegenheit: Begründung zum autonomen deutschen Internationalen Insolvenzrecht BT- Drs. 15/16 zu § 354

Grundsätzlich hat das ausländische Insolvenzverfahren, sofern es nicht eine Gesellschaft betrifft, auch ohne förmliches Anerkennungsverfahren die Wirkungen, welche ihm das ausländische Recht beimisst. So hat der Verwalter die ihm nach der lex fori concursus zustehenden Verfügungsbefugnisse, vorausgesetzt, er weist diese ordnungsgemäß nach[196]. Allerdings hat der Verwalter nicht hinsichtlich des gesamten Vermögens automatisch die Befugnisse, die ihm nach dem ausländischen Einsetzungsbeschluss zustehen. Für das in England belegende unbewegliche Vermögen und im Fall des Gesellschaftskonkurses hinsichtlich des gesamten Vermögens muss zunächst seine Einsetzung als *receiver* erfolgen[197]. Wird er durch das englische Gericht zum *receiver* ernannt, so stehen ihm grundsätzlich dieselben Befugnisse zu, die das Recht im Verfahrensstaat vorsieht, jedoch hat der Verwalter bei der Ausübung seiner Rechte und Befugnisse früher begründete Rechte Dritter zu beachten[198]. Somit hat der Verwalter bei der Verwertung der in England belegenen Grundstücke die vorrangigen Grundpfandgläubiger zunächst zu befriedigen[199]. Folglich kommt es hier jedenfalls indirekt zu einer Begrenzung der Befugnisse des Verwalters, wenn andernfalls die Rechte Dritter an dem Grundstück nicht gewahrt würden.

Offen bleibt, ob die Wirkungen selbst dem englischen Recht als lex rei sitae entnommen werden[200] oder diese nur begrenzend wirkt, d. h. die Eingriffe zulässt, die auch im englischen Insolvenzrecht vorgesehen sind. Wie schon dargelegt wurde, werden englische Klagen und Vollstreckungsverfahren gegen den Schuldner nicht automatisch durch ein ausländisches Insolvenzverfahren gestoppt. Es liegt vielmehr im Ermessen des englischen Gerichts, das Verfahren auszusetzen, sofern sich der Gläubiger sonst einen ungerechtfertigten Vorteil gegenüber der Gläubigergemeinschaft verschaffen würde[201]. Da aber ein ausländischer Verwalter seine Befugnisse nur vorbehaltlich der Rechte Dritter ausüben kann und das englische Recht Grundpfandrechte im Konkurs weitgehend uneingeschränkt bestehen lässt, ist davon auszugehen, dass ein englisches Gericht die Verwertung eines Grundpfandrechtes in England in der Regel nicht wegen eines ausländischen Konkursverfahrens aussetzen wird[202]. Nach englischem Verständnis übt ein Grundpfandgläubiger insoweit nur das ihm eigene Recht auf Ver-

---

[196] Vgl.: Smart, S 139 f.; Goode, Principles, S. 503; in Re Levy´s Trust (1885) Ch. D. 119 (124)

[197] Siehe oben: 3. Teil, 2. 3. 4. 2.; Re Kooperman (1928) W. N. 101

[198] Vgl.: Fletcher, Insolvency in Private International Law, S. 99: *subject to equities principle*; Levasseur v. Mason & Barry (1891) 2 Q.B. 73

[199] Vgl.: Smart, S. 140

[200] Vgl.: Hanisch, ZIP 1992, S. 1125 (1129)

[201] Siehe oben: 3. Teil, 2. 3. 4. 2.

[202] Vgl.: Goode, Principles, S. 506

wertung seiner Sicherheit außerhalb des Konkurses aus, was dann aber keine Benachteiligung der Gesamtgläubigerschaft darstellt.

Im Ergebnis ist davon auszugehen, dass Eingriffe durch ausländische Konkursverfahren, die eine Durchsetzbarkeit und Funktionsfähigkeit der Sicherheiten behindern könnten, aufgrund deren privilegierter Stellung im englischen Recht wohl kaum anerkannt werden dürften.

3. 4. 1. 3. Französisches Recht

Grundsätzlich ist für die Wirkungen einer ausländischen Konkursentscheidung nach französischem IIR eine förmliche Anerkennung notwendig. Es handelt sich insoweit regelmäßig um Sicherungs- und Vollstreckungsmaßnahmen, die infolge der ausländischen Eröffnungsentscheidung in Bezug auf die Grundpfandrechte eintreten. Solange ein Auslandskonkurs in Frankreich kein Exequatur erhalten hat, ist der Schuldner im Hinblick auf sein in Frankreich belegenes Vermögen nicht in seiner Verfügungsbefugnis beschränkt, die Gläubiger können bis zu diesem Zeitpunkt frei in das Vermögen vollstrecken[203]. Soll diese Vollstreckungsmöglichkeit in die in Frankreich befindlichen Grundstücke ausgesetzt werden, muss folglich zunächst das Exequatur für die ausländische Eröffnungsentscheidung erteilt werden, um die Wirkungen des ausländischen Insolvenzverfahrens auch auf das französische Staatsgebiet zu erstrecken. Ebenso wird eine Verwertungsbefugnis des ausländischen Konkursverwalters im Bezug auf die französischen Immobilien ohne Exequatur kaum eine Chance haben[204]. Dem stehen auch nicht die Gründe aus der berühmten Entscheidung Kleber der Cour de Cassation v. 25. 2. 1986 entgegen, die gewisse Wirkungen der ausländischen Konkurseröffnungsentscheidung schon vor der Exequaturerteilung berücksichtigt hat. Hier ging es lediglich darum, den Zeitpunkt für den Eintritt der Wirkungen zu bestimmen, Voraussetzung war jedoch auch in diesem Fall, dass überhaupt ein Exequatur beantragt und erteilt wurde[205].

Ab der förmlichen Anerkennung bestimmt sodann grundsätzlich das ausländische Insolvenzrecht, inwieweit in die Rechte der Grundpfandgläubiger einge-

[203] Vgl.: Coviaux, JCL, 10, Fasc. 3130, Nr. 107; Cass. civ. v. 12. 11. 1872, JDI 1874; S. 180; Paris v. 1. 6. 1906, JDI 1907, S. 135; Trib. civ. Seine v. 9. 11. 1912, JDI 1913, S. 1240; Cass. civ. v. 25. 02. 1986, Rev. crit. DIP 1987, 589; abweichend davon aber die Entscheidung Trib. gr. Inst. Saint-Pierre et Miquelon v. 26. 10. 1990, RJC 1991, S. 176 mit Anm. A. Huet

[204] Dies läßt sich indirekt aus der Entscheidung Cass. civ. v. 20. 5. 1967, Rev. crit. DIP 1968, S. 87 entnehmen, in welcher es um ein Veräußerungsverbot des Konkursverwalters für Vermögenswerte des Schuldners in Frankreich geht.

[205] Vgl.: Zu dieser Entscheidung Witz/Zierau, RIW 1989, S. 929 (935 f.)

griffen werden kann[206]. Trotz dieser prinzipiellen Wirkungserstreckung ist jedoch auch in diesem Fall das Zusammenspiel von lex fori concursus und lex rei sitae wie bei einer Verfahrenseröffnung in Frankreich zu beachten[207]. Damit ist bei den Wirkungen, welche die in Frankreich bestehenden Grundpfandrechte betreffen, nicht allein die ausländische lex fori concursus entscheidend, vielmehr kommt dem französischen Lageortsrecht zumindest eine negative Begrenzungsfunktion zu. Es können somit keine weitergehenden Wirkungen entstehen als dies auch nach französischem Recht möglich wäre[208].

Im vorliegenden Fall kann folglich eine ausländische Konkursentscheidung nach Durchführung des Exequaturverfahrens grundsätzlich auch ihre Wirkungen auf die an französischen Grundstücken begründeten Grundpfandrechte erstrecken, jedoch nicht zu weitergehenden Einschränkungen der Grundpfandrechte führen als sie auch im französischen Recht vorgesehen sind. Da das französische Recht selbst jedoch erhebliche Eingriffsmöglichkeiten im Falle der Insolvenz vorsieht, erscheint es somit durchaus möglich, dass gewisse Einschränkungen des ausländischen Insolvenzverfahrens, wie beispielsweise zeitlich begrenzte Verwertungssperren, ihre Wirkung auf die an französischen Grundstücken begründeten Grundpfandrechte erstrecken.

3. 4. 1. 4. Schweizerisches Recht

Anders als die übrigen Rechtsordnungen haben die Art. 166 ff. schwIPRG den vorliegenden Fall einer gesetzlichen Regelung unterzogen. Sieht das Insolvenzrecht am Verfahrensort auch Eingriffe auf die an schweizerischen Grundstücken bestehenden Grundpfandrechte vor, so können sich diese nicht ohne vorherige förmliche Anerkennung der ausländischen Konkursentscheidung irgendwelche Wirkungen in der Schweiz hervorrufen. Es muss somit das in den Art. 166 ff. geregelte Exequaturverfahren durchgeführt werden[209].

Gemäß Art. 170 Abs. 1 schwIPRG richten sich sämtliche konkursrechtlichen Folgen der ausländischen Entscheidung nach schweizerischem Recht. Somit kommt es durch die Anerkennung nicht zu einer Wirkungserstreckung, vielmehr bestimmt allein das schweizerische Recht, mit Hilfe der Normen des SchKG, welche Eingriffe in Bezug auf das in der Schweiz befindliche Vermögen zulässig sind. Dabei bewirkt die erfolgte Anerkennung der ausländischen Konkursentscheidung die Durchführung eines Sekundärkonkurses für das in der Schweiz

[206] Die ausländische Entscheidung bleibt auch nach der Exequaturerteilung dem ausländischen Insolvenzrecht unterstellt, vgl.: Coviaux, JCL 10, Fasc. 3130, Nr. 128; Theus Simoni, S. 245
[207] Vgl.: Coviaux, JCL 10, Fasc. 3130, Nr. 128; siehe auch: Erörterungen zu Fall 1.
[208] Vgl.: Hanisch, ZIP 1992, S. 1125 (1129)
[209] Siehe oben: 3. Teil, 2. 3. 4. 5.

belegene Vermögen, der sodann nach Art. 206 SchKG auch die separate Verwertungsbefugnis der Grundpfandgläubiger aufhebt. Auf diese Weise kommen über die Konstruktion des Sekundärkonkurses bei einer positiven Anerkennungsentscheidung dem ausländischen Insolvenzverfahren jedenfalls indirekt jene Wirkungen zu, die das schweizerische Insolvenzrecht vorsieht.

Im Ergebnis verhindern die Vorschriften der Art. 166 ff. schwIPRG auf diese Weise zwar, dass die der ausländischen Entscheidung eigenen Wirkungen auf die an schweizerischen Grundstücken begründeten Grundpfandrechte erstreckt werden, selbst dann, wenn sie mit den schweizerischen Vorschriften übereinstimmen oder vergleichbar sind. Das ausländische Insolvenzverfahren bleibt jedoch nach erfolgreicher Anerkennung nicht folgenlos für das schweizerische Vermögen.

Bei genauerer Betrachtung fällt auf, dass diese schweizerische Regelung zum gleichen Ergebnis führt wie die in den anderen Rechtsordnungen vertretene Anknüpfung an die lex rei sitae. Man könnte daher vertreten, dass der schweizerische Lösungsvorschlag eine praktische Handhabung dieser lex rei sitae-Anknüpfung darstellt[210], da er im Wege des Sekundärkonkurses das anerkannte ausländische Insolvenzverfahren seinem eigenen gleichstellt und auf diese Weise einen Interessenausgleich zwischen einer gleichmäßigen und gerechten Gläubigerbefriedigung und dem Vertrauensschutz der inländischen Sicherungsgläubiger herbeizuführen sucht.

Was die Befugnisse des ausländischen Insolvenzverwalters angeht, ist im konkreten Fall jedoch davon auszugehen, dass Zugriffe durch diesen auf schweizerische Grundpfandrechte auch nach erfolgter Anerkennung nicht möglich sein werden, da sich die Durchführung des Sekundärkonkurses nach schweizerischem Recht richtet und nach diesem allein dem Konkursamt bzw. der schweizerischen Konkursverwaltung unterliegt[211].

3. 4. 1. 5. Spanisches Recht

Wenig aufschlussreich im Hinblick auf die Lösung des vorliegenden Falles erscheint das geltende spanische Recht, was sich vor allem auf den unübersichtlichen und lückenhaften Zustand des spanischen IIR zurückführen lässt.

In den wenigen Urteilen, die überhaupt die Anerkennung ausländischer Konkursentscheidungen behandeln, wird auf das Problem der Wirkungsreichweite

[210] Eine andere Möglichkeit stellt die Substitution dar, siehe unten: 3. Teil, 3. 4. 3.
[211] Vgl.: Theus Simoni, S. 340, 347; BGE 94 III 83 (95); BGE 111 III 38 (41); Fritsche/Walder-Bohner, II. § 55 Rz. 28

nicht weiter eingegangen[212], so dass auch im hier zu behandelnden Fall eine Lösung nur sehr vage bleiben kann.

Zunächst wird nach geltendem Recht wohl grundsätzlich immer die förmliche Anerkennung der Konkurseröffnung nach den allgemeinen Vorschriften[213] notwendig sein. Sofern schon mit der Eröffnungsentscheidung selbst Eingriffe in die an spanischen Grundstücken bestehenden Belastungen verbunden sind, ist davon auszugehen, dass eine Anerkennung nach geltendem Recht wohl kaum in Frage kommt. Sehr wahrscheinlich wird in einem solchen Fall das spanische Gericht die Eingriffe als einen ordre public-Verstoß[214] ansehen, da entsprechende Regelungen nach geltendem spanischem Insolvenzrecht nicht vorhanden sind und unter Umständen den wirtschaftlichen Wert der Sicherheiten stark beeinträchtigen können. Wird ein solcher ordre public-Verstoß bejaht, hat dies zur Folge, dass entweder die ausländische Konkursentscheidung insgesamt nicht anerkannt oder aber nur den mit ihr verbundenen Eingriffen in die Grundpfandrechte eine Wirkung in Spanien abgesprochen wird.

Zu einem ähnlichen Ergebnis wird man wohl kommen, wenn man dem Vorschlag von *González Campos*[215] folgt, der die Reichweite ausländischer Konkursentscheidungen durch die entsprechenden Regelungen im Anerkennungsstaat begrenzen will. Dies soll entweder durch eine kumulative Anwendung beider Rechtsordnungen oder aber mit Hilfe einer ordre public-Korrektur erreicht werden.

Auch nach dieser Auffassung wäre wohl den Eingriffen, welche die lex fori concursus in unserem Beispielsfall den Grundpfandrechten aufbürdet, mangels korrespondierender Normen im geltenden spanischen Recht die Wirkung zu versagen.

Ein anderes Ergebnis ist freilich für die Zukunft denkbar, weil das künftige spanische Insolvenzrecht LC 2003 mit der Eröffnungsentscheidung ebenfalls Eingriffsmöglichkeiten in die Grundpfandrechte zulässt, so dass sich dann ein ordre public-Verstoß wohl nur noch schwer begründen ließe.

---

212 Vgl.: Esplugues Mota, RDBB 1997, S. 1121 (1127), der die existierenden Urteile als zu wenig aussagekräftig ansieht, um aus ihnen eine allgemeine Vorgehensweise bei der Anerkennung von Auslandskonkursentscheidungen abzuleiten.
213 Vgl.: Art. 951-954 LEC
214 Vgl.: Art. 954. 3 LEC
215 González Campos, in: La reforma de Derecho de la quiebra, S. 329 (394 f.)

In den Reformvorschlägen und dem künftigen spanischen IIR sind darüber hinaus ausdrückliche Regelungen zur Wirkung der anerkannten Konkursentscheidung und deren Folgeentscheidungen enthalten[216]. Während Art. 268 Abs. 1 PALC eine Wirkungserstreckung noch verneinte, indem er bestimmte, dass die ausländische anerkannte Entscheidung dieselben Wirkungen hervorrufe, welche das spanische Insolvenzrecht im Hinblick auf eine Konkurseröffnung anordnen würde und somit eine Anknüpfung an die spanische lex rei sitae vornahm, kann man den neuen Art. 223 Abs. 1 LC 2003, der insoweit die Regelungen der letzten Reformvorschläge[217] übernimmt, wohl im Sinne einer eingeschränkten Wirkungserstreckung verstehen. Hiernach entfaltet das anerkannte ausländische Insolvenzverfahren grundsätzlich die Wirkungen des Verfahrenseröffnungsstaates. Ausgenommen davon sind die Rechtsbeziehungen, für welche in den Art. 201 bis 209 LC 2003 Sonderanknüpfungen[218] vorgesehen sind.

Für den vorliegenden Fall kann dies nur bedeuten, dass ein anerkanntes ausländisches Insolvenzverfahren im künftigen spanischen IIR jedenfalls die Eingriffe auf spanische Grundpfandrechte zulässt, die nach dem neuen Insolvenzrecht LC 2003 im Falle einer Konkurseröffnung möglich wären, wozu gegebenenfalls auch ein vorübergehender Verwertungsstopp gehören kann.

Zusammenfassend bleibt jedoch für den geltenden Rechtszustand vorerst festzuhalten, dass eine Wirkungserstreckung der in der lex fori concursus vorgesehenen Zugriffe auf spanische belastete Grundstücke in Anbetracht des spanischen ordre public sehr zweifelhaft erscheint.

3. 4. 1. 6. Österreichisches Recht

Nach dem österreichischen IIR ergibt sich für den vorliegenden Fall eine klare Lösung, die jedoch von den übrigen Rechtsordnungen abweicht. Außerhalb von bestehenden Staatsverträgen werden ausländische Insolvenzverfahren nicht anerkannt[219] und können somit auch keine Wirkungen in Österreich hervorrufen. Somit entfalten zwangsläufig auch Eingriffe, welche ausländische Insolvenzverfahren für österreichische Grundpfandrechte vorsehen, auf diese keinerlei Wirkung.

---

[216] Vgl.: Art. Art. 223 LC 2003; Art. 396; 398 ALC; Art. 268 PALC 1995; Art. 223 AC 2000; Art. 224 AC 2001

[217] Vgl.: Art. 223 AC 2000, Art. 224 AC 2001

[218] Vgl.: Art. 201 Abs.1 LC 2003, der für dingliche Sicherheiten auf die lex rei sitae verweist.

[219] Zur Verhinderung einer autonomen Anerkennung durch das Erfordernis der Gegenseitigkeit, vgl.: Keppelmüller, S. 99 Rz. 210

3. 4. 2. Fazit

Bei vergleichender Betrachtung kann zunächst einmal festgestellt werden, dass ein ausländisches Insolvenzverfahren überall gewisse Anerkennungsvoraussetzungen erfüllen muss, um überhaupt Wirkungen am Lageort der belasteten Grundstücke hervorzurufen. Häufig wird darüber hinaus die Durchführung eines förmlichen Anerkennungsverfahrens (Exequatur) gefordert.

Nach erfolgter Anerkennung des ausländischen Insolvenzverfahrens am Lageort sehen alle Rechtsordnungen übereinstimmend keine unbegrenzte Wirkungserstreckung der im ausländischen Recht vorgesehenen Eingriffe auf die Grundpfandrechte am Lageort vor. Vielmehr finden sich im Wesentlichen zwei Lösungsvorschläge, in welcher Weise ein ausländisches Insolvenzverfahren die Grundpfandrechte am Lageort einbeziehen kann. Beide Möglichkeiten messen dabei dem Recht am Lageort eine entscheidende Aufgabe zu. So soll entweder allein die lex rei sitae über die zulässigen Eingriffsmöglichkeiten in die Grundpfandrechte entscheiden, oder aber es kommt ihr im Rahmen einer kumulativen Anwendung mit der lex fori concursus eine begrenzende Funktion zu. Es können dann nur solche Eingriffe Wirkung am Lageort entfalten, die nicht über das hinausgehen, was die lex rei sitae im Falle der Insolvenz des Schuldners vorsehen würde.

Fraglich bleibt nun aber, wie eine praktische Handhabung dieser indirekten Wirkungsweise des ausländischen Insolvenzverfahrens durch Auslösung der Eingriffsmöglichkeiten des Lageortsrechts, aussehen soll. Eine Antwort hierauf hat das schweizerische Recht in den Art. 166 ff. schwIPRG gegeben, indem ein anerkannter Auslandskonkurs in der Schweiz einen Sekundärkonkurs auslöst, der sodann die dem schweizerischen Recht eigenen Wirkungen auf die Grundpfandrechte hervorruft.

Eine andere Vorgehensweise, die lex rei sitae-Anknüpfung praktisch umzusetzen, stellt die sog. Substition dar[220], wonach das Recht am Lageort daraufhin zu überprüfen ist, ob Eingriffe, welches sein Insolvenzrecht im Hinblick auf die Grundpfandrechte vorsieht, auch durch eine ausländische Konkursentscheidung oder durch einen ausländischen Insolvenzverwalter hervorgerufen bzw. vorgenommen werden können.

Beide Lösungsvorschläge gewähren dem ausländischen Insolvenzverfahren indirekte Wirkung, entweder im Wege eines Sekundärverfahrens oder über den Tatbestand einer Eingriffsnorm der lex rei sitae.

---

220 Dieser Vorschlag im Rahmen des EUIÜ findet sich bei Flessner, in: FS Drobnig, S. 277 (S. 284); siehe unten: 3. Teil, 4. 3. 2.

Schwieriger in der praktischen Anwendung erscheint demgegenüber die Kumulativlösung. Im Wesentlichen ergeben sich hier dieselben schon im Fall 1 erörterten Probleme[221]. Offen bleibt bei dieser Lösung insbesondere, wie der notwendige Vergleich von lex fori concursus und dem Recht am Lageort erfolgen soll bzw. an welcher Stelle die begrenzenden Grundsätze der lex rei sitae in der Anerkennungsprüfung einfließen sollen. Dies würde sich in erster Linie im Rahmen der ordre public-Prüfung anbieten und wäre jedenfalls für die unmittelbar durch eine Verfahrenseröffnungsentscheidung eintretenden Wirkungen auf die Grundpfandrechte denkbar. Schwierigkeiten werden jedoch Folgewirkungen bringen, die nicht direkt von der Eröffnungsentscheidung abhängen oder die nur im Einzelfall und auf Antrag ausgelöst werden. Diesbezüglich bleibt weitgehend unklar, wie eine Korrektur durch die lex rei sitae erfolgen kann, da nach erfolgter Anerkennung der Eröffnungsentscheidung nicht für jede Folgeentscheidung ein neues Anerkennungsverfahren mit ordre public-Prüfung durchgeführt werden kann.

Aufgrund der engen Verbindung zwischen Grundpfandrechten und dem Recht am Belegenheitsort der Grundstücke, insbesondere wegen dessen zwingenden Grundbuch- oder Registervorschriften bzw. des formalisierten Verwertungsverfahrens, erscheint es grundsätzlich auch aus der hier zugrunde liegenden Betrachtungsweise am besten, die Wirkungen allein der lex rei sitae zu entnehmen. Die alleinige Maßgeblichkeit des Lageortsrechts ist durch ihre einfache und zügig durchführbare Handhabung ebenso wie aus Gründen der Rechtssicherheit einem kumulativen Zusammenwirken von lex fori concursus und lex rei sitae vorzuziehen. Schließlich spricht für die lex rei sitae auch ein weiterer Gedanke: Die Sicherheit, die ein Grundpfand dem Grundpfandgläubiger gewährt, bezieht sich regelmäßig nur auf die Werthaltigkeit des Grundstück, nicht aber auch auf die Person des Schuldners, welche sich nämlich beispielsweise beim Verkauf des Grundstücks ändern kann. Auch hieraus wird die enge Verbundenheit der Grundpfandrechte mit dem Recht am Lageort des Grundstücks deutlich, wohingegen der lex fori concursus, die in der Regel eine starke Beziehung zu der Person des Schuldners aufweist, aus diesem Gesichtspunkt weniger bedeutsam ist.

3. 4. 3. Anknüpfung an die lex rei sitae

Schließlich wird nun Fall 2 unter der Voraussetzung betrachtet, dass der Verfahrensstaat für die aus seiner Sicht an ausländischen Grundstücken bestehenden Grundpfandrechte eine Sonderanknüpfung an die lex rei sitae vornimmt. Diese kollisionsrechtliche Verweisung stellt sich aus Sicht des Lageortes als eine Frage der Substitution bzw. der Tatbestandswirkung dar, welche das ausländische

[221] Siehe oben: 3. Teil, 3. 3., es erfolgt nur eine umgekehrte Betrachtungsweise.

Insolvenzverfahren in den entsprechenden Eingriffsnormen der lex rei sitae hervorruft.

Dabei wird hier davon ausgegangen, dass Substitution und Tatbestandswirkung insoweit übereinstimmende Begriffe darstellen, als im Rahmen der Substitution eine Prüfung darüber erfolgt, ob ein ausländisches Rechtsinstitut einem inländischen gleichwertig ist und letzteres somit im Tatbestand einer inländischen Sachnorm ersetzen kann[222].

Es ist demnach im nun zu erörternden Fall zu prüfen, ob der Tatbestand einer Vorschrift am Lageort, die insolvenzspezifische Eingriffe für Grundpfandrechte enthält, auch durch ausländische Sachverhaltselemente, wie z. B. die ausländische Konkurseröffnungsentscheidung oder der ausländische Insolvenzverwalter, erfüllt werden und dessen Wirkungen zur Entstehung bringen kann.

Tatbestandswirkungen ausländischer Entscheidungen und Substitution ausländischer Rechtstatsachen sind überwiegend in den Rechtsordnungen bekannt und werden grundsätzlich als zulässig angesehen, wenngleich sie nur selten im Zusammenhang mit den Wirkungen eines Auslandskonkurses erörtert werden[223].

In der Regel setzt die Substitution zunächst eine teleologische Auslegung der jeweiligen inländischen Sachnorm voraus darüber, ob diese eine Substitution des ausländischen Sachverhaltselements gänzlich ausschließt[224]. Weiterhin wird sodann eine Gleichwertigkeit der ausländischen Rechtstatsache verlangt, wobei ausreichend ist, dass eine Übereinstimmung in den wesentlichen Merkmalen vorliegt[225]. Ebenso bestimmt über den Eintritt der Tatbestandswirkung einer ausländischen Entscheidung grundsätzlich das anwendbare Recht, die lex causae[226], welche im vorliegenden Fall das Recht am Lageort des Grundstücks ist.

Da es sich bei Substitution bzw. Tatbestandswirkung im Wesentlichen um Auslegungsfragen des materiellen Rechts handelt, finden sich keine allgemeinen Regelungen, wann ausländische Entscheidungen Tatbestandswirkungen entfalten bzw. wann eine Substitution ausländischer Sachverhaltselemente im Tatbestand einer inländischen Norm vorgenommen werden kann. Es wird daher viel-

---

[222] Vgl.: v. Hoffmann, IPR, S. 210; Kropholler, § 33 I, S. 211; Keller/Siehr, Allgemeine Lehren, S. 519 ff.; Audit, Rz. 312

[223] So aber Flessner, in: FS für Drobnig, S. 277 (284, 286); Keppelmüller, S. 113 ff. Rz. 249 ff.; Steahelin, Anerkennung, S. 16

[224] Vgl.: Kropholler, § 33 II 1, S. 211

[225] Vgl.: Kropholler, § 33 II 2, S. 212; Holleaux/Foyer/Geouffre de La Pradelle, Rz. 625

[226] Vgl.: Garau Sobrino, S. 73; Geimer IZPR, Rz. 2786, 2827 ff.; v. Bar, IPR Bd. I Rz. 384; Kropholler, § 60 IV3 d; Holleaux/Foyer/Geouffre de La Pradelle, Rz. 900

mehr auf den jeweiligen Einzelfall ankommen, ob einer Entscheidung Tatbestandswirkung gewährt wird oder nicht[227].

Wendet man diese allgemeinen Grundsätze auf den Beispielsfall an, so sind die Eingriffsnormen, welche die deutsche, französische oder englische Rechtsordnung vorsieht, im jeweiligen Einzelfall daraufhin auszulegen, ob ihre spezifischen Wirkungen auf die Grundpfandrechte auch durch ein ausländisches Insolvenzverfahren eintreten können. Dabei kommt der Gleichwertigkeit der ausländischen Eröffnungsentscheidung mit einer inländischen Eröffnungsentscheidung oder der Funktion eines ausländischen Insolvenzverwalters mit der des inländischen Insolvenzverwalters erhebliche Bedeutung zu.

Wären im Beispielsfall die belasteten Grundstücke in Spanien belegen, so stellt sich die Frage nach der Tatbestandswirkung des ausländischen Insolvenzverfahrens zwar nach geltendem spanischen Recht nicht, da dieses keine insolvenzspezifischen Eingriffe in die Grundpfandrechte vorsieht.

Dies kann sich jedoch mit Inkrafttreten des neuen Insolvenzgesetzes LC 2003 ändern, da dieses ebenfalls Eingriffe in die Grundpfandrechte zulässt. Es wird sodann je nach Auslegung der jeweiligen Eingriffsvorschrift auch im spanischen Recht möglich sein, dass einem ausländischen Insolvenzverfahren im Rahmen der inländischen Eingriffsnormen Tatbestandswirkung zukommt.

Ob für den Eintritt der Tatbestandswirkung eine förmliche Anerkennung mittels Exequatur durchzuführen ist bzw. ob die allgemeinen Anerkennungsvoraussetzungen vorliegen müssen, wird dagegen unterschiedlich beurteilt. Teilweise ist dies innerhalb der Rechtsordnungen umstritten[228], zum Teil wird jedoch für die Tatbestandswirkung keine förmliche Anerkennung der ausländischen Entscheidung vorausgesetzt[229].

Fraglich ist schließlich in diesem Zusammenhang, ob ein ausländisches Insolvenzverfahren, welches die insolvenzspezifischen Wirkungen des Rechts am Lageort der Grundstücke hervorrufen soll, zuvor ein förmliches Anerkennungsverfahren durchlaufen muss oder jedenfalls die Anerkennungsvoraussetzungen des Lageortes erfüllen muss. Dagegen könnte sprechen, dass das ausländische

---

[227] Vgl.: Geimer, IZPR Rz. 2827; für das spanische Recht: Karl, S. 33 ff.

[228] Für ein förmliches Anerkennungsverfahren im spanischen Recht, vgl.: Garau Sobrino, S. 74; Karl, S. 32 ff.; dagegen: Cortés Domíguez, S.125 ff (127); ebenso: Acosta Estévez, S. 109f.; Nachweis zum Streitstand im deutschen Recht vgl.: v. Bar, IPR Bd. I Rz. 384; Geimer IZPR, Rz. 2827 ff.

[229] Vgl.: Holleaux/Foyer/Geouffre de La Pradelle, Rz. 898; Audit, Rz. 447, 450

Insolvenzverfahren in diesem Fall nicht seine eigenen Wirkungen auf die Grundstücke am Lageort erstreckt, sondern ihm nur indirekte Wirkung über den Tatbestand einer inländischen Eingriffsnorm zukommt. Die Grundpfandgläubiger werden somit keinen fremden Wirkungen ausgesetzt. Dennoch erscheint es notwendig, dass wenigstens die förmlichen Anerkennungsvoraussetzungen im Hinblick auf die Eröffnungsentscheidung vorliegen müssen, damit das ausländische Verfahren Tatbestandswirkung entfalten kann, um auf diese Weise eine Gleichwertigkeit des ausländischen Verfahrens sicherzustellen.

Wie bereits dargestellt wurde, kommt es bei der Anerkennung von ausländischen Insolvenzverfahren im Bezug auf die Grundpfandrechte überwiegend nur zu einer begrenzten Wirkungserstreckung, d. h. die Wirkungen auf die Grundpfandrechte richten sich entweder kumulativ nach lex fori concursus und lex rei sitae oder aber allein nach letzterer, was sich rechtstechnisch im Grunde wiederum als eine Substitution darstellt. Auch in diesem Fall können die Wirkungen der lex rei sitae nur von einem ausländischen Verfahren hervorgerufen werden, welches das förmliche Exequatur erhalten hat bzw. die Anerkennungsvoraussetzungen erfüllt. Diese Wertung würde unterlaufen, wenn der Verfahrensstaat gleich eine Anknüpfung der Wirkungen an die lex rei sitae vornimmt und sodann eine indirekte Wirkung hervorrufen könnte, ohne dass die Anerkennungsvoraussetzungen für das ausländische Verfahren geprüft werden.

Es ist vielmehr zu berücksichtigen, dass jedenfalls für Grundpfandrechte, die an ausländischen Grundstücken bestellt wurden, eine Anknüpfung seitens des IIR des Verfahrensstaates an die lex rei sitae oder aber auch an die lex fori concursus zu denselben Ergebnissen kommen muss, da die Wirkungen zwangsläufig immer am Lageort eintreten und auch eine aus Sicht des Verfahrensstaates kollisionsrechtliche Problematik, d. h. Anknüpfung an die lex rei sitae, aufgrund des unbeweglichen Sicherungsgegenstandes[230] immer mit einem Anerkennungsproblem am Lageort verbunden ist. Somit wird schon aus diesem Grund eine vorherige Prüfung der Anerkennungsvoraussetzungen notwendig sein, auch wenn es rechtstechnisch eigentlich nur zu einer Substitution des ausländischen Insolvenzverfahrens im Tatbestand einer Eingriffsnorm am Lageort kommt.

Schließlich ist zu beachten, dass durch die Substitution gerade die insolvenzspezifischen Wirkungen, zu denen auch Vollstreckungswirkungen gehören, ausge-

---

[230] Hierin liegt der Unterschied zu beweglichen Sicherheiten, die nach Verfahrenseröffnung in den Verfahrensstaat gelangen und dort verwertet werden können. In diesem Fall bleibt es bei einem rein kollisionsrechtlichen Problem, der Frage nach dem anwendbaren Recht für die insolvenzspezifischen Wirkungen.

löst werden sollen. Vollstreckungswirkungen erfordern jedoch regelmäßig das Vorliegen der Anerkennungsvoraussetzungen bzw. eines Exequaturs[231].

Besonderheiten können sich jedoch dann ergeben, wenn es sich bei dem Lageort der belasteten Grundstücke um die Schweiz oder Österreich handelt. Grundsätzlich kennt auch das schweizerische IPR die Substitution[232], und auch im IIR wird das Problem der Tatbestandswirkungen[233] erörtert. Da aber das schweizerische IIR in den Art. 166 ff. schwIPRG ausdrücklich und abschließend geregelt hat, welche Wirkungen ein ausländisches Insolvenzverfahren im Bezug auf das schweizerische Vermögen des Schuldners hervorrufen soll, wäre damit die Frage nach den Tatbestandswirkungen des ausländischen Insolvenzverfahrens überflüssig geworden[234]. Darüber hinaus könnte die Zulässigkeit von Tatbestandswirkungen dem Sinn und Zweck der Art. 166 ff. schwIPRG zuwiderlaufen. Geht man davon aus, dass die schweizerischen Regelungen des IPRG einen besonderen Schutz der bevorrechtigten Pfandgläubiger enthalten, könnte eine Tatbestandswirkung dann ausgeschlossen sein, wenn auf diese Weise die vom Gesetz bezweckte Schutzfunktion umgangen würde.

Nach Art. 170 Abs. 1 schwIPRG bewirkt die Anerkennung eines Auslandskonkurses die konkursrechtlichen Folgen des schweizerischen Rechts. Dadurch wird klargestellt, dass sich Einwirkungen auf das in der Schweiz belegene Vermögen nur nach schweizerischem Recht richten und Gläubiger, die auf das schweizerische Vermögen des Schuldners vertraut haben, nicht mit der Geltung eines

---

[231] Vgl.: Danizeaud, BANQUE 1995, S. 58 (59); Martin-Serf, JDI 1995, S. 31 (45); STS vom 29. 5. 1894, Jur. civ. Bd. 75, Nr. 154, S. 693 ff.; Calvo Caravaca/Carrascosa González, II. S. 696 f.; Marcos González Lecouna, RGD 1998, S. 4155 (4188 ff.) Staehelin, Anerkennung, S. 16 ff.; Kren Kostkiewicz, BlSchK 1993, S. 1(16 f.); Ausdrücklich im künftigen spanischen IIR: Art. 224LC 2003. Während sonstige Entscheidungen, die im Zusammenhang mit dem Insolvenzverfahren ergehen, nach dem Erhalt eines Exequaturs für die Eröffnungsentscheidung ohne weiteres Verfahren anerkannt werden, sofern die allgemeinen Anerkennungsvoraussetzungen des Art. 220 LC 2003 vorliegen, Art. 222 Abs. 1 LC 2003. Vgl. auch: § 353 InsO, der für die Vollstreckbarkeit ausländischer Entscheidungen auf die §§ 722 Abs. 2, 723 ZPO verweist.

[232] Vgl.: Keller/Siehr, Allgemeine Lehren, S. 519 ff.; IPRG-Komm-Keller/Girsberger, Art. 124 Rz. 40. Daneben finden sich Stellungnahmen zu den Befugnisse einer ausländischen Konkursverwaltung, ohne dass jedoch in diesem Zusammenhang auf die Problematik der Substitution eingegangen wird, vgl.: Nussbaum, SSIR 1989, S. 10; Kren Kostkiewicz, BlSchK 1993, S. 1 (21 f.)

[233] Es fällt jedoch auf, dass der Begriff *Tatbestandswirkung* in der schweizerischen Literatur überwiegend im Kontext nichtkonkurstypischer, sog. materiellrechtlicher Wirkungen verwendet wird, vgl.: Theus Simoni, S. 257; Staehelin, Anerkennung,
S. 16

[234] Angedeutet bei: Hanisch, RabelsZ 56 (1992), S. 179 (181), Fn. 11

fremden Rechts zu rechnen haben. Mit dieser Regelung hat das schweizerische Recht festgelegt, dass nur ein Insolvenzverfahren, welches das förmliche Anerkennungsverfahren durchlaufen hat, die insolvenzspezifischen Wirkungen des schweizerischen Rechts hervorrufen kann. Diese Wertung würde unterlaufen, wenn daneben auch Tatbestandswirkungen des ausländischen Insolvenzverfahrens ohne vorangegangenes Anerkennungsverfahren zulässig wären.

Die Art. 166 ff. schwIPRG machen eine Substitution oder Tatbestandswirkung der ausländischen Insolvenzentscheidung aber auch überflüssig, da sie zum selben Ergebnis wie diese führen, d. h. die Wirkungen des schweizerischen Rechts als Recht des Lageortes der Grundstücke hervorrufen.

In der österreichischen Literatur wird zwar auch die Möglichkeit sog. Tatbestands- und Nebenwirkungen des ausländischen Konkursverfahrens diskutiert, wonach ein solches auch ohne vorherige Anerkennung bestimmte Wirkungen inländischer Normen hervorrufen kann. Übereinstimmend wird jedoch davon ausgegangen, dass es sich hierbei nicht um konkursspezifische Wirkungen handeln kann[235]. Einer Zulässigkeit von Tatbestandswirkungen innerhalb insolvenzspezifischer Eingriffsnormen würde darüber hinaus auch das geltende Anerkennungsrecht entgegenstehen, welches jegliche Wirkungen eines ausländischen Insolvenzverfahrens außerhalb von Staatsverträgen auf das in Österreich befindliche Vermögen des Schuldners untersagt[236]. Da es jedoch auch über den Tatbestand einer inländischen Norm wenigstens zu einer indirekten Wirkungsweise des ausländischen Insolvenzverfahrens kommt, würde dies zu einer Umgehung der bestehenden Anerkennungsvorschriften führen. Somit können die nach österreichischem Recht möglichen Eingriffe auf die an österreichischen Grundstücken begründeten Sicherheiten nicht durch ein ausländisches Insolvenzverfahren ausgelöst werden.

3. 4. 4. Fazit

Zusammenfassend lässt sich festhalten, dass auch eine Anknüpfung der insolvenzspezifischen Wirkungen auf die Grundpfandrechte an die lex rei sitae zu keinem anderen Ergebnis führen kann, als wenn es, wie bei der Anknüpfung an die lex fori concursus, um eine reine Anerkennung des Auslandsinsolvenzverfahren am Lageort geht.

In beiden Fällen erscheint es am günstigsten, die Wirkungen auf die Grundpfandrechte dem Recht des Lageortes zu unterstellen. Der Unterschied liegt al-

---

[235] Vgl.: Zehetner in: Wiesbauer, Neuerungen, S. 9 (18); Leitner, S. 220; Keppelmüller, S. 113 ff. Rz. 249 ff.

[236] Siehe oben: 3. Teil, 2. 3. 4. 4.

lein darin, dass im zuletzt erörterten Fall bereits der Verfahrensstaat selbst für die Wirkungen auf die lex rei sitae verweist. Das Ergebnis bleibt jedoch in beiden Fällen dasselbe, da es sich bei den Grundpfandrechten um unbewegliche Sicherheiten handelt, die ihren Lageort nicht verändern können, so dass auch die insolvenzspezifischen Eingriffe immer am Lageort eintreten, allein dort wirken und somit eine Anerkennung am Lageort voraussetzen.

Aus diesem Grund und weil es hierbei jedenfalls zu indirekten Wirkungen des ausländischen Insolvenzverfahrens kommt, wird man auch für das Hervorrufen von Tatbestandswirkungen bei insolvenzspezifischen Eingriffsnormen das Vorliegen der Anerkennungsvoraussetzungen bzw. die Durchführung des förmlichen Anerkennungsverfahrens jedenfalls im Hinblick auf die ausländische Eröffnungsentscheidung als notwendig ansehen müssen.

4. Die Stellung der Grundpfandrechte nach Art. 5 EUIÜ/EG-Ratsverordnung[237]

4. 1. Allgemeines zur EG-Ratsverordnung über Insolvenzverfahren

Mit der am 29. Mai 2000 aufgrund von Art. 65 EGV erlassenen EG-Verordnung über Insolvenzverfahren Nr. 1346/2000 sind die Regelungen des bereits im November 1995 fertig gestellten Europäischen Übereinkommens über Insolvenzverfahren (EUIÜ)[238] zum 31. 5. 2002 in Kraft getreten. Mit diesem Rechtsakt, der Bestimmungen zum Gerichtsstand, zur Anerkennung und zum anwendbaren Recht enthält, soll eine Durchführung grenzüberschreitender Insolvenzverfahren wirksamer und effizienter gestaltet werden[239].

4. 2. Sinn und Zweck von Art. 5

Grundpfandrechte fallen in den Anwendungsbereich von Art. 5, was ihrer Rechtsnatur bzw. ihrer Gleichstellung[240] als dingliches Recht und ihrer ausdrücklichen Erwähnung in Art. 5 Abs. 2 a zu entnehmen ist. Art. 5 bezweckt vorrangig den Schutz des Wirtschaftsverkehrs am Lageort und die Rechtssicherheit im Bezug auf die Rechte, welche an diesen Vermögensgegenständen bestehen[241].

Das Bedürfnis nach der in Art. 5 getroffenen Regelung wird auf die in der Gemeinschaft sehr unterschiedlich ausgeprägten Sicherungsrechte zurückgeführt[242]. Demnach soll das Vertrauen der Sicherungsgläubiger in den Bestand ihrer Sicherheit trotz eines Insolvenzverfahrens, das in einem anderen Vertrags- bzw. Mitgliedstaat als dem Belegenheitsort der Sicherheit eröffnet wurde, geschützt werden, um auf diese Weise das bestehende nationale Kreditsicherungsrecht nicht aus dem Gleichgewicht zu bringen.

4. 3. Die Problematik von Art. 5

4. 3. 1. Problemstellung

Art. 5 lautet: *„Das dingliche Recht eines Gläubigers oder eines Dritten an körperlichen oder unkörperlichen, beweglichen oder unbeweglichen Gegenständen des Schuldners - sowohl an bestimmten Gegenständen als auch an einer Mehrheit von nicht bestimmten Gegenständen mit wechselnder Zusammensetzung -,*

---

[237] Im Folgenden nur noch als Art. 5 bezeichnet.

[238] Vgl.: Einführung bei Strub, EuZW 1996, S. 71 ff.

[239] Vgl.: Erwägungsgrund 8 der EG-Verordnung über Insolvenzverfahren, Nr. 1346/2000 v. 29. 5. 2000

[240] Siehe oben: 1. Teil, 2. 2.

[241] Vgl.: Erläuternder Bericht Nr. 97, abgedruckt in: Stoll, Vorschläge und Gutachten, S. 32 ff.

[242] Vgl.: Erwägungsgrund 11 der EG-Verordnung über Insolvenzverfahren, Nr. 1346/ 2000 v. 29. 5. 2000

die sich zum Zeitpunkt der Eröffnung des Insolvenzverfahrens im Gebiet eines anderen Mitgliedstaates befinden, wird von der Eröffnung des Verfahrens nicht berührt."

Dies bedeutet zunächst schlicht, dass sich die Wirkung der ausländischen lex fori concursus nicht auf in anderen Vertragsstaaten belegene Sicherheiten erstreckt, was somit eine Ausnahme zu Art. 4 Abs. 1 EUIÜ/EG-Ratsverordnung darstellt.

Wortlaut und Regelung des Art. 5 führen jedoch zu einer gewissen Unsicherheit[243]. Stellt man allein auf den Wortlaut ab, so könnte man annehmen, dass auch die Einschränkungen und Wirkungen, die das Recht am Lageort für die Sicherheiten vorsieht, ausgeschlossen sind[244].

Aus dem Erläuternden Bericht zum Abkommen und den Erwägungen zur Verordnung lässt sich allerdings entnehmen, dass eine gänzliche Freistellung ausländischer Sicherheiten nicht gewollt ist, sondern es dem Insolvenzverwalter bzw. einer anderen befugten Person freisteht, über die Eröffnung eines Sekundärverfahrens am Lageort des Sicherungsgegenstandes die spezifischen Eingriffsmöglichkeiten des Lageortrechtes herbeizuführen[245].

Wendet man Art. 5 in diesem Sinne auf die Beispielsfälle[246] an, so ergibt sich aus Sicht des Verfahrensstaates im Hinblick auf die in einem anderen Vertragsstaat an Grundstücken bestellten Grundpfandrechte folgende Situation: Grundsätzlich darf der Insolvenzverwalter nicht die Eingriffe, welche die lex fori concursus für die Grundpfandrechte vorsieht, an den ausländischen Grundpfandrechten vornehmen. Vielmehr kann er überhaupt nur unter zwei Bedingungen auf diese zugreifen. Zunächst muss die Möglichkeit zur Eröffnung eines Sekundärverfahrens am Lageort der belasteten Grundstücke bestehen, was insbesondere die Existenz einer Niederlassung am Lageort voraussetzt. Die bloße Belegenheit von Vermögen reicht hierzu nicht aus[247]. Eine Niederlassung im Sinne des Abkommens ist jeder Tätigkeitsort, an dem der Schuldner einer wirtschaftlichen

243 Vgl.: Wimmer, NJW 2002, S. 2427 (2429 f.)

244 Vgl.: Flessner, in: Stoll, Vorschläge und Gutachten, S. 220 (222); die entsprechende Problematik wurde auch im Bezug auf den Vorentwurf des deutschen BMJ von Vorschriften zur Neuordnung des Internationalen Insolvenzrechts von 1989 erörtert, vgl. Stoll, Stellungnahmen und Gutachten, S. 266 (269)

245 Vgl.: Erläuternder Bericht Nr. 98; Balz, ZIP 1996, S. 948 (950); Wimmer, ZInsO 2001, S. 97 (100); Lüke, Bankruptcy Developments Journal 2001, S. 369 (385); Kemper, ZIP 2001, S. 1609 (1616)

246 Siehe oben: 3. Teil, 3. 2.; 3. 4.

247 Vgl.: Erläuternder Bericht Nr. 70

Aktivität nicht nur vorübergehender Art nachgeht, die den Einsatz von Personal und Vermögenswerten voraussetzt[248]. Als zweite Bedingung muss das Recht am Lageort überhaupt Einschränkungen im Bezug auf die Grundpfandrechte zulassen. Aus der Sicht des Lageortes hat die Regelung somit zur Folge, dass Grundpfandgläubiger bei einem grenzüberschreitenden Insolvenzverfahren des Schuldners nur unter den engen Voraussetzungen der Existenz einer Niederlassung überhaupt mit irgendwelchen Einschränkungen rechnen müssen.

Hierin aber liegt die eigentliche Problematik von Art. 5, sofern man die Wirkungen der lex rei sitae nur im Wege eines Sekundärverfahrens am Lageort eintreten lässt[249]. Legt man der Vorschrift dieses Verständnis zugrunde, kann es zu Ergebnissen kommen, die eine gewisse Willkür in sich bergen und zu einer eigenartigen Besserstellung[250] führen. Aus diesem Grund hat Art. 5 auch Kritik[251] erfahren, welche im Wesentlichen die durch das Sekundärverfahren bewirkte territoriale Aufteilung des Schuldnervermögens und eine erschwerte Fortführung grenzüberschreitender Unternehmen anprangert. Darüber hinaus ist die Durchführung eines Sekundärverfahrens in der Regel auch mit zusätzlichen Kosten verbunden.

Eine Besserstellung bezüglich der Rechtsposition der Grundpfandrechte ergibt sich im Vergleich zu ihrer Stellung in einem national begrenzten Insolvenzverfahren, welches dann, mangels Anwendbarkeit von Art. 5 die jeweiligen Einschränkungen des Insolvenzrechtes am Lageort hervorruft. Die Grundpfandgläubiger müssen folglich nur für den Fall, dass der Schuldner am Lageort eine Niederlassung betreibt, überhaupt mit Auswirkungen rechnen. Somit kommt den Gläubigern im Fall einer grenzüberschreitenden Insolvenz des Schuldners ein weitergehender Schutz zu, auf den sie bei der Bestellung des Grundpfandes wohl kaum vertraut haben dürfen. Eine solche Regelung erscheint auch willkürlich, da es vom Zufall abhängt, ob ein Schuldner eine Niederlassung im Sinne des Art. 2 h EUIÜ/EG-Ratsverordnung am Lageort betreibt.

Schließlich kann eine derartige Interpretation auch zu Ungleichbehandlungen zwischen Grundpfandgläubigern am gleichen Lageort führen. Nur die Grundpfandrechte, die ein Schuldner mit Niederlassung am Lageort bestellt hat, können in grenzüberschreitenden Insolvenzverfahren Einschränkungen über die lex rei sitae erfahren. Hat demgegenüber ein ausländischer Schuldner keine Nieder-

---

[248] Vgl.: Art. 2 h.) EUIÜ/EG-Verordnung
[249] Vgl.: Taupitz, ZZP 1998, S. 315(336)
[250] Vgl.: Garrido, Int. Insolv. Rev. 1998, S. 79 (87)
[251] Vgl.: v. Wilmowsky, EWS 1997, S. 295 (298); Leible/Staudinger, KTS 2000, .S. 533 (550 ff.)

lassung am selben Lageort, blieben die Grundpfandrechte auch von den Einschränkungen des Rechts am Lageort unbehelligt.

Diese Ungleichbehandlung würde zwar gemildert, wenn die Eröffnungszuständigkeit für das Sekundärverfahren statt einer Niederlassung die Vermögensbelegenheit[252] ausreichen lassen würde. Allerdings bliebe es auch dann bei der Durchführung eines Sekundärverfahrens, was in der Regel mit einem nicht unerheblichen Zeit- und Kostenaufwand verbunden ist.

4. 3. 2. Lösungsmöglichkeit

Vermeiden lassen sich diese Unbilligkeiten, wenn man die Vorschrift in Art. 5 in einer Weise interpretiert, wie sie *Flessner*[253] vorgeschlagen hat, demzufolge das Recht am Lageort über die dinglichen Sicherheiten entscheiden solle. Eine völlige Freistellung dinglicher Sicherheiten sei nicht zwingend vom Abkommen vorgeschrieben. Vielmehr ließen die mehrdeutigen Materialien jedenfalls die Tendenz erkennen, dass mit der Regelung von Art. 5 zwar die einfachste von mehreren möglichen Lösungen für die Behandlung ausländischer Sicherheiten in einer grenzüberschreitenden Insolvenz gewählt werden solle, andererseits man jedoch dem Lagestaat nicht ausdrücklich vorschreiben wollte, die dinglichen Rechte nicht dem eigenen Insolvenzrecht zu unterstellen[254].

Diese Auffassung lässt sich auch mit dem Zweck des Übereinkommens in Einklang bringen[255]. Sieht man in Art. 5 eine Anerkennungsregelung, die eine Ausnahme zur Anerkennungspflicht des Art. 16 EUIÜ enthalte, so gelte in diesem Fall als Auslegungsmaxime das sog. Günstigkeitsprinzip[256], so dass der Lageort nach der Regelung in Art. 5 die Wirkungen des Verfahrenseröffnungsstaates auf die Sicherheiten nicht anerkennen müsse, dies aber dürfe.

Auch wenn man Art. 5 eine kollisionsrechtliche Funktion beimesse[257], ergebe sich nichts Gegenteiliges. So schließe dieser lediglich die Grundregel in Art. 4

---

[252] In diese Richtung geht wohl auch: Lüke, Bankruptcy Developments Journal 2001, S. 369 (386), der eine weite Auslegung des Begriffs „Niederlassung" vorschlägt. Ähnlich: Paulus, ZIP 2002, S. 729 (735)

[253] Vgl.: Flessner, in: FS Drobnig, S. 277 ff.

[254] Vgl.: Erläuternder Bericht Nr. 97; Flessner, in: FS Drobnig, S. 277 (282)

[255] Vgl.: Flessner, in: FS Drobnig, S. 277 (282 ff.)

[256] Demzufolge regeln Anerkennungsverträge regelmäßig nur einen Mindeststandard der Anerkennung untereinander, es bleibt jedem Vertragsstaat jedoch freigestellt, eine weitergehende Anerkennung zuzulassen.

[257] Vgl.: Erläuternder Bericht Nr. 92, 93; Erwägungsgründe 24, 25 der EG-Verordnung über Insolvenzverfahren, Nr. 1346/2000 v. 29. 5. 2000; gegen eine Einordnung als Kollisionsnorm,

EUIÜ aus, ohne eine eigene Kollisionsnorm an dessen Stelle zu setzen, so dass insoweit das allgemeine Kollisionsrecht der Vertragsstaaten zur Geltung komme, welches für Begründung, Gültigkeit und Tragweite auf die lex rei sitae verweist[258]. Da mit dinglichen Sicherheiten belastete Massegegenstände nicht gänzlich vom Zugriff des Abkommens ausgeschlossen worden seien[259], ergebe sich auch aus der Struktur der Regelung im Übereinkommen, dass eine gänzliche Freistellung der dinglichen Rechte von den Wirkungen des Insolvenzverfahrens nicht gewollt sei.

Schließlich sei eine Freistellung von jeglichen Wirkungen nicht wirklich die einfachere Lösung, als wenn es dem Belegenheitsort überlassen würde, ob und welche Wirkungen dieses dem ausländischen Insolvenzverfahren im Bezug auf die dinglichen Rechte zukommen lässt[260].

Im Ergebnis ist somit nach Auffassung *Flessners* trotz des unglücklich gewählten Wortlautes von Art. 5 eine Geltung der lex rei sitae bezüglich der insolvenzspezifischen Wirkungen auf dingliche Rechte nicht ausgeschlossen und zur Vermeidung der dargestellten Willkürlichkeiten auch vorzugswürdig.

4. 4. Auslegung von Art. 5 im Vergleich mit den Ergebnissen des 3. Teils

Keine der hier untersuchten Rechtsordnungen sieht in ihrem autonomen IIR eine unbeschränkte Wirkungserstreckung auf die Grundpfandrechte vor. Auf der anderen Seite wird in den einzelnen Rechtsordnungen mit Ausnahme des österreichischen und des noch geltenden spanischen Rechts[261] ebenso wenig eine gänzliche Freistellung von jeglichen Wirkungen, wie sie der Wortlaut von Art. 5 proklamiert, vertreten[262]. Regelmäßig sollen sich die Wirkungen nach der lex rei sitae richten bzw. aus einer Kumulation von lex fori concursus und lex rei sitae ergeben. Zwar hat auch das neue deutsche IIR jedenfalls im Wortlaut von § 351 Abs. 1 InsO die unglückliche Formulierung von Art. 5 übernommen. Eine Anwendung der lex rei sitae erscheint jedoch auch im neuen deutschen IIR trotz-

---

aus der sich die Geltung der lex rei sitae ableiten lasse, vgl.: v. Wilmowsky, EWS 1997, S. 295 (297); Calvo Caravaca/Carascosas González, II. S. 690 f.

[258] Vgl.: Erläuternder Bericht Nr. 95

[259] Vgl.: Art. 4 Abs. 2 b, c EUIÜ; Erläuternder Bericht Nr. 99, wonach ein Überschuss bei der Verwertung an die Masse zurückzuführen ist.

[260] Vgl.: Flessner, in: FS Drobnig, S. 277 (286)

[261] Wie dargestellt wurde, ist eine Freistellung in diesen Rechtsordnungen im Wesentlichen auf den fragmentarischen Zustand des autonomen IIR zurückzuführen und nicht wie in Art. 5 auf eine bewusste gesetzgeberische Entscheidung.

[262] Auf eine Abweichung zum deutschen IIR vor Inkrafttreten der §§ 335 ff. InsO weist hin: Wimmer, NJW 2002, S. 2427 (2429)

dem weiterhin möglich[263]. Das neue spanische IIR hat demgegenüber in Art. 201 Abs. 1 LC 2003, vermutlich im Bewusstsein der Problematik um Art. 5, eine ausdrückliche Verweisung auf die lex rei sitae vorgenommen.

Im Vergleich mit dem dargestellten autonomen IIR würde die Regelung von Art. 5, sofern man mit der herkömmlichen Auffassung darin keinen Verweis auf die lex rei sitae annimmt, im Rahmen des Abkommens insgesamt weniger Anerkennung herbeiführen als es etwa zwischen den Vertragsstaaten und Drittstaaten denkbar wäre.

Folgende Situation ließe sich etwa vorstellen: Die Eröffnung eines Insolvenzverfahrens in einem Vertragsstaat könnte auf die Grundpfandrechte in einem anderen Vertragsstaat keine, insbesondere auch nicht die nach dem Vertrags- und Lagestaat zulässigen Wirkungen hervorrufen, während dies für die in einem Drittstaat belegenen Grundpfandrechte möglich wäre, wenn dieser die Wirkungen kumulativ der lex fori concursus und der lex rei sitae oder aber letzterer allein unterstellt.

4. 5. Fazit

Zur Vermeidung unbilliger Ergebnisse, die mit den Zielen des Abkommens im Widerspruch stehen, sollte dem Vorschlag *Flessners* folgend auch im Rahmen des Übereinkommens bzw. der Verordnung über die Wirkungen des Insolvenzverfahrens auf in einem anderen Vertragsstaat befindliche dingliche Rechte Dritter allein die lex rei sitae bestimmen.

Gerade im Hinblick auf Grundpfandrechte als Sicherheiten am unbeweglichen Schuldnervermögen stellt sich dies als die praktikabelste und einfachste Lösung dar. Es bleibt dem Lageort überlassen, ob und in welcher Weise er dem ausländischen Insolvenzverfahren auch im Bezug auf die in seinem Territorium befindlichen Grundpfandrechte Wirkungen zukommen lässt.

Bei einer Anknüpfung an die lex rei sitae entstehen keine Ungleichbehandlungen zwischen nationaler und internationaler Insolvenz, und der Vertrauensschutz der Sicherungsgläubiger bleibt gewahrt. Außerdem ist es auf diese Weise am besten möglich, die für Grundpfandrechte häufig zwingenden Registrierungs- und Verwertungsvorschriften angemessen zu berücksichtigen.

Zuletzt besteht auch aus einem weiteren Grund kein Bedürfnis, die in einem anderen Vertragsstaat befindlichen Grundpfandrechte gänzlich von Wirkungen des ausländischen Insolvenzverfahrens abzuschirmen, da die gesicherten Gläubiger

[263] Siehe oben: 3. Teil, 3. 2. 1.; 3. 4. 1. 1.

eines international tätigen Schuldners künftig verstärkt auch mit der Eröffnung eines Insolvenzverfahren im Ausland rechnen müssen. Warum sie aber, wenn dieser Fall tatsächlich eintritt, gänzlich von etwaigen insolvenzspezifischen Wirkungen freigestellt werden sollen, erscheint wenig einleuchtend.

4. Teil: Schlussbetrachtung

An dieser Stelle soll nun nochmals der Blick vom eigentlichen Thema dieser Untersuchung, den Grundpfandrechten in der nationalen und internationalen Insolvenz, zurückgewandt werden auf die im ersten Teil der Arbeit dargestellten Grundpfandrechte in den nationalen Rechtsordnungen. Dieser Zustand einer Rechtsvielfalt in den europäischen Rechtsordnungen gibt Anlass darüber nachzudenken, ob er nicht zu einer Beeinträchtigung des im EGV verankerten Binnenmarktzieles führt.

Daher geht die sich nun anschließende Betrachtung zunächst kurz ein auf die mit dieser Frage eng verknüpfte allgemeine Diskussion über die Einwirkung der Grundfreiheiten auf das Privatrecht. Im Zusammenhang mit dieser Problematik hat sich die Idee entwickelt, für alle Mitgliedstaaten ein einheitliches Grundpfandrecht (Eurohypothek) einzuführen, um dadurch den grenzüberschreitenden Kreditverkehr auf dem Gebiet des Hypothekarkredites zu erleichtern. Nach einer Darstellung dieses Vorschlages, soll schließlich der Frage nachgegangen werden, ob mit dem Inkrafttreten der EG-Ratsverordnung über Insolvenzverfahren, insbesondere durch deren Art. 5, die Einführung einer Eurohypothek obsolet geworden ist.

Wenngleich die Untersuchung im 1. Teil der Arbeit gezeigt hat, dass die Grundpfandrechte zwar in Ihren Grundstrukturen gewisse Ähnlichkeiten aufweisen, häufig allerdings eine bestimmte Funktion durch unterschiedliche Regelungsmechanismen[1] bewirkt wird, wird dennoch insgesamt der Rechtszustand in Europa auf dem Gebiet der Immobiliarsicherheiten als sehr uneinheitlich beschrieben[2].

Dabei werden gerade Unterschiede im Hinblick auf die Existenz und Zulässigkeit von nicht-akzessorischen Grundpfandrechten aber auch die verschieden ausgestalteten Grundbuch- und Registersysteme als Hemmnisse für einen grenzüberschreitenden Kreditverkehr angesehen[3].

Es stellt sich daher die Frage, ob diese Unterschiede innerhalb der in Europa existierenden Grundpfandrechtsarten ein Hindernis für den europäischen Binnenmarkt auf dem Gebiet des Hypothekarkredites darstellen und somit einer ungehinderten Ausübung der europäischen Grundfreiheiten, insbesondere des

[1] Siehe oben: 1. Teil, 3. 4.
[2] Vgl.: Kaindl, NZ 1993, S. 277; Wehrens, WM 1992, S. 557
[3] Vgl.: Pleyer, NZ 1993, S. 273

freien Dienstleistungs- und Kapitalverkehrs in den Art. 49, 56 EGV im Weg stehen[4].

Zunächst ist festzustellen, dass sich auf dem Gebiet der Grundpfandrechte die Problematik allein auf der Ebene des Sachrechts stellt und nicht noch zusätzlich durch das IPR verstärkt wird, wie dies bei den Mobiliarsicherheiten[5] der Fall ist. Bei letzteren erschwert die im internationalen Sachenrecht überwiegend geltende Situsregel[6] den grenzüberschreitenden Kreditverkehr, da sie dazu führen kann, dass in einem Mitgliedstaat begründete Sicherheiten durch den Transport in einen anderen Mitgliedsstaat untergehen, sofern das Sachenrecht dieses Staates kein gleiches oder vergleichbares Sicherungsrecht kennt. Dies kann bei den Grundpfandrechten schon von Natur aus nicht geschehen.

Dennoch wird der unterschiedliche Zustand der jeweiligen Sachrechte als hinderlich angesehen, da er dazu führt, dass gewisse Kreditpraktiken, die durch bestimmte Merkmale der Grundpfandrechte begünstigt werden, nicht in allen Mitgliedstaaten durchführbar sind[7]. So erleichtert ein nicht-akzessorisches Grundpfandrecht beispielsweise eine Kreditaufstockung oder eine Neuvalutierung, was zu einer Zeit- und Kostenersparnis führt[8]. Im Ergebnis sieht man daher teilweise die Vergabe von Hypothekarkrediten über die Grenzen eines Mitgliedstaates hinweg und insbesondere auch die Kreditsicherung durch im Ausland belegene Grundstücke nur als wenig praktikabel an[9] .

Aus diesem Grund wurden ab Mitte der 80er Jahre des letzten Jahrhunderts und in den Folgejahren nach Vorarbeiten und Untersuchungen, die bis in die 60er

---

[4] Vgl.: Stöcker, S. 211 ff., S. 285; diese Auffassung liegt wohl auch dem Vorschlag Schwintowskis zugrunde, über die Schaffung eines europäischen Grundpfandrechtes in einem künftigen europäischen Zivilgesetzbuch nachzudenken, vgl.: Schwintowski, JZ 2002, S. 205 (210); neben diesen wirtschaftlichen Erwägungen wird auch der Verbraucherschutz angeführt, vgl.: Wehrens, WM 1992, S. 557 (563); Kaindl, NZ 1993, S. 277 (280)

[5] Vgl.: Drobnig, in: Martiny/Witzleb, S. 169 (173 f.)

[6] Nachweise zum IPR der einzelnen Rechtsordnungen finden sich bei: Staudinger-Stoll, Internationales Sachenrecht, Rz. 22 ff.

[7] Vgl.: Stöcker, S. 191 ff., S. 286

[8] Vgl.: Stöcker, S. 32 ff.; S. 38 ff., ausführliche Darstellung weiterer Vorteile für die Kreditpraxis, S. 41 ff.; Pleyer, NZ 1993, S. 273 (274 f.)

[9] Vgl.: Schwintowski, JZ 2002, S. 205 (210); Kaindl, NZ 1993, S. 277; Begründung zum Vorschlag für eine Richtlinie des Rates über die Niederlassungsfreiheit und den freien Dienstleistungsverkehr auf dem Gebiet des Hypothekarkredits Kom (84) 730 ABl. C 42 v. 14. 2. 1985, S. 4 ff.; geänderter Vorschlag für eine Richtlinie des Rates über die Niederlassungsfreiheit und den freien Dienstleistungsverkehr auf dem Gebiet des Hypothekarkredits Kom (87) 255 ABl. C 161 v. 19. 6. 1987, S. 4 ff.

Jahre zurückgehen[10], Überlegungen zur Vereinheitlichung und Rechtsangleichung auf dem Gebiet des Hypothekenrechts angestellt. In diesem Zusammenhang wurde auch die Einführung eines einheitlichen Grundpfandrechtes, die sog. Eurohypothek, diskutiert.

Bevor auf den Vorschlag zur Einführung eines einheitlichen Grundpfandes für die europäischen Mitgliedsstaaten eingegangen wird, soll zunächst die Frage erörtert werden, ob und in welcher Weise die europäischen Grundfreiheiten überhaupt auf das Privatrecht einwirken können.

1. Kontrolle durch die europäischen Grundfreiheiten im Privatrecht

1. 1. Allgemeines:
Über die Einstrahlung der europäischen Grundfreiheiten und die Anforderungen, welche das in Art. 14 EGV definierte Binnenmarktziel, an die nationalen Zivilrechtsordnungen stellt, den Zustand des sog. Gemeinschaftsprivatrechts, insbesondere aber auch zu der Zukunft eines europäischen Zivilgesetzbuchs finden sich bereits umfangreiche Abhandlungen[11]. Eine ausführliche Auseinandersetzung mit dieser Problematik kann daher an dieser Stelle nicht erfolgen, vielmehr bleibt die Darstellung im Rahmen dieser Arbeit auf eine Skizze beschränkt.

1. 2. Zulässigkeit einer Kontrolle durch die Grundfreiheiten im Privatrecht[12]
Als Ausgangspunkt der Erörterung ist zunächst festzuhalten, dass es sich in weiten Teilen des Privatrechts, und somit gerade auch im Bereich der Immobiliarsicherheiten, weniger um einzelne Normen der nationalen Privatrechtsordnungen handelt, die eine direkte oder indirekte Diskriminierung enthalten und auf diese Weise einer ungehinderten Ausübung einzelner Grundfreiheiten im Wege stehen. Vielmehr stellt sich im Rahmen dieser Erörterung die Frage, ob die unterschiedliche Ausgestaltung des Privatrechts auf dem Gebiet der Immobiliarsicherheiten für sich betrachtet zu einer Beeinträchtigung der Grundfreiheiten führt, wenn man davon ausgeht, dass die unterschiedlichen Anforderungen und

[10] Vgl.: Segré-Bericht von 1966
[11] Vgl.: Hierzu ausführliche Untersuchung bei: Klauer, Die Europäisierung des Privatrechts, Baden-Baden 1998; Paschke/Iliopoulos (Hrsg.), Europäisches Privatrecht, Hamburg 1998; Remien, JZ 1992, S. 277 ff.; ders. JZ 1994, S. 349 ff.; Blaurock, JZ 1994, S. 270 ff.; Roth, ZeuP 1994, S. 5 ff.; Sandrock, EWS 1994, S. 1 ff.; Rittner, JZ 1995, S. 849 ff.; Schwintowski, JZ 2002, S. 205 ff.; Martiny/Witzleb: Auf dem Weg zu einem Europäischen Zivilgesetzbuch, Berlin, Heidelberg, New York 1999; Zu dem Gedanken eines gemeineuropäischen Privatrechts, vgl.: Kötz/Flessner, Europäisches Vertragsrecht Bd. I., Tübingen 1996
[12] Eine ausführliche Erörterung dieses Problems findet sich bei: Klauer, S. 67 ff.

Merkmale der jeweiligen Grundpfandrechte den grenzüberschreitenden Kreditverkehr erschweren.

Zwar wurden im Bereich diskriminierender Privatrechtsnormen bereits in mehreren Bereichen Rechtsangleichungsmaßnahmen[13] vorgenommen. Auch der EuGH hat vereinzelt schon zu diskriminierenden Normen auf dem Gebiet des Privatrechts Stellung genommen[14]. Seinen Kontrollmaßstab zu den Grundfreiheiten hat der EuGH jedoch überwiegend anhand öffentlich-rechtlicher Vorschriften entwickelt[15]. Im Hinblick auf das sog. nicht-diskriminierende Privatrecht besteht daher noch weitgehend Unklarheit und Uneinigkeit darüber, ob auch dieses, zu dem man dann wohl auch den bloßen Zustand einer Rechtsvielfalt im Privatrecht der Mitgliedstaaten zählen kann, einer Grundfreiheitenkontrolle unterliegt[16].

Die Rechtsprechung des EuGH nimmt diesbezüglich eine zurückhaltende Rollen ein und verneint in der Regel in diesen Fällen schon den Anwendungsbereich der Grundfreiheiten[17]. Teilweise wird in der Literatur seit den Urteilen Keck und Mithouard[18] bzw. Hünermund[19] die Rechtsprechung des EuGH bezüglich einer Einwirkung der Grundfreiheiten auf das Privatrecht als unentschlossen bewertet bzw. dahingehend interpretiert, ein ungehinderter Einfluss der Grundfreiheiten besonders im Hinblick auf das nicht-diskriminierende Privatrecht sei wohl nicht gewollt[20]. Auf der anderen Seite findet sich jedoch der Vorschlag, ausgehend von einem grundsätzlich weiten Anwendungsbereich der Grundfreiheiten, die vom EuGH in einigen Urteilen[21] angewandte weniger strenge Verhältnismäßig-

---

[13] Vgl.: z. B. Richtlinie über Produkthaftung, RL Nr. 85/374, ABl. 1985, Nr. L 210, S. 29 ff.; Richtlinie über Haustürgeschäfte, RL Nr. 85/577 ABl. 1985, Nr. L 372, S. 31 ff.; Richtlinie über Pauschalreisen, RL Nr. 90/ 314 ABl. 1990 Nr. L 158, S. 59 ff.; Handelsvertreterrichtlinie, RL Nr. 86/653 ABl. 1996, Nr. L 382, S. 17 ff.

[14] Vgl.: Hubbard, Slg. 1993, I- 3777; Mund & Fester, Slg. 1994, I- 467; Boscher, Slg. 1991, I-2023

[15] Vgl.: Dassonville, Slg. 1974, 837; Cassis, Slg. 1979, II- 649; Keck und Mithouard, Slg. 1993, I- 6097; Säger, Slg. 1991, I- 4221; Kraus, Slg. 1993, I-1663; Bosman, Slg. 1995, I-4921; Gebhard, Slg. 1995, I- 4165; eine Ausnahme bildet insoweit der Bereich des gewerblichen Rechtsschutzes, vgl.: Roth, ZeuP 1994, S. 5 (11 ff.)

[16] Vgl.: Roth, ZeuP 1994, S. 5 (7 ff., 26 f.); Klauer, S. 69 ff.

[17] Vgl.: Krantz, Slg. 1990, I- 583; CMC- Motorradcenter, Slg. 1993, I- 5009; Alsthom, Slg. 1991, I-107

[18] Vgl.: Slg. 1993, I- 6097

[19] Vgl.: Slg. 1993, I- 6787

[20] Vgl.: Klauer, S. 71; Remien, JZ 1994, S. 349 (352 f.)

[21] Vgl.: Torfaen Borough Council, Slg. 1989, 3851; Buet, Slg 1989, 1235, Houtwipper, Slg. 1994, I- 4249; Union départementale des syndicats CGT de l'Aisne, Slg.1991 I- 997; Marchandise u.a., Slg. 1991, I- 1027

keitsprüfung als adäquaten Prüfungsmaßstab für das Privatrecht zu übernehmen[22]. Für eine Rechtfertigung soll danach schon ein „berechtigtes wirtschafts- und sozialpolitisches Interesse“ ausreichen.

Einem weiten Anwendungsbereich der Grundfreiheiten, der eine Überprüfung des gesamten nationalen Privatrechtes der Mitgliedstaaten auf seine Übereinstimmung mit den Binnenmarktzielen zuließe, ist allerdings einiger Widerspruch entgegen gebracht worden[23]. Befürchtungen wie der Verlust des tradierten staatlichen Privatrechts als Bestandteil einer jeweiligen nationalen Kultur wurden gehegt[24], auch wurde darin eine Gefahr für die Rechtssicheit gesehen[25]. Daneben finden sich jedoch auch Stimmen in der Literatur, die einen Einfluss der Grundfreiheiten auf das Privatrecht grundsätzlich bejahen und diesen in einem bestimmten Ausmaß befürworten[26]. So wird vorgeschlagen, mittels der Grundfreiheitenkontrolle überschießende Regelungen im Privatrecht der Mitgliedstaaten zu beseitigen, die zur Behinderung des grenzüberschreitenden Verkehrs führen, ohne dass überzeugende Gründe für ihre Notwendigkeit sprechen[27]. Dabei wird von einem weiten Anwendungsbereich der Grundfreiheiten ausgegangen, der grundsätzlich einen großen Teil des Privatrechts als potentielle Behinderungen erfasst. Die sich anschließende Verhältnismäßigkeitsprüfung, wonach derartige Beschränkungen hinzunehmen sind, sofern sie durch vernünftige Schutzinteressen gerechtfertigt sind, würde jedoch ergeben, dass die meisten überprüften nicht-diskriminierenden Normen des Privatrechts aufgrund der ihnen zugrundeliegenden nationalen Schutzinteressen zu akzeptieren seien[28].

1. 3. Die Rechtsvielfalt der europäischen Immobiliarsicherheiten als Eingriff in die europäischen Grundfreiheiten ?

Die Frage, ob eine Rechtsvielfalt auf dem Gebiet der europäischen Immobiliarsicherheiten einen Eingriff in die europäischen Grundfreiheiten darstellt, stellt sich nur dann, wenn man überhaupt eine Einwirkung der Grundfreiheiten auch auf nicht-diskriminierendes Privatrecht zulassen will, und demzufolge von einem weiten Anwendungsbereich der Grundfreiheiten ausgeht.

---

[22] Vgl.: Roth, ZeuP 1994, S. 5 (26 ff.)
[23] Vgl.: Steindorf, JZ 1994, S. 95 (97 f.); Remien, JZ 1992, S. 277 (280)
[24] Vgl.: Steindorf, JZ 1994, S. 95
[25] Vgl.: Remien, JZ 1994, S. 349 (353)
[26] Vgl.: Klauer, S. 71 ff.; auf diesem Verständnis basieren wohl auch die Ausführungen bei: Müller-Graff, NJW 1993, S. 13 (18); Roth, ZeuP 1994, S. 5 (28 f., 32 f.); Leible, in: Martiny/Witzleb, S. 53 (68)
[27] Vgl.: Klauer, S. 72
[28] Vgl.: Klauer, S. 73; Leible, in: Martiny/Witzleb, S. 53 (70)

Legt man ein solches Verständnis zugrunde, wäre wohl grundsätzlich eine Beschränkung der Grundfreiheiten anzunehmen, da der bestehende unterschiedliche Rechtszustand im Hypothekenrecht der Mitgliedstaaten den grenzüberschreitenden Kreditverkehr erschwert bzw. die Erreichung eines Binnenmarktes auf dem Gebiet des Hypothekarkredites jedenfalls nicht fördert. Grundpfandrechte, die in einem Mitgliedstaat bestimmte günstige Finanzierungspraktiken ermöglichen, können nicht ohne weiteres an ausländischen Grundstücken bestellt werden, so dass der Hypothekarkredit zwangsläufig einen weitgehend national ausgerichteten Bereich in der Kreditpraxis darstellt.

Einen Eingriff oder Verstoß gegen die Grundfreiheiten könnte man darin jedoch nur dann erblicken, wenn dieser Zustand sich im Rahmen einer Verhältnismäßigkeitsprüfung nicht durch vernünftige Schutzinteressen und die erwähnten berechtigten wirtschafts- und sozialpolitischen Ziele rechtfertigen ließe. Im vorliegenden Fall wäre demnach zu prüfen, ob an der Beibehaltung des divergierenden Rechtszustandes auf dem Gebiet des Immobiliarsicherheiten vernünftige Schutzinteressen bestehen und ob hinter diesen das Ziel der Errichtung eines Binnenmarktes zurückstehen muss.

Da es sich bei der hier zugrunde liegenden Problematik jedoch nicht, wie bereits festgestellt, um einzelne Privatrechtsnormen handelt, deren Vereinbarkeit mit den europäischen Grundfreiheiten auf dem Prüfstein steht, sondern die Existenz verschiedener Grundpfandsysteme innerhalb der Mitgliedstaaten an den Grundfreiheiten gemessen werden soll, kann die Verhältnismäßigkeitsprüfung nicht in der gewohnten Weise[29] erfolgen. Es ist vielmehr notwendig, die Verhältnismäßigkeitsprüfung aus einem anderen Blickwinkel vorzunehmen. Zu prüfen ist dann etwa, ob eine Vereinheitlichung des Rechts der Immobiliarsicherheiten im Hinblick auf die Verwirklichung des Binnenmarktes zwingend notwendig ist, oder ob die nationalen Schutzinteressen an einer Beibehaltung des bestehenden divergierenden Rechtszustandes vorrangig zu berücksichtigen sind.

Hierfür ist sodann zunächst zu klären, welches die nationalen Schutzinteressen sind, die für eine Aufrechterhaltung des bestehenden Zustandes sprechen. Zum einen würde eine Rechtsvereinheitlichung in Form einer Abschaffung der nationalen Grundpfandrechte zugunsten eines einheitlich für alle Mitgliedstaaten geltenden Grundpfandes sich insoweit als unverhältnismäßig darstellen, als dies die Aufgabe gewachsener und teilweise gut funktionierender Zivilrechtsinstitute bedeuten würde, welcher wohl nur wenig Verständnis entgegen gebracht werden

[29] Zur Prüfung der einzelnen Grundfreiheiten, vgl.: Überblicke bei: Lecheler, S. 248, S. 251, S. 262, S. 269, S. 283, S. 288

würde. Darüber hinaus wäre damit ein kaum zu bewältigender Kosten- und Gesetzgebungsaufwand verbunden. All dies scheint für die Verwirklichung des Binnenmarktzieles auf dem Gebiet des Hypothekarkredites nicht erforderlich zu sein, da sich insoweit mildere Mittel anbieten, mit denen sich eine Durchsetzung der Grundfreiheiten verwirklichen ließe. Geht man also von einer Beeinträchtigung der Grundfreiheiten durch die Rechtsdivergenz aus, so lässt sich eine ausreichende Abhilfe durch die Einführung eines zusätzlichen einheitlichen Grundpfandes nach den erarbeiteten Vorschlägen zur sog. Eurohypothek schaffen, welches neben die bestehenden nationalen Grundpfandrechte tritt und diese in ihrer Existenz unberührt lässt.

2. Die Eurohypothek

Ausgehend von der Prämisse, dass der unterschiedliche Rechtszustand im Hypothekenrecht der Mitgliedstaaten die Verwirklichung des Binnenmarktes und damit eingeschlossen den freien Dienstleistungs- und Kapitalverkehr jedenfalls nicht fördert, sind Überlegungen zur Einführung eines für alle Mitgliedstaaten einheitlichen geltenden Grundpfandrechtes entstanden, welches neben die bestehenden nationalen Grundpfandrechte tritt.

2. 1. Entstehung der Idee eines einheitlichen Grundpfandrechts für Europa
Die Ursprünge der Idee eines einheitlichen Grundpfandrechts für alle Mitgliedstaaten gehen bis in die 60er Jahre des letzten Jahrhunderts zurück. So wurde im Jahre 1966 der sog. Segré-Bericht[30] durch eine von der EG-Kommission eingesetzte Expertengruppe vorgelegt, der zu dem Ergebnis kam, dass die Einführung eines einheitlichen Grundpfandrechts zur Integration der Kapitalmärkte beitragen würde[31]. Er enthielt daher die Anregung, die in den einzelnen Mitgliedsstaaten geltenden Rechtsvorschriften über die Grundpfandrechte anzugleichen oder zu harmonisieren[32].

In den 70er Jahren wurden daraufhin im Anschluss an den Segré-Bericht weitere Studien und Gutachten erstellt, die sich u.a. auch mit der Angleichung und Harmonisierung des Hypothekenrechts der Mitgliedstaaten befassten[33].

---

[30] Vgl.: Europäische Wirtschaftsgemeinschaft Kommission, Der Aufbau eines Europäischen Kapitalmarktes, Brüssel, 1966, Vorsitzender der Sachverständigengruppe war Claudio Segré, daher im Folgenden als Segré-Bericht bezeichnet.
[31] Vgl.: Segré-Bericht, S. 165, Schlussfolgerung 26. 4.)
[32] Vgl.: Segré-Bericht, S. 177, Schlusssfolgerung 14. 1.)
[33] Dabei handelt es sich insbesondere um das Gutachten des Max-Planck-Instituts für ausländisches und internationales Privatrecht, „Die Grundpfandrechte im Recht der Mitgliedstaaten

1987 wurde der geänderte Vorschlag der EG-Kommission für den Erlass der sog. Hypothekarkreditrichtlinie[34] vorgelegt. Das Ziel dieses Richtlinienvorschlags bestand darin, im Wege einer gegenseitigen Anerkennung den Kreditinstituten die Ausgabe von Hypothekarkrediten auch in anderen Mitgliedstaaten als dem Sitzland des Kreditinstitutes zu gewähren[35]. Eine Vereinheitlichung der nationalen Regelungen im Bereich der Grundpfandrechte oder aber die Einführung eines einheitlichen Grundpfandrechtes waren jedoch in diesem Richtlinienvorschlag nicht enthalten[36]. Zu einer Verabschiedung der Richtlinie kam es dann aber nicht, vielmehr sollten nach Ansicht der EG-Kommission[37] zunächst die Auswirkungen der 1989 verabschiedeten zweiten Bankrechtskoordinierungsrichtlinie[38] auf den Bereich des Hypothekarkredites abgewartet werden.

Am 22. 7. 1987 legte dann eine Unterkommission der Union International du Notariat Latin UINL, die Commission des Affaires de la Communauté Européenne CACE dem EG-Ministerrat einen Vorschlag vor, der vorsah, den Kreditinstituten neben den bisher in den einzelnen Mitgliedstaaten bestehenden Grundpfandrechten eine in allen Mitgliedstaaten einheitlich geregelte Eurohypothek zur Verfügung zu stellen[39]. Dabei sollte eine Ausgestaltung weitgehend nach dem Vorbild des schweizerischen Schuldbriefes erfolgen.

In der Folgezeit ist es sodann still um die Eurohypothek geworden. Neuerdings wurden jedoch auf Veranlassung des Verbandes Deutscher Hypothekenbanken die Initiativen der EG-Kommission und der UINL zur Schaffung eines einheitlichen abstrakten Grundpfandrechtes wieder aufgegriffen und ein Diskussionspapier erarbeitet, welches das Ziel verfolgt, eine flexible Kreditsicherheit mit den

---

der Europäischen Gemeinschaften, Erster Teil“, aus dem Jahre 1971; eine Studie des „ad-hoc-Ausschusses der EG-Bankvereinigung aus dem Jahre 1973 und den Überlegungen des Hypothekenverbandes bei der EG, vgl. hierzu Stöcker, S. 218 ff.

[34] Vgl.: Vorschlag für eine Richtlinie des Rates über die Niederlassungsfreiheit und den freien Dienstleistungsverkehr auf dem Gebiet des Hypothekarkredits Kom (84) 730 ABl. C 42 v. 14. 2. 1985, S. 4 ff.; geänderter Vorschlag für eine Richtlinie des Rates über die Niederlassungsfreiheit und den freien Dienstleistungsverkehr auf dem Gebiet des Hypothekarkredits Kom (87) 255 ABl. C 161 v. 19. 6. 1987, S. 4 ff.; Eilmansberger, EuZW 1991, S. 691 ff.

[35] Vgl.: Eilmansberger, EuZW 1991, S. 691

[36] Vgl.: Vorschlag für eine Richtlinie des Rates über die Niederlassungsfreiheit und den freien Dienstleistungsverkehr auf dem Gebiet des Hypothekarkredits Kom (84) 730 ABl. C 42 v. 14. 2. 1985, S. 4 ff.; geänderter Vorschlag für eine Richtlinie des Rates über die Niederlassungsfreiheit und den freien Dienstleistungsverkehr auf dem Gebiet des Hypothekarkredits Kom (87) 255 ABl. C 161 v. 19. 6. 1987, S. 4 ff.; Stöcker, S. 226

[37] Vgl.: Antwort der Kommission ABl. 1990 Nr. C 171 v. 12. 7. 1990, S. 43 f.

[38] Richtlinie 89/646 ABl. Nr. L 386, S. 1 ff.; zu der Richtlinie, vgl.: Eilmansberger, EuZW 1991, S. 691 ff.; Wolf, WM 1990, S. 1941 ff.; Bader, EuZW 1990, S. 117 ff.

[39] Vgl: Zusammenfassung bei: Wehrens, NZ 1988, S. 181 ff.; Kaindl, NZ 1993, S. 277 ff.

Erfordernissen der Rechtssicherheit und des Verbraucherschutzes in Einklang zu bringen[40].

2. 2. Kompetenz zur Errichtung einer Eurohypothek und Handlungsform
Bevor näher auf die Ausgestaltung der Eurohypothek eingegangen wird, ist zunächst der Frage nach einer Kompetenz zur Einführung eines einheitlichen, europäischen Grundpfandrechtes nachzugehen[41]. Da es sich insoweit um einen Fall der Privatrechtssetzung und –angleichung handelt, lässt sich zunächst feststellen, dass im EGV keine ausdrückliche Rechtsetzungskompetenz hierfür enthalten ist[42], vielmehr finden sich lediglich Teilbereiche des Privatrechts zur Rechtsangleichung aufgelistet[43]. Hieraus kann jedoch nicht der Umkehrschluss gezogen werden, eine Handlungsermächtigung auf dem Gebiet des Privatrechts und somit auch zur Einführung eines einheitlichen europäischen Grundpfandrechtes sei grundsätzlich nicht gegeben[44]. Vielmehr kommen den Handlungsermächtigungen des EGV ein funktionaler Charakter[45] zu, wonach die Rechtsetzung der Erreichung eines bestimmten Zieles dient, wie etwa der Verwirklichung des Binnenmarktes, Art. 95 EGV oder des Funktionierens des Gemeinsamen Marktes Art. 94 EGV und innerhalb dieser Ziele, gleichsam als Teil dieser, der Verwirklichung der Grundfreiheiten in den Art. 39 ff. EGV.

Zur Einführung der Eurohypothek in den Mitgliedstaaten könnte sich eine Kompetenz zunächst aus Art. 94 i. V. m. Art. 3 h EGV ergeben[46]. Danach müsste der Erlass eines einheitlichen Grundpfandrechts für das Funktionieren des Gemeinsamen Marktes erforderlich sein. Geht man davon aus, dass die bestehenden Rechtsunterschiede der Verwirklichung des freien Dienstleistungs- und Kapitalverkehrs entgegenstehen bzw. diese jedenfalls nicht fördern, so kann sich eine Handlungsermächtigung auf Art. 94 i. V. m. Art. 3 h EGV gründen. Allerdings setzt Art. 94 EGV für die Ermächtigung Einstimmigkeit voraus[47]. Ob die Einführung einer Eurohypothek darüber hinaus auch erforderlich ist für das Funktionieren des Gemeinsamen Marktes, liegt im Beurteilungsspielraum der zustän-

---

[40] Vgl.: Wolfsteiner/Stöcker, DNotZ 1999, S. 451 ff.

[41] Vgl.: Ausführliche Erörterung und Abgrenzung zu weiteren Ermächtigungsgrundlagen speziell im Hinblick auf die Eurohypothek bei: Stöcker, S. 290 ff.

[42] Vgl.: Müller-Graff, NJW 1993, S. 13 (16); Bracker, in: Paschke/Iliopoulus, S. 43

[43] Vgl.: Art. 137 EGV (Arbeitsrecht); Art. 95 Abs. 3 EGV (Verbraucherschutz)

[44] Vgl.: Müller-Graff, NJW 1993, S. 13 (16); Schneider, NJW 1991, S. 1985 (1988); Bracker, in: Paschke/Iliopoulus, S. 43; gegen eine legislatorische Kompetenz auf dem Gebiet des Privatrechts: Rittner, JZ 1990, S. 838 (842)

[45] Vgl.: Müller-Graff, NJW 1993, S. 13 (17)

[46] Vgl.: Wehrens, WM 1992, S. 557 (562); Stöcker, S. 291, Fn. 39, der jedoch Art. 100 a EGV (Art. 95 n. F. EGV) für die speziellere Ermächtigungsnorm hält.

[47] Vgl.: Oppermann, S. 482 Rz. 1211; Fischer, § 13 Rz. 79

digen Gemeinschaftsorgane[48]. Sofern eine Handlungsermächtigung auf Art. 94 EGV gestützt würde, käme als Rechtsakt allerdings allein eine Richtlinie in Betracht.

Weiterhin lässt sich eine Handlungsbefugnis auch aus Art. 95 i. V. m. Art. 14, Art. 3 c EGV und der Notwendigkeit des Aufbaus eines Binnenmarktes für den Bereich des Hypothekarkredits entnehmen[49]. Ein solcher setzt voraus, dass in allen Mitgliedstaaten die gleichen Finanzierungstechniken angewendet werden können, was im momentanen Zustand der Rechtsvielfalt auf dem Gebiet des Hypothekenrechtes nicht möglich ist. Weiterhin findet sich in Art. 95 Abs. 3 EGV der Verbraucherschutz erwähnt, dem ebenfalls die Einführung einer Eurohypothek dienen würde, da auf diese Weise u.a. die Kreditkosten gesenkt würden, was dem Verbraucher zugute käme[50]. Art. 95 EGV ist gegenüber Art. 94 EGV lex specialis und führt aufgrund seiner Anforderungen, insbesondere aufgrund der vereinfachten Beschlussfassung mit qualifizierter Mehrheit zu einer erleichterten Rechtsangleichung[51]. Ein weiterer Vorteil dieser Handlungsermächtigung liegt darin, dass die Rechtsangleichung nicht auf ein einziges Instrumentarium beschränkt ist, sondern hierfür grundsätzlich alle Rechtsakte zur Verfügung stehen[52].

Schließlich besteht grundsätzlich noch die Möglichkeit, eine Handlungsermächtigung auf Art. 308 EGV zu stützen, wie dies im Fall der Europäischen Wirtschaftlichen Interessenvereinigung (EWIV) geschehen ist[53]. Auch diese Norm setzt jedoch Einstimmigkeit voraus und tritt hinter den spezielleren Regelungen der Art. 94 ff. EGV zurück[54].

Geht man nunmehr von Art. 95 EGV als Kompetenznorm aus, stellt sich sodann die Frage, durch welchen Rechtsakt die Eurohypothek eingeführt werden sollte. Sofern man den Anpassungsbedarf[55] der nationalen Rechtsordnungen an die

---

[48] Vgl.: Schneider, NJW 1991, S. 1985 (1988 f.); Müller-Graff, NJW 1993, S. 13 (18); Oppermann, S. 482 Rz. 1210

[49] Vgl.: Stöcker, S. 292 ff.

[50] Vgl.: Wehrens, WM 1992, S. 557 (562); ausführlich hierzu: Stöcker, S. 293

[51] Vgl.: Oppermann, S. 482 Rz. 1212 ff.; Fischer, § 13 Rz. 78 f. ; Herdegen, Rz. 333

[52] Zur Auslegung des Begriffs „ Maßnahmen zur Angleichung“ in Art. 100 a EGV a. F. (Art. 95 EGV n. F.) vgl.: Bundesrepublik Deutschland/Rat der Europäischen Union, Slg. 1994, I-3681

[53] Vgl.: VO 2137/85 v. 25. 7. 1985 ABl. L 199, S.1 ff., gestützt auf Art. 235 EGV a. F.

[54] Vgl.: Oppermann, S. 487 Rz. 1227

[55] Zur Vereinbarkeit der Eurohypothek mit den nationalen Rechtsordnungen, insbesondere der deutschen, französischen und spanischen, vgl.: Stöcker, S. 272 ff.; aus österreichischer Sicht, vgl.: Hofmeister, NZ 1991, S. 282 (286)

Charakteristika der Eurohypothek als sehr umfangreich ansieht, der sich insbesondere in den Staaten mit rein akzessorischen Grundpfandrechten ergeben kann, so bietet sich wohl als Handlungsform die Richtlinie an.

Dem kann jedoch zum einen entgegen gehalten werden, dass die Vorschriften zur Einführung einer Eurohypothek nicht das nationale Recht der Grundpfandrechte ersetzen sollen, sondern dass die Eurohypothek neben die bestehenden Grundpfandrechtsarten der Mitgliedstaaten tritt. Den Mitgliedstaaten wird somit nur ein zusätzliches Rechtsinstitut zur Verfügung gestellt, was insbesondere den grenzüberschreitenden Kreditverkehr erleichtern soll, welches jedoch die Verwendbarkeit der bestehenden Grundpfandrechte unberührt lässt. Zum anderen birgt der Erlass einer Richtlinie die Gefahr, dass die Eurohypothek bei der Umsetzung durch die Mitgliedstaaten den jeweils bestehenden und somit auch gewohnten Eigenheiten der nationalen Immobiliarsicherheiten zu sehr angenähert und somit dem Ziel einer Rechtsangleichung zuwider laufen würde[56]. Aus diesen Gründen scheint die Einführung der Eurohypothek im Wege einer Verordnung wohl vorteilhaft, da auf diese Weise eine schnelle und einheitliche Entstehung des neuen Rechtsinstituts gewährleistet wäre[57].

Zuletzt bleibt grundsätzlich die Möglichkeit, die Eurohypothek auch über den Abschluss eines völkerrechtlichen Vertrages nach Art. 293 EGV einzuführen. Allerdings ist insoweit zu beachten, dass dieser Weg nur dann eröffnet ist, wenn eine eigentliche Handlungskompetenz der Gemeinschaftsorgane nicht bejaht werden kann[58]. Ein großer Nachteil dieser Vorgehensweise liegt jedoch darin, dass bei jeder Erweiterung der EU eine erneute Unterzeichnung durch die neuen Mitgliedstaaten notwendig wird, damit das Rechtsinstitut auch in diesen Staaten seine Wirkung entfalten kann.

2. 3. Charakteristika[59] der Eurohypothek

Wie bereits erwähnt wurde, soll die Eurohypothek als forderungsunabhängiges[60] Immobiliarsicherungsrecht neben die bereits bestehenden nationalen Grundpfandrechte treten, welche bei Bedarf auch für inländische Immobiliarkredite

[56] Vgl.: Stöcker, S. 279, S. 295, der insoweit fordert, dass eine Richtlinie enge und detaillierte Vorgaben für die Umsetzung enthalten solle.

[57] Vgl.: Wehrens, WM 1992, S. 557 (562); Kaindl, NZ 1993, S. 277 (280)

[58] Vgl.: Oppermann, S. 504 Rz. 1262; Stöcker, S. 295

[59] Vgl.: Ausführliche Erörterungen hierzu bei: Stöcker, S. 279 ff.; Kaindl, NZ 1993, S. 277 ff.; Wehrens, WM 1992, S. 557 ff.; Diskussionspapier des Verbandes Deutscher Hypothekenbanken, erläutert bei: Wolfsteiner/ Stöcker, DNotZ 1999, S. 451 ff.

[60] Für die Einführung eines akzessorischen Grundpfandrechtes, vgl.: Habersack, JZ 1997, S. 857 (862)

zur Verfügung stehen kann, die jedoch nicht die nationalen Grundpfandrechte ersetzen soll[61]. Als Grundmodell soll der schweizerische Schuldbrief dienen.

Für die Bestellung der Eurohypothek wird vorgeschlagen, diese anhand einer notariellen Errichtungsurkunde bzw. eines Formblattes und in den Staaten mit Grundbuchsystem oder Register durch Eintragung und Erteilung eines als Wertpapier ausgestalteten Pfandbriefes vorzunehmen[62]. Grundsätzlich sollte es möglich sein, dass die Eurohypothek bereits vor der Darlehensgewährung oder höher als die zu sichernde Forderung bestellt wird[63]. Daneben soll die Eurohypothek als Sicherheit für Kontokorrentverhältnisse bestellt werden können, ebenso wie nur für den Eigentümer selbst, als sog. Eigentümergrundpfandrecht, welches gegebenenfalls sodann durch den Eigentümer an einen Gläubiger zur Sicherung einer Forderung durch Übertragung des Hypothekenbriefes abgetreten werden kann[64].
Die Übertragung der Eurohypothek bedarf einer Vereinbarung zwischen Veräußerer und Erwerber in notarieller Urkunde oder aber durch Vermerk auf dem Hypothekenbrief und dessen Übergabe. Keine Einstimmigkeit herrscht bisher darüber, ob eine Eintragung der Abtretung im Grundbuch oder Register erfolgen sollte[65].

Zum Erlöschen der Eurohypothek kommt es nur, wenn sie einvernehmlich aufgehoben wird, ein automatisches Erlöschen durch Zeitablauf oder durch Tilgung der Forderung ist nicht vorgesehen[66].

Bei der nicht-akzessorischen Eurohypothek wird über eine formlos mögliche Sicherungsabrede (Sicherungsvertrag) sodann die Beziehung zwischen Kreditnehmer und Kreditgeber geregelt und auf diese Weise ein schuldrechtlicher Ersatz einer Akzessorietät[67] hergestellt. Die Sicherungsabrede wird regelmäßig die Vereinbarung über die Bestellung der Eurohypothek durch den Kreditnehmer

---

[61] Vgl.: Wehrens, WM 1992, S. 557 (559)
[62] Vgl.: Stöcker, S. 280
[63] Vgl.: Wolfsteiner/Stöcker, DNotZ 1999, S. 451 (453); Wehrens, WM 1992, S. 557 (560)
[64] Vgl.: Wehrens, WM 1992, S. 557 (561); Kaindl, NZ 1993, S. 277 (279)
[65] Dagegen: Stöcker, S. 281, der darin einen Verlust der leichten Übertragbarkeit sieht. Dafür: Wehrens, WM 1992, S. 557 (560)
[66] Vgl.: Stöcker, S. 282; Wehrens, WM 1992, S. 557 (560 f.)
[67] Vgl.: Wehrens, WM 1992, S. 557 (561), der von einer „Akzessorietät auf schuldrechtlicher Ebene" spricht.

und die Verpflichtung des Kreditgebers enthalten, nicht abredewidrig von der Eurohypothek Gebrauch zu machen[68].

Schließlich wird gefordert, die Eurohypothek zunächst in die nationalen Zwangsvollstreckungs- und Konkurssyteme einzugliedern, wobei jedoch so weit als möglich versucht werden sollte, die Eurohypothek von Privilegien freizuhalten[69].

3. Resümee:

Abschließend kann also festgestellt werden, dass eine Aussage zur Vereinbarkeit des bestehenden divergierenden Rechtszustandes auf dem Gebiet der Immobiliarsicherheiten mit dem Binnenmarktziel des EGV und insbesondere mit einer Verwirklichung der Grundfreiheiten des freien Dienstleistungs- und Kapitalverkehrs nur schwer zu treffen ist. Je nachdem ob und in welcher Weise man eine Kontrolle des nationalen Privatrechtes anhand der europäischen Grundfreiheiten zulassen will, wird man den bestehenden Zustand als Hindernis oder gar als Eingriff bezeichnen. Demgegenüber wird man bei einem eher engen Verständnis der Grundfreiheiten den Zustand vielleicht als nicht förderlich für die Verwirklichung des Binnenmarktes beschreiben, davon jedoch keine dringende Handlungsnotwendigkeit im Hinblick auf Vereinheitlichungs- und Angleichungsmaßnahmen, wie etwa die Einführung einer Eurohypothek ableiten.

Schließlich kann man im Rahmen dieser Untersuchung noch die Überlegung anstellen, ob möglicherweise der Erlass der EG-Ratsverordnung über Insolvenzverfahren, insbesondere die Regelung in Art. 5, die Vereinheitlichungsbestrebungen auf dem Gebiet der Immobiliarsicherheiten überflüssig gemacht hat oder diese jedenfalls weniger dringlich erscheinen lässt.

Wenn man berücksichtigt, dass sich die Frage nach der Vereinbarkeit der europäischen Grundpfandrechte mit den Grundfreiheiten allein auf der Ebene des Sachrechtes stellt, ist dies wohl zu verneinen. Zwar sind Wortlaut und Rechtsnatur von Art. 5 auch nicht eindeutig und lassen mehrere Interpretationsmöglichkeiten zu[70], nach der hier vertretenen Auffassung kommt ihm jedoch die Funktion einer Anerkennungs– und Kollisionsnorm zu: Die insolvenzspezifischen Wirkungen eines Insolvenzverfahrens auf die Immobiliarsicherheiten richten sich nach dem Recht des Belegenheitsortes. Im Ergebnis bewirkt Art. 5

---

[68] Zu den darüber hinausgehenden Vereinbarungen, die in der Sicherungsabrede getroffen werden können, vgl.: Wehrens, WM 1992, S. 557 (561)

[69] Vgl.: Stöcker, S. 283

[70] Siehe oben: 4. 3. 2

in dem hier vertretenen Verständnis zwar eine gewisse Rechtssicherheit, da auf diese Weise klar gestellt wird, dass nur die insolvenzspezifischen Wirkungen des Rechts am Lageort das Grundpfandrecht beeinträchtigen können. Somit steht bereits bei Bestellung des Grundpfandes fest, welche Einschränkungen den Gläubiger im Falle einer Insolvenz des Schuldners erwarten. Zwar kann man im Hinblick darauf, dass im Rahmen der Kreditsicherheiten insolvenzrechtlichen Aspekten eine besondere Wichtigkeit zukommt, somit auch Art. 5 als weiteren Betrag im stetigen Prozess der Verwirklichung des Binnenmarktziels ansehen. Genauer betrachtet setzt Art. 5 jedoch eigentlich schon die Existenz eines grenzüberschreitenden Hypothekarkreditverkehrs voraus, da er insbesondere dann zur Anwendung gelangt, wenn zu einem schuldnerischen Vermögen, über das in einem Mitgliedstaat ein Insolvenzverfahren eröffnet wurde, auch mit Grundpfandrechten belastete Grundstücke in anderen Mitgliedstaaten gehören. Letztendlich wird man daher, sofern man eine Vereinheitlichung oder Rechtsangleichung auf dem Gebiet der Immobiliarsicherheiten zur Erreichung des Binnenmarktziels für notwendig hält, diese durch den Erlass der EG-Ratsverordung nicht als überflüssig ansehen können.

Literaturverzeichnis

Acosta Estévez, José B.: Reconocimiento y ejecución de resoluciones judiciales en el ordenamiento positivo Español y en el Convenio de Bruselas de 27 de septiembre de 1968, Barcelona 1987

Aderhold, Eltje: Auslandskonkurs im Inland, Berlin 1992

Alcover Garau, Guillermo: Consideraciones generales sobre una alternativa a la reforma propuesta del derecho concursal español, RdS 1996, S. 475 ff.

Amonn, Kurt: Grundriss des Schuldbetreibungs- und Konkursrechts, 5. Auflage, Bern 1993

Audit, Bernard: Droit international privé, 2. Auflage, Paris 1997

Bader, Udo-Olaf: Inhalt und Bedeutung der 2. Bankrechtskoordinierungsrichtlinie – Ein EG-Grundgesetz für die Banken, EuZW 1990, S. 117 ff.

Balz, Manfred: Das neue Europäische Insolvenzrechtsübereinkommen, ZIP 1996, S. 948 ff.

Bar, Christian von: Internationales Privatrecht, 1. Bd: Allgemeine Lehren, München 1987

Bartsch, Robert; Heil, Rudolf: Grundriß des Insolvenzrechts, 4. Auflage, Wien 1983

Bartsch, Robert; Pollak, Rudolf: Konkursordnung, Ausgleichsordnung, Anfechtungsordnung und deren Einführungsverordnung, 1. Bd., Wien 1916 (Bartsch/Pollak)

Baur, Fritz; Stürner, Rolf: Lehrbuch des Sachenrechts 16. Auflage, München 1992

Baur, Fritz; Stürner, Rolf: Zwangsvollstreckungs- Konkurs- und Vergleichsrecht, 2. Bd.: Insolvenzrecht, 12. Auflage, Heidelberg 1990 (zit.: Baur/Stürner, II. Insolvenzrecht)

Beckers, Michael: Die Immobiliarsicherheiten nach dem Entwurf eines Gesetzes zur Reform des Insolvenzrechts, WM 1990, S.1177 ff.

Beltrán Sánchez, Emilio: El derecho de separación en la quiebra, in: Tratado de garantías en la contratación mercantíl, 1. Bd.: Parte general y garantías personales; Hrsg.: Nieto Carol, Urbaldo; Bonet Sánchez, José Ignacio, S. 257 ff., 2. Auflage, Madrid 1996 (zit.: Beltrán Sánchez, Tratado)

Beltrán Sánchez, Emilio: Hipoteca, ejecución separada y reintegración de la masa, in: Estudios Juridicos en homenaje al Profesor Aurelio Menendez, 3. Bd., Hrsg.: Iglesias Prada, Juan Luis, S. 3479 ff., Madrid 1996 (zit.: Beltrán Sánchez, LH Menendez)

Beltrán Sánchez, Emilio: Las deudas de la masa, Bologna 1986 (zit.: Beltrán Sánchez, Las deudas de la masa)

Beltrán Sánchez, Emilio: Una nueva propuesta de ley concursal, AJA 1996, S. 1 ff. (zit.: Beltrán Sánchez, AJA)

Bernstorff, Christoph Graf von: Einführung in das englische Recht, München 1996

Blaurock, Uwe: Europäisches Privatrecht, JZ 1994, S. 273 ff.

Blom-Cooper, Louis Jacques: Bankruptcy in Private International Law, London 1954

Boll, Valentin: Die Anerkennung des Auslandskonkurses in Österreich, Wien 1990

Bonsman, James; Davis, Andrew; Roydhouse, Eric : Halsbury´s Statutes, 30. Bd., 4. Auflage, London 1991

Bork, Reinhard: Einführung in das neue Insolvenzrecht, 2. Auflage, Tübingen 1998

Bouaziz Torron, Valérie; Amiguez, Guillaume: La situation des créaciers titulaires de suretés réelles après la loi du 10 juin 1994 relative à la prévention et au traitement des difficultés des entreprises, DPCI 1995, S. 56 ff.

Breitenstein, Stefan: Internationales Insolvenzrecht der Schweiz und der Vereinigten Staaten, Zürich 1990

Brink, Ulrich; Habel, Wolfgang: Recht der Kreditsicherheiten in europäischen Ländern. Teil IV: England, Berlin 1980

Broseta Pont, Manuel: Manual de Derecho mercantil, 10. Auflage, Madrid 1994

Brown, David: Corporate Rescue, Chinchester 1996

Burger, Anton; Schellberg, Bernhard: Der Insolvenzplan im neuen Insolvenzrecht, DB 1994, S. 1833 ff.

Burgstaller, Alfred; Keppelmüller, Rudolf: Universalität oder Territorialität – Wirkt der österreichische Konkurs im Ausland, JBl 1996, S. 285 ff.

Bülow, Peter: Recht der Kreditsicherheiten, 5. Auflage, Heidelberg 1999

Bünzli, Kurt: Leitfaden zum SchKG, Zürich 1994

Cabrillac, Michel; Mouly, Christian: Droit de suretés, 4. Auflage, Paris 1997

Cabrillac, Michel; Pétel, Phillippe: Juin 1994, le printemps des suretès réelles?, D. chron. 1994, S. 243 ff.

Calvo Caravaca, Alfonso-Luis; Carrascosa González, Javier; Blanco-Morales Limones, Pilar; Iriarte Ángel, José-Luis; Esclava Rodriguez, Manuela: Derecho internacional privado, 2. Bd., Granada 1998 (zit.: Calvo Caravaca/Carrascosa González)

Calvo Caravaca, Alfonso-Luis: Problemas y tendencias del Derecho concursal internacional, DdN 1994, S. 1 ff. (Calvo Caravaca, DdN 1994)

Calvo Caravaca, Alfonso-Luis: Problemas y tendencias del Derecho concursal international, Cuadernos de Derechos y Comercio 1994, S. 11 ff. (Calvo Caravaca, Cuadernos)

Canin, Patrick: La réforme du redressement et de la liquidation judicaires des entreprises, R JC 1994, S. 352 ff.

Celestine, Patrick; Felsner, Marcus: Verbesserter Gläubigerschutz nach neuem französischem Insolvenzrecht, WM 1996, S. 425 ff.

Cerda Alberto, Fernando; Sancho Gargallo, Ignacio: Curso de Derecho concursal, Madrid 2000

Chalupsky, Ernst; Ennöckl, Wolfgang ; Holzapfel, Werner: Handbuch des österreichischen Insolvenzrechts, Wien 1986

Chercheve, Frédéric: Purge et radiation des hypothèques grevant les immeubles cédés en application d'un plan de cession de l'entreprise, GP 1992, S. 109 ff.

Cheshire, G. C.; Burn, E. H.: Cheshire and Burn's Modern Law of Real Property, 15. Auflage, London, Dublin, Edinburgh 1994

Clarkson, Chris; Hill, Jonathan: Jaffey on the Conflict of Laws, London, Edinburgh, Dublin 1997

Collins, Lawrence (Hrsg.): Dicey and Morris on the Conflict of Laws, 2. Bd., 13. Auflage, London 2000

Consejo General de los Colegios Oficiales de Corredores de Comercio: La reforma del derecho concursal, Madrid 1997

Cordón Moreno, Faustino: Supensión de pagos y quiebra, 2. Auflage, Pamplona 1997

Cortés Dominguez, Valentin: Derecho procesal civil internacional (ordnamiento Español), Madrid 1981

Dallèves, Louis: Faillités internationales et droit suisse, Sem. Jud. 1978, S. 337 ff.

Dammann, Reinhard: Das neue französische Insolvenzrecht, ZIP 1996, S. 300 ff.

Daunizeau, Jean-Michel: Procédures internationales d'insolvabilité: la tentative européenne, BANQUE 1995, S. 58 ff.

Derrida, Fernand; Sortais, Jean-Pierre: La réforme du droit des entreprises, D. chron. 1994, S. 269 ff. (zit.: Derrida/Sortais, D.chron.)

Derrida, Fernand; Godé, Pierre; Sortais, Jean-Pierre: Redressement et liquidation judiciaires des entreprises, 3. Auflage, Paris 1991 (zit.: Derrida/Godé/Sortais)

Diez-Picazo, Luis; Gullón, Antonio: Instituciones de Derecho civil, 1. Bd., Madrid 1995 (zit.: Diez-Picazo/Gullón, Instituciones)

Díez-Picazo, Luis: Los créditos privilegiados en el concurso de acreedores, in: La reforma del Derecho de quiebra. Jornadas sobre la reforma del Derecho concursal español, S. 291 ff., Madrid 1982 (zit.: Díez-Picazo, in: La reforma del Derecho de la quiebra)

Díez-Picazo, Luis; Gullón, Antonio: Sistema de Derecho civil. Derecho de cosas y Derecho inmobiliario registral, 3. Bd., 5. Auflage, Madrid 1990 (zit.: Diez-Picazo/Gullón, III.)

Dorndorf, Eberhard; Frank, Jürgen: Reform des Rechts der Mobiliarsicherheiten- unter besonderer Berücksichtigung der ökonomischen Analyse der Sicherungsrechte ZIP 1985, S. 56 ff.

Drobnig, Ulrich: Die Kreditsicherheiten im Vorschlag der Insolvenzrechtskommission, ZGR 1986, S. 252 ff.

Dubach, Alexander: Der Konkursaufschub nach Art. 725a OR: Zweck, Voraussetzungen und Inhalt SJZ (94) 1998, S. 149 ff.

Ebenroth, Thomas: Die Inlandswirkung der ausländischen lex fori concursus bei Insolvenz einer Gesellschaft, ZZP 101 (1988), S. 121 ff.

Eickmann, Dieter; Flessner, Axel; Irschlinger, Friedrich; Kirchhof, Hans-Peter; Kreft, Gerhart; Landfermann, Hans-Georg: Heidelberger Kommentar zur Insolvenzordnung, 2. Auflage, Heidelberg 2001 (zit.: Bearbeiter, in: HK-InsO)

Eilmansberger, Thomas: Die Liberalisierung des Hypothekarkredits in der EWG, EuZW 1991, S. 691 ff.

Esplugues Mota, Carlos: Eficacia en España de los procedimientos cocursales iniciados en el extranjero. Análisis del Anteproyecto de Ley Concursal, de 12 de deciembre 1995, en relación con el Convenio de Bruselas, de 23 de noviembre de 1995, relativo a los procedimientos de insolvencia, RDBB 1997, S. 1121 ff. (zit.: Esplugues Mota, RDBB)

Esplugues Mota, Carlos: La quiebra international, Barcelona 199

Esplugues Mota, Carlos: Procedimientos concursales, in: Derecho de comercio internacional, Hrsg.: Fernández Rozas, José Carlos, Madrid, 1996, S. 449 ff. (zit.: Esplugues Mota in: Fernández Rozas, Kap. XVI)

Europäische Wirtschaftsgemeinschaft, Kommission: Der Aufbau eines Europäischen Kapitalmarktes, Brüssel 1966 (zit.: Segré-Bericht)

Favoccia, Daniela: Vertragliche Mobiliarsicherheiten im internationalen Insolvenzrecht, Köln 1991

Ferid, Murad; Sonnenberger, Hans Jürgen: Das französische Zivilrecht: Schuldrecht, Die einzelnen Schuldverhältnisse, Sachenrecht, 2. Bd., 2. Auflage, Heidelberg 1986

Fischer, Hans Georg: Europarecht, 3. Auflage, München 2001

Flessner, Axel: Dingliche Sicherheiten nach dem Europäischen Insolvenzübereinkommen, in: Festschrift für Ulrich Drobnig, Hrsg.: Basedow, Jürgen; Hopt, Klaus J.; Kötz, Hein, S. 277 ff., Tübingen 1998 (zit.: Flessner, in: FS Drobnig)

Flessner, Axel: Internationales Insolvenzrecht in Deutschland nach der Reform, IPRax 1997, S. 1 ff. (zit.: Flessner, IPRax)

Flessner, Axel: Internationales Insolvenzrecht in Europa, in: Festschrift für Theodor Heinsius, Hrsg.: Kübler, Friedrich; Mertens, Hans-Joachim; Werner, Winfried, S. 111 ff. , Berlin, New York 1991 (zit.: Flessner, in: FS Heinsius)

Flessner, Axel: The future German International Insolvency Law and its relationship to the European Convention on Insolvency Proceedings, Applicable Law, Scope of Recognition, Reorganisation and Discharge, EBLR 1999, S. 2 ff. (zit.: Flessner, EBLR)

Fletcher, Ian F.: Cross-Border Insolvency: National and Comparative Studies, Tübingen 1992 (zit.: Bearbeiter, in: Fletcher, Cross-Border Insolvency)

Fletcher, Ian F.: Cross-Border Insolvency: Comparative Dimensions, The Aberystwyth Insolvency Papers, London 1990 (zit: Bearbeiter in: Fletcher, Aberystwyth Papers)

Fletcher, Ian F.: Insolvency in Private International Law, Oxford 1999 (zit.: Fletcher, Insolvency in Private International Law)

Fletcher, Ian F.: The Law of Insolvency, London 1996 (zit.: Fletcher)

Florian, Matthias: Das englische internationale Insolvenzrecht, Heidelberg, 1989

Flynn, Desmond: Developments in Insolvency Law and Policy in the United Kingdom, IBL 2000, S. 299 ff.

Fritsche, Hans; Walder-Bohner, Hans Ulrich: Schuldbetreibung und Konkurs nach schweizerischem Recht, 2. Bd., Zürich 1993

Garau Sobrino, Federico F.: Los efectos de las resoluciones extranjeras en España, Madrid 1992

Garrido, José Maria: La reforma del Derecho concursal español, RDBB 1996, S. 889 ff. (zit.: Garrido, RDBB)

Garrido, José Maria: Some Reflections on the EU Bankruptcy Conventon and its Implications for Secured and Preferential Creditors, Int. Insolv. Rev. 1998, S. 79 ff. (zit.: Garrido, Int. Insolv. Rev.)

Garrigues, Joaquín: Curso de Derecho mercantil, Bogotá 1987

Geimer, Reinhold: Internationales Zivilprozessrecht, 4. Auflage, Köln 2001

Gilliéron, Pierre-Robert: Le chapitre 11 de la loi fédérale sur le droit international suisse de l'exécution forcée génerale et collective, BlSchK 1988, S. 161 ff. (zit.: Gilliéron, BlSchK 1988)

Gilliéron, Pierre-Robert: Poursuite pour dettes, faillité, et concordat, 2. Auflage, Lausanne, 1988

Gilliéron, Pierre-Robert: Qu' y a-t-il de noveau en matière de faillite internationale?, ZSR 111 (1992), S. 259 ff. (Gilliéron, ZSR 111 (1992))

González Campos, Julio D.: Aspectos internacionales de la situación concursal, in: La reforma del Derecho de la quiebra. Jornadas sobre la reforma del Derecho de la quiebra, S. 329 ff., Madrid 1982 (zit.: González Campos, in: La reforma del Derecho de la quiebra)

Goode, Roy M.: Principles of Corporate Insolvency Law, London 1997

Gore-Browne On Companies, 2. Bd., 44. Auflage, Bristol 1998 (zit.: Gore-Browne)

Gottwald, Peter: Grenzüberschreitende Insolvenzen, München 1997 (zit. Gottwald, Grenzüberschreitende Insolvenzen)

Gottwald, Peter: Insolvenzrechts-Handbuch, München 1990 (zit.: Gottwald/Bearbeiter)

Gray, Kevin; Gray, Susan Francis: Elements of Land Law, 3. Auflage, London, Edinburgh, Dublin 2001

Greenville, Clive: Bankruptcy: The Law and Practice, London 1987

Grier, Ian S.; Floyd, Richard E.: Personal Insolvency: A Practical Guide, 2. Auflage, London 1993

Gschnitzer, Franz: Österreichisches Sachenrecht, 2. Auflage, Wien 1985

Guyon, Yves: Droit des affaires, 2. Bd., 6. Auflage, Paris 1997

Haarmeyer, Hans; Wutzke, Wolfgang; Förster, Karsten: Handbuch zur Insolvenzordnung, München 1998

Habel, Wolfgang: Recht der Kreditsicherheiten in europäischen Ländern. Teil: VI, Österreich, Berlin 1986

Habersack, Mathias: Die Akzessorietät- Strukturprinzip der europäischen Zivilrechte und eines künftigen europäischen Grundpfandrechts, JZ 1997, S. 857 ff.

Habscheid, Walther, J.: Das neue schweizerische internationale Konkursrecht, KTS 1989, S. 253 ff.

Hanisch, Hans: Allgemeine kollisionsrechtliche Grundsätze im internationalen Insolvenzrecht, in: Festschrift für Günther Jahr, Hrsg.: Martinek, Michael; Schmidt, Jürgen; Wadle, Elmar, S. 455 ff., Tübingen 1993 (zit.: Hanisch, in: FS Jahr)

Hanisch, Hans: Buchbesprechung zu: Staehelin, Daniel: Die Anerkennung ausländischer Konkurse und Nachlaßverträge in der Schweiz, Art. 166 ff. IPRG, RabelsZ. 56 (1992), S. 179 ff. (zit.: Hanisch, RabelsZ 56 (1992))

Hanisch, Hans: Das Recht grenzüberschreitender Insolvenzen: Auswirkungen auf den Immobiliensektor, ZIP 1992, 1125 ff. (Hanisch, ZIP 1992)

Hanisch, Hans: Einheit oder Pluralität oder ein kombiniertes Modell beim grenzüberschreitenden Insolvenzverfahren ?, ZIP 1994, S. 1 ff. (Hanisch, ZIP 1994)

Hanisch, Hans: Gründe und Wege für eine Neuregelung des internationalen Insolvenzrechts, LJZ 1982, S. 65 ff. (zit.: Hanisch, LJZ)

Hanisch, Hans: Nochmals: schweizerische Konkursverlustscheine im deutschen Prozess, IPRax 1993, S. 299 ff. (zit.: Hanisch, IPRax)

Hanisch, Hans: Wirkungen deutscher Insolvenzverfahren auf in der Schweiz befindliches Schuldnervermögen, JZ 1988, S. 737 ff. (zit.: Hanisch, JZ)

Heil, Rudolf: Insolvenzrecht, Wien 1989

Heini, Anton; Keller, Max; Siehr, Kurt; Vischer, Frank; Volken, Paul: IPRG Kommentar. Kommentar zum Bundesgesetz über das Internationale Privatrecht (IPRG) vom 1. Januar 1989, Zürich 1993 (zit.: IPRG-Komm/Bearbeiter)

Herdegen, Matthias: Europarecht, 2. Auflage, München 1999

Herrmann, Gerold: International Cooperation on Cross-Border Insolvency Issues, IBL 1996, S. 218 ff.

Hess, Harald; Obermüller, Manfred: Insolvenzplan, Restschuldbefreiung, Verbraucherinsolvenzverfahren, 2. Auflage, Heidelberg 1999 (zit.: Hess/Obermüller, Insolvenzplan)

Hess, Harald: Kommentar zur Insolvenzordnung; mit EGInsO, 2. Bd. Heidelberg 1999 (zit.: Hess, Kommentar zur InsO, Bd. 2)

Heyers, Christian Bernhard: Das französische internationale Insolvenzrecht, Düsseldorf 1997

Hoffmann, Bernd von: Internationales Privatrecht, 6. Auflage, München 2000

Hofmeister, Herbert: Das Liegenschaftsrecht im Zeichen der Annäherung Österreichs an die EG, NZ 1991, S. 282 ff.

Holleaux, Dominique, Foyer, Jacques; de Geouffre de La Pradelle, Géraud: Droit international privé, Paris 1987

Holzapfel, Werner: Zum Teilnahmeanspruch des Absonderungsgläubigers, ecolex 1992, S. 153 ff.

Holzhammer, Richard: Österreichisches Insolvenzrecht. Konkurs und Ausgleich, 5. Auflage, Wien, New York 1996

Honsell, Heinrich; Vogt, Nedim Peter; Schnyder, Anton K: Kommentar zum schweizerischen internationalen Privatrecht. Basel, Frankfurt a. M. 1996 (zit.: IPRG-Bearbeiter)

Honsell, Heinrich; Vogt, Peter Nedim; Geiser, Thomas: Kommentar zum schweizerischen Privatrecht. Schweizerisches Zivilgesetzbuch II Art. 457-977 ZGB, Art. 1-61 SchlTZGB. Basel, Frankfurt a. M. 1998 (zit.: ZGB-Bearbeiter)

Howarth, William: Nutshell's Land Law, 3. Auflage, London 1994

Hunkeler, Daniel: Das Nachlassverfahren nach revidiertem SchKG, Freiburg (Schweiz) 1996

Jayme, Erik; Kohler, Christian: Europäisches Kollisionsrecht 1997- Vergemeinschaftung durch "Säulenwechsel", IPRax 1997, S. 385 ff. (zit.: Jayme/Kohler, IPRax 1997)

Jayme, Erik; Kohler, Christian: Europäisches Kollisionsrecht 1999 - Die Abendstunde der Staatsverträge, IPRax 1999, S. 401 ff. (zit.: Jayme/Kohler, IPRax 1999)

Jelinek, Wolfgang: Das neue österreichische Vorverfahren, ZIP 1984, S. 495 ff.

Jobard-Bachellier, Maire-Noelle: Quelques observations sur le domaine d'application de la loi de la faillite, DPCI 1995, S. 4 ff.

Junod, Phillippe: Tendances actuelles de la jurisprudence du Tribunal féderal en matière de faillite prononcée a l'étranger avec des biens situés en Suisse. Le droit de la faillité internationale. Premier séminaire de droit européen, Neuchatel, 11-12 octobre 1985, 46. Bd., Zürich 1986, S. 3 ff.

Juris-Classeur de droit international, 10. Bd., Paris 1999 (zit.: Bearbeiter, JCL. 10, Fasc.; Nr.)

Kaindl, Rudolf: Die Eurohypothek, NZ 1993, S. 277 ff.

Karl, Anna-Maria: Die Anerkennung von Entscheidungen in Spanien, Tübingen 1993

Kayser, Nicki: A Study of the European Convention on Insolvency Proceedings, Int. Insolv. Rev. 1998, S. 95 ff.

Kegel, Gerhard; Schurig, Klaus: Internationales Privatrecht, 8. Auflage, München 2000

Keller, Max; Siehr, Kurt: Allgemeine Lehren des internationalen Privatrechts, Zürich 1986

Kemper, Jutta: Verordnung (EG) Nr. 1346/2000 über Insolvenzverfahren, ZIP 2001, S. 1609 ff.

Keppelmüller, Rudolf: Österreichisches internationales Insolvenzrecht, Wien 1997

Khairallah, Georges M.: Les faillites concurrentes, TCFDIP 1994/1995, S. 157 ff.

Kirchhof, Hans-Peter: Grenzüberschreitende Insolvenzen im europäischen Binnenmarkt, WM 1993, 1364 ff.

Klauer, Irene: Die Europäisierung des Privatrechts – Der EuGH als Privatrichter, Baden-Baden 1998

Kötz, Hein; Flessner, Axel: Europäisches Vertragsrecht, 1. Bd.: Abschluss, Gültigkeit und Inhalt des Vertrages. Die Beteiligung Dritter am Vertrag, Tübingen 1996

Konecny, Andreas: Insolvenz und Sanierung in Österreich, DZWir 1994, S. 227 ff. (zit.: Konecny, DZWir 1994)

Konecny, Andreas: Insolvenzverfahren bei natürlichen Personen in Österreich, ZeuP 1995, S. 589 ff. (zit.: Konecny, ZeuP 1995)

Koziol, Helmut; Welser, Rudolf: Grundriß des bürgerlichen Rechts. 2. Bd., 9. Auflage, Wien 1991

Kren Kostkiewicz, Jolanta: Internationales Konkursrecht: Anerkennung ausländischer Konkursdekrete und Durchführung eines Sekundärkonkurses in der Schweiz, BlschK 1993, S. 1 ff.

Kropholler, Jan: Europäisches Zivilprozessrecht, 5. Auflage, Heidelberg 1996 (zit.: Kropholler, EZPR, Art.)

Kropholler, Jan: Internationales Privatrecht, 3. Auflage, Tübingen 1997

Kübler, Bruno M.; Prütting, Hanns: Kommentar zur Insolvenzordnung, Köln 1998 (zit.: Kübler/Prütting/Bearbeiter, InsO)

Landfermann, Hans-Georg: Die Rechtsstellung der dinglich gesicherten Gläubiger im künftigen Insolvenzverfahren, KTS 1987, S. 381 ff.

Lange, Paul: Diskussionsanstöße für die deutsche Insolvenzrechtsreform aus dem englischen Recht ZIP 1991, S. 850 ff. (zit.: Lange, ZIP 1991)

Lange, Paul: Kreditsicherheiten in der Unternehmenssanierung nach englischem Recht, WM 1990, S. 701 ff. (zit.: Lange, WM 1990)

Lasarte Alvarez, Carlos: Principios de Derecho civil. 2. Bd.: Derecho de obligaciones, 4. Auflage, Getafe (Madrid) 1996; 5. Bd.: Propiedad y derechos reales, Getafe (Madrid)1997

Lecheler, Helmut: Einführung in das Europarecht, München 2000

Leible, Stefan; Staudinger, Ansgar: Die europäische Verordnung über Insolvenzverfahren, KTS 2000, S. 533 ff.

Leipold, Dieter: Miniatur oder Bagatelle: das internationale Insolvenzrecht im deutschen Reformwerk 1994, in: Festschrift für Wolfram Heckel, Hrsg.: Gerhardt, Walter; Diedrichsen, Uwe; Rimmelspacher, Bruno; Costede, Jürgen, S. 533 ff., Berlin 1995

Leitner, Robert: Der grenzüberschreitende Konkurs, Wien 1995

Loewe, Roland: Internationales Insolvenzrecht, in: Insolvenz- und Wirtschaftsstrafrecht, Hrsg.: Jelinek, Wolfgang, S. 15 ff. Wien 1987 (zit.: Loewe, in: Jelinek, Insolvenz- und Wirtschaftsstrafrecht)

Loewe, Roland: Neue Fehlleistungen in der Beurteilung der Gesetzgebung durch Theoretiker, ÖJZ 1982, S. 197 (zit.: Loewe, ÖJZ)

Lord Mackay of Clashfern (Hrsg.): Halbury's Laws of England, 32. Bd., 4. Auflage, London 1999

Ludwig, Peter: Der Nachlassvertrag mit Vermögensabtretung (Liquidationsvertrag), Bern 1970

Lüer, Hans-Jochen: Deutsches Internationales Insolvenzrecht nach der neuen Insolvenzordnung. In: Kölner Schrift zur InsO, Hrsg.: Arbeitskreis für Insolvenzrecht e.V., S. 1217 ff., Berlin 1997

Lüke, Wolfgang: The new European Law on International Insolvencies: A German Perspective, Bankruptcy Developments Journal 2001. S. 369 ff.

Mallet, Bernard: Apurement, cession et... justice, GP 1988, S. 177 f.

Marcos González Lecouna, Maria: Algunos aspectos internacionales del proceso de quiebra. Derecho vigente y proyectos de reforma, RGD 1998, S. 4155 ff.

Marotzke, Wolfgang: Die dinglichen Sicherheiten im neuen Insolvenzrecht, ZZP 109 (1996), S. 429 ff.

Martin-Serf, Arlette: La faillité international: un réalité économique presante, un enchevetrement juridique croissant, JDI 1995, S. 31 ff.

Martiny, Dieter; Witzleb, Normann (Hrsg.): Auf dem Weg zu einem Europäischen Zivilgesetzbuch, Berlin, Heidelberg, New York 1999 (zit.: Bearbeiter, in: Martiny/Witzleb)

Marty, Gabriel; Raynaud, Pierre; Jestoz, Philippe: Droit civil. Les suretés, la publicité foncière, 2. Auflage, Paris 1987

Mascarell Navarro, Maria José: Aspectos procesales de la Ley de Suspensión de Pagos, Granada 1995

Matscher, Franz: Grundfragen der Anerkennung und Vollstreckung ausländischer Entscheidungen in Zivilsachen, ZZP 103 (1990), S. 294 ff. (zit.: Matscher, ZZP 103 (1990))

Matscher, Franz: Zur Abgrenzung der inländischen Gerichtsbarkeit, vornehmlich in Vermögenssachen, JBl 1983, S. 505 ff. (zit.: Matscher, JBl 1983)

Mayer, Pierre: Droit international privé, 4. Auflage, Paris 1991

Mazeaud, Henry; Leon, Jean; Chabas, Francois; Ranouil, Veronique: Leçons de droit civil, 3. Bd. 1. Hb.: Suretés; publicité foncière, 7. Auflage, Paris 1988

Megarry, Robert; Wade, H. W. R.: The Law of Real Property, 4. Auflage, London 1975

Meili, Friedrich: Lehrbuch des internationalen Konkursrechts, Zürich, 1909

Mestre, Jacques; Putman, Emmanuel; Billian, Marc: Traité de droit civil- droit spécial des suretés réelles, Paris 1996

Milman, David; Durrant, Christopher: Corporate Insolvency: Law and Practice, London 1987

Mohr, Franz: Die Konkurs-, Ausgleichs- und Anfechtungsordnung, 8. Auflage, Wien 1995 (zit.: Mohr, KO)

Mohr, Franz: Privatkonkurs, Wien 1994

Mohrbutter, Jürgen: Kritische Betrachtungen zum künftigen Verfahrensbeitrag der Grundpfandrechtsgläubiger bei der Zwangsversteigerung des Massegrundstücks, ZIP 1985, S. 1461 ff.

Mühl, Dorothee; Petereit, Wolfgang: Recht der Kreditsicherheiten in europäischen Ländern. Teil V: Schweiz, Berlin 1983

Münchener Kommentar zum Bürgerlichen Gesetzbuch, 6. Bd.: Sachenrecht §§ 854-1296, 3. Auflage, München 1997; 7. Bd.: Einführungsgesetz zum Bürgerlichen Gesetzbuche München, Internationales Privatrecht, 2. Auflage, München 1990

Müller-Graff, Peter-Christian: Europäisches Gemeinschaftsrecht und Privatrecht, NJW 1993, S. 13 ff.

Neumeyer, Johannes: Rechtsprobleme im insolvenzrechtlichen Vorverfahren, ÖJZ 1984, S. 257 ff.

Nussbaum, Werner: Das internationale Konkursrecht der Schweiz de lege lata et ferenda. 20. Bd.:Schweizerische Studien zum internationalen Recht, Zürich 1980 (zit.: Nussbaum, de lege lata et ferenda)

Nussbaum, Werner: Das schweizerische internationale Insolvenzrecht gemäss dem Bundesgesetz vom 18. Dezember 1987 über das internationale Privatrecht und sein Umfeld in Europa, 65. Bd.: Schweizerische Studien zum internationalen Recht. Zürich 1989 (zit: Nussbaum SSIR 1989)

Obermüller, Manfred: Auswirkung der Insolvenzrechtsreform auf Kreditgeschäfte und Kreditsicherheiten, Teil: I, II, WM 1994, 1829 ff.

Oppermann, Thomas: Europarecht, 2. Auflage, München 1999

Palandt, Otto: Bürgerliches Gesetzbuch, Kommentar, 61. Auflage 2001

Paschke, Marian; Iliopoulos, Konstantin (Hrsg.): Europäisches Privatrecht, Hamburg 1998 (zit.: Bearbeiter, in: Paschke/Iliopoulus)

Pastor Ridruejo, José Antonio: La failite en droit internacional privé, Recueil des cours, 1971, 2. Bd., S. 135 ff.

Paulus, Christoph: Die Insolvenzrechtsreform und der Schutz gesicherter Gläubiger, ZIP 1985, 1449 ff.

Paulus, Christoph: Änderungen des deutschen Insolvenzrechts durch die Europäische Insolvenzverordnung, ZIP 2002, S. 729 ff.

Paz-Ares, Candido; Diez-Picazo Ponce de Leon, Luis; Bercowitz, Rodrigo; Coderch, Pablo Salvador: Comentario del Código civil, 2. Bd., 2. Auflage, Madrid 1993 (zit.: Código Civil/ Bearbeiter)

Pennington, Robert R.: Pennington's Corporate Insolvency Law, London, Dublin, Edinburgh 1991

Perker, Susanne: Das Reorganisationsverfahren im englischen Insolvenzrecht, München 1994

Perrins, Bryn: Introduction to Land Law, 2. Auflage, London, Sydney 1997

Pleyer, Klemens: Anforderungen an ein modernes Grundpfandrecht, NZ 1993, S. 273 ff.

Prütting, Hanns: Aktuelle Entwicklungen des internationalen Insolvenzrechts, ZIP 1996, S. 1277 ff.

Puig Brutau, José: Fundamentos de Derecho civil. Derecho general de las obligaciones. 1. Bd. 2. Hb., 4. Auflage, Barcelona 1988

Pulgar Ezquerra, Juana: La propuesta de reforma del Derecho concursal español de 12 de deciembre de 1995, RdS 1996, S. 461 ff.

Pulgar Ezquerra, Juana: El acreedor hipotecario en el Anteproyecto de Ley Concursal de 2001, Actualidad Civil, 20, 13 – 19. Mai 2002, S. 1 ff. (zit.: Pulgar Ezquerra, ACiv. 20)

Ramirez, José A.: La Quiebra. Derecho concursal español, 2., 3. Bd., Barcelona 1998

Randell, Charles: Real Property Securities, in Particular for Cross-Frontier Loans. Country Report: England and Wales, in: Rechtsfragen bei Bankleistungen im Europäischen Binnenmarkt, 5. Bd., Hrsg.: Hadding, Walter; Welter, Reinhard, S. 449 ff., Köln 1994

Raynaud, Pierre; Aubert, Jean-Luc; Savaux, Éric: Répertoire, Encyclopédie, Dalloz, Repertoire de droit civil, 6. Bd.: Filiacion à Jurisprudence, 2. Auflage, Paris 1970 (zit.: Bearbeiter in: Rép. Dr. civ. Dalloz, Jhg., VI. Kap., Rz.)

Reichmann, Armin: Recht der Kreditsicherheiten in europäischen Ländern Teil: VII/1. Spanien, Berlin 1988

Reinhart, Stefan: Germany's Insolvency Bill and its Cross-Border Provisions, Int. Insolv. Rev. 1993, S. 187 ff.

Rémery, Jean-Pierre: La compétence juridictionnelle pour ouvrir une faillite internationale: l'exemple du droit francais, DPCI 1994, S. 553 ff. (zit.: Rémery, DPCI 1994)

Rémery, Jean-Pierre: La jurisprudence francaise en matière de faillite internationale, TCFDIP 1992/93, S. 227 ff. (zit.: Rémery, TCFDIP 1992/93)

Remien, Oliver: Illusion und Realität eines europäischen Privatrechts, JZ 1992, S. 277 ff.

Remien, Oliver: Grenzen der gerichtlichen Privatrechtsangleichung mittels der Grundfreiheiten des EG-Vertrages, JZ 1994, S. 349 ff.

Riel, Stephan: Die Befugnisse des Masseverwalters im Zivilverfahrensrecht, Wien 1995

Riemer, Hans Michael: Grundriss des schweizerischen Sachenrechts, 2. Bd.: Die beschränkten dinglichen Rechte, Bern 1986

Rintelen, Anton: Handbuch des österreichischen Konkurs- und Ausgleichsrechtes, München, Leipzig 1915

Ripert, Georges; Roblot, René: Traité de droit commercial, 2. Bd., 15. Auflage, Paris 1996

Rittner, Fritz: Das Gemeinschaftsprivatrecht und die europäische Integration, JZ 1995, S. 849 ff.

Rittner, Fritz: Die wirtschaftliche Ordnung der EG und das Privatrecht, JZ 1990, S. 838 ff.

Roth, Wulf-Henning: Die Freiheiten des EG-Vertrages und das nationale Privatrecht, ZeuP 1994, S. 5 ff.

Rummel, Peter: Kommentar zum Allgemeinen bürgerlichen Gesetzbuch. 1. Bd: §§ 1-1174 ABGB, 2. Auflage, Wien 1990 (zit.: Bearbeiter, in: Rummel)

Rüchardt, Konrad: Handbuch des Hypothekarkredits, 3. Auflage, Frankfurt am Main 1993

Sachsen Gessaphe, Karl August Prinz von: Sicherung des Verkäufers beim Immobilienerwerb in Spanien, RIW 1991, 476 ff.

Sánchez Calero, Fernando: Instituciones de Derecho mercantil, 19. Auflage, Madrid 1996

Sánchez Lorenzo, Sixto: Eficacia de la declaración de un concurso pronunciado en el extranjero: paralización de las acciones individuales (a proposito de la STS 10 Mar. 1988), La Ley 1989, S. 1029 ff.

Sandrock, Otto: Die Europäischen Gemeinschaften und die Privatrechte ihrer Mitgliedstaaten: Einheit oder Vielfalt?, EWS 1994, S. 1 ff.

Schack, Haimo: Internationales Zivilverfahrensrecht, 3. Auflage, München 2002

Schaub, Rudolf P.: Zur Problematik des internationalen Konkursrechts in der Schweiz, ZSR 101 (1982), S. 21 ff.

Schiessler, Wolfram: Der Insolvenzplan, Bielefeld 1997

Schlosser, Peter: Europäische Wege aus der Sackgasse des deutschen internationalen Insolvenzrechts, RIW 1983, 473 ff.

Schmidt-Räntsch, Ruth: Insolvenzordnung mit Einführungsgesetz, Köln 1995

Schneider, Uwe H.: Europäische und internationale Harmonisierung des Bankvertragsrechts, NJW 1991, S. 1985 ff.

Schnyder, Anton K.: Internationales Konkursrecht der Schweiz - unter Berücksichtigung des US-amerikanischen Rechts, in: Herausforderungen des Internationalen Zivilverfahrensrechts, Hrsg.: Heldrich, Andreas; Kono, Toshiyuki, S. 120 ff., Tübingen 1994

Schoibl, Norbert A.: Die Niederlassung im österreichischen Zivilprozess, in: Rechtsfragen der Zweigniederlassung, Hrsg.: Wolfgang Schuhmacher; Gruber, Michael, S. 301 ff., Wien 1993

Schumacher, Hubertus: Die Entwicklungen österreichisch-deutscher Insolvenzrechtsbeziehungen ZZP 103 (1990), S. 418 ff. (zit.: Schumacher, ZZP)

Schumacher, Hubertus: Neue Entwicklungen im internationalen Insolvenzrecht, RdW 1991, S. 36 ff. (zit.: Schumacher, RdW)

Schwander, Ivo: Rechtsprechung zum internationalen Schuld-, Sachen- und Gesellschaftsrecht, SZIER 1997, S. 467 ff.

Schwimann, Michael: Praxiskommentar zum ABGB samt Nebengesetzen, 2. Bd.: §§ 285-530 ABGB, 2. Auflage, Wien 1998; 7. Bd.: §§ 1293- 1502, 2. Auflage, Wien 1997

Schwintowski, Hans-Peter: Auf dem Weg zu einem Europäischen Zivilgesetzbuch, JZ 2002, S. 205 ff.

Shearman, Jennifer: Reformvorschläge zum englischen Insolvenzrecht, ZIP 1995, S. 1129 ff.

Siehr, Kurt: Grundfragen des internationalen Konkursrechts, SJZ 1999, S. 85 ff. (Siehr, SJZ)

Siehr, Kurt: Rechtshängigkeit im Ausland und das Verhältnis zwischen staatsvertraglichen sowie autonomen Anerkennungsvorschriften, IPRax 1989, S. 93 ff. (zit.: Siehr, IPRax)

Simler, Philippe; Delebecque, Philippe: Droit civil. Les securetés - La publicité foncière, Paris 1989

Simonius, Pascal; Sutter, Thomas: Schweizerisches Immobiliarsachenrecht, 2. Bd.: Die beschränkt dinglichen Rechte, Basel, Frankfurt a/M. 1990

Smart, Philip St. J. : Cross-Border Insolvency, London 1991

Smid, Stefan; Rattunde, Rolf: Der Insolvenzplan: Handbuch für das Sanierungsverfahren nach dem neuen Insolvenzrecht mit praktischen Beispielen und Musterverfügungen, Stuttgart 1998 (zit.: Smid/ Rattunde, Insolvenzplan)

Smid, Stefan: Insolvenzordnung Kommentar, Stuttgart, Berlin, Köln 1999 (zit.: Smid-Bearbeiter)

Snaith, Ian: The Law of Corporate Insolvency, London 1990

Soinne, Bernard: Bilan de la loi du 25 Janvier 1985 sur le redressement et la liquidation judiciares: Mythes et réalités proposition de modification RPC 1993, S. 345 ff. (zit.: Soinne, RCP 1993)

Soinne, Bernard: L'article 40, RPC 1992, S. 326 ff. (zit.: Soinne, RCP 1992)

Soinne, Bernard: Traité de procedures collectives, 2. Auflage, Paris 1995 (zit.: Soinne,)

Sotillo Navarro, Antonio: La posición de los acreedores hipotecarios en la quiebra, RGD 1956, S. 355 ff.

Soto Vázquez, Rudolfo: Quiebra y concurso de acreedores. Aspectos concursales del patrimonio del insolvente, 2. Auflage, Granada 1998

Sparkes, Peter: A New Land Law, Oxford, Portland 1999

Sprecher, Thomas; Jetzer, Rolf P.: Einführung in das neue Schuldbetreibungs- und Konkursrecht der Schweiz, Zürich 1997

Staehelin, Daniel: Die Anerkennung ausländischer Konkurse und Nachlassverträge in der Schweiz (Art. 166ff. IPRG), Basel 1989

Staehelin, Adrian; Bauer, Thomas; Staehelin, Daniel: Kommentar zum Bundesgesetz über Schuldbetreibung und Konkurs SchKG, 3. Bd. (Art. 221-352), Basel, Genf, München 1998 (zit.: SchKG-Bearbeiter)

Staudinger, J. v.: J. v. Staudingers Kommentar zum Bürgerlichen Gesetzbuch mit Einführungsgesetz und Nebengesetzen. Drittes Buch: Sachenrecht §§ 1113-1203; Einleitung zu §§ 854 ff.; §§ 854-882, 13. Auflage, Berlin 1995/96; Einführungsgesetz zum Bürgerlichen Gesetzbuch/IPR, Internationales Sachenrecht, Berlin 1996

Städler, Hans Jörg: Grundpfandrechte in der Insolvenz, Tübingen 1998

Stoll, Hans: Stellungnahmen und Gutachten zur Reform des deutsche Internationalen Insolvenzrechts, Tübingen 1992 (zit.: Bearbeiter in: Stoll, Stellungnahmen und Gutachten)

Stoll, Hans: Vorschläge und Gutachten zur Umsetzung des EU-Übereinkommens über Insolvenzverfahren im deutschen Recht, Tübingen 1997 (zit.: Bearbeiter, in: Stoll, Vorschläge und Gutachten)

Stöcker, Otmar: Die Eurohypothek, Berlin 1992

Strub, Andreas: Das Europäische Konkursübereinkommen, EuZW 1996, S. 71 ff.

Stürner, Rolf: Möglichkeiten der Sanierung von Unternehmen durch Maßnahmen im Unternehmens- und Insolvenzrecht, ZIP 1982, S. 761 ff.

Taupitz, Jochen: Das (zukünftige) europäische Internationale Insolvenzrecht – insbesondere aus international-privatrechtlicher Sicht -, ZZP 1998, S. 315 ff.

Theus Simoni, Fabiana: Englische, walisische und französische Konkursverwalter in der Schweiz, 102. Bd.: Schweizer Studien zum internationalen Recht, Zürich 1997

Thomas, Heinz; Putzo, Hans: Zivilprozeßordnung, 23. Auflage, München 2001

Triebel, Volker; Hodgson, Stephen; Kellenter Wolfgang; Müller, Georg: Englisches Handels- und Wirtschaftsrecht, 2. Auflage, Heidelberg 1995

Trochu, Michel: Les conflits de lois et les conflits de juridictions en matière de faillite, Paris, 1967

Trunk, Alexander: Internationales Insolvenzrecht, Tübingen 1998 (zit.: Trunk, IIR)

Trunk, Alexander: Zur bevorstehenden Neuregelung des deutschen Internationalen Insolvenzrechts, KTS 1994, S. 33 ff. (zit.: Trunk, KTS)

Tuor, Peter; Schnyder, Bernhard; Schmid, Jörg: Das schweizerische Zivilgesetzbuch. 11. Auflage, Zürich 1995

Turck, Iris-Claude: Das internationale Insolvenzrecht in Spanien in rechtsvergleichender Betrachtung, Frankfurt a/M. 1995

Tylor, E. L. G.: Fisher & Lightwood´s Law of Mortgage, London 1988

Uhlenbruck, Wilhelm: Bankrechtliche Aspekte der Insolvenzrechtsreform 1994, in: Festschrift für Ralf Vieregge, Hrsg.: Baur, Jürgen, S. 883 ff. Berlin, New York 1995 (zit.: Uhlenbruck, in: FS Vieregge)

Uhlenbruck, Wilhelm: Insolvenzordnung. Kommentar, 12. Auflage München 2003 (zit.: Bearbeiter, in: Uhlenbruck, InsO-Kommentar)

Uhlenbruck, Wilhelm: Das neue Insolvenzrecht. Insolvenzordnung und Einführungsgesetz nebst Materialien, Berlin 1994 (zit.: Uhlenbruck, InsO)

Uría, Rodrigo: Derecho mercantil, 21. Auflage, Madrid 1994

Vach, Michael: Aspekte der Insolvenzrechtsreform von 1986 in England, Frankfurt a/M, Bern, New York, Paris 1991

Vallens, Jean-Luc: Questions procédurales de droit international privé et droit européen, PA v. 28. 10. 1998, S. 4 ff.

Vicent Chulia, Francisco: Introducción al derecho mercantil, 10. Auflage, Valencia 1997

Vogel, Louis (Hrsg.): Répertoire de Droit Commercial, 3. Bd., Paris 1993 (zit.: Bearbeiter, in: Rép. com. Dalloz, Jhg., III. Kap. Rz.)

Vollenweider, Peter: Pfandverwertung beim Nachlassvertrag mit Vermögensabtretung, Zürich 1993

Walder, Hans Ulrich: Die international konkursrechtlichen Bestimmungen des neuen IPR-Gesetzes, in: Festschrift 100 Jahre SchKG Centenaire de la LP, Hrsg.: Krauskopf, Lutz; Dallèves, Louis; Kleiner, Beat, Raschein, Rolf; Schüpbach, Henri und die Konferenz der Betreibungs- und Konkursbeamten der Schweiz, S. 325 ff., Zürich 1989 (zit.: Walder, in: Festschrift 100 Jahre SchKG)

Weber, Hansjörg: Kreditsicherheiten; Recht der Sicherungsgeschäfte, 6. Auflage, München 1998

Wehrens, Hans: Überlegungen zu einer Eurohypothek, WM 1992, S. 557 ff. (zit.: Wehrens, WM)

Wehrens, Hans: Der schweizer Schuldbrief und die deutsche Briefgrundschuld, NZ 1988, S. 181 ff. (zit.: Wehrens, NZ)

Weirich, Hans-Armin: Grundstücksrecht, 2. Auflage, München 1996

Wiesbauer, Bruno: Der österreichisch-deutsche Konkursvertrag aus österreichischer Sicht, ZIP 1982, S. 1285 ff. (zit.: Wiesbauer, ZIP)

Wiesbauer, Bruno: Internationales Insolvenzrecht, Wien 1986 (zit.: Wiesbauer, Internationales Insolvenzrecht)

Wiesbauer, Bruno: Internationales Insolvenzrecht, RZ 1982, S. 266 ff. (zit.: Wiesbauer, RZ)

Wilmowsky, Peter von: Internationales Insolvenzrecht - Plädoyer für eine Neuorientierung, WM 1997, S. 1461 ff. (zit.: v. Wilmowsky, WM)

Wilmowsky, Peter von: Sicherungsrechte im Europäischen Insolvenzrechtsübereinkommen, EWS 1997, S. 295 ff. (zit.: v. Wilmowsky, EWS)

Wimmer, Klaus: Die UNICITRAL-Modellbestimmungen über grenzüberschreitende Insolvenzverfahren, ZIP 1997, S. 2220 ff. (zit.: Wimmer, ZIP)

Wimmer, Klaus: Frankfurter Kommentar zur Insolvenzordnung, Neuwied, Kriftel 1999 (zit.: FK-InsO/ Bearbeiter)

Wimmer, Klaus: Die Verordnung (EG) Nr. 1346/2000 über Insolvenzverfahren, ZInsO 2001, S. 97 ff. (zit.: Wimmer, ZInsO)

Wimmer, Klaus: Die EU-Verordnung zur Regelung grenzüberschreitender Insolvenzverfahren, NJW 2002, 2427 ff. (zit.: Wimmer, NJW 2002)

Wood, Philip R.: Comparative Law of Security and Guarantees, London 1995 (zit.: Wood, Comparative Law)

Wood, Philip. R.: Principles of International Insolvency, London 1995 (zit.: Wood, Principles)

Wolf, Manfred: Privates Bankvertragsrecht im EG-Binnenmarkt Auswirkungen der II. Bankrechts-Richtlinie auf privatrechtliche Bankgeschäfte, WM 1990, S. 1941 ff.

Wolfsteiner, Hans; Stöcker, Otmar: Nicht-akzessorisches Grundpfand für Mitteleuropa, DNotZ 1999, S. 451 ff.

Yáñez Velasco, Ricardo: La ejecución hipotecaria como excepción a la fuerza de atracción concursal, RdP 2000, S. 93 ff.

Zehetner, Karl-Heinz: Das internationale Konkursrecht und die österreichische Insolvenzrechtsreform aus der Sicht der Judikatur, in: Neuerungen im Internationalen Insolvenzrecht, Hrsg.: Wiesbauer, Bruno, S. 9 ff., Wien 1988

Ziegel, Jacob S.: Current Developments in International and Comparative Corporate Insolvency Law, New York 1994 (zit.: Bearbeiter, in: Ziegel)

FSC
www.fsc.org
MIX
Papier | Fördert
gute Waldnutzung
FSC® C083411

Kolibri 360 GmbH
Ferdinand-Jühlke-Straße 7
99095 Erfurt, Deutschland
produktsicherheit@kolibri360.de